Hans Watzlik

Ums Herrgottswort

Historischer Roman über den
Oberösterreichischen Bauernkrieg von 1626

Hans Watzlik: Ums Herrgottswort. Historischer Roman über den Oberösterreichischen Bauernkrieg von 1626

Erstdruck: Leipzig, Staackmann, 1926.

Neuausgabe
Herausgegeben von Karl-Maria Guth
Berlin 2022

Der Text dieser Ausgabe wurde behutsam an die neue deutsche Rechtschreibung angepasst.

Umschlaggestaltung von Thomas Schultz-Overhage unter Verwendung des Bildes: Stefan Fadinger, Unbekannter Künstler

Gesetzt aus der Minion Pro, 11 pt

Die Sammlung Hofenberg erscheint im Verlag
Henricus - Edition Deutsche Klassik GmbH, Berlin
Herstellung: Amazon Media EU S.à.r.l.

ISBN 978-3-7437-4405-9

1.

Wo das Gebirg gegen die Donau niedergeht, mitten im Wald, läutete ein Hammer hastig in den grämlichen Tag und zerstückte mit seinem Schlag ebenmäßig das schwere, endlose Rauschen des Stromes und das müdere Sausen des herbstlichen Laubes.

Über dem Tor der Schmiede an verwitterter Wand war ein Reim zu schauen. Den hatte sich wohl vorzeiten ein Meister hinsetzen lassen, der mitten im Lärm seines Werkes kopfschüttelnd sich der rätselhaften Feindseligkeit der irdischen Dinge gegeneinander besann.

> Einen Jammer
> Hebt das Eisen zum Hammer:
> »Was schlägst du mich so hart?
> Sind wir nit zugleich von einer Art?«

In der wölbigen Werkstatt wartete der Michel Eschelbacher der Esse. Mit dem Blasbalg hetzte er das Feuer auf. Er schaffte einsam: Die Ungunst der Zeit litt nicht, dass er sich einen Gesellen dingte.

Ein altbärtiges Bäuerlein lehnte an der Schwelle und schaute dem Meister zu, der ihm eine eiserne Schiene um das Rad schlug, das es von seinem Hof zum Amboss hergerollt hatte. Der graue Nebel schien an seinem Haar zu hängen, auf seine Schultern zu drücken. »Mein Gott, ja«, seufzte der Alte, »es wird allweil schlimmer. Allweil schlimmer wird's. Der Bauer soll nur geben und geben. Und kann doch nimmer klecken. Die Steuern steigen. Das Geld hat keine Kraft mehr: Legst du noch so viel hin, du kriegst nix dafür. Und gar das Wetter! Der Herrgott macht es für die feineren Leut. Für uns Bauern gewiss nit. Er bringt kein rechtes Bauernwetter mehr zusammen. Verlernt hat er's. Das Kraut am Feld lasst er verschmachten. Ins Heu lasst er es regnen. Der Herrgott! Der Herrgott!«

Dem Schmied zuckte es in dem überrußten Gesicht. In seinen Augen spiegelte das trübe Geflacker der Esse. »Ja, Zachriesel, der Herrgott ist ein wunderlicher Mann. Ist halt schon alt. Und schlaft gern. Zieht sich die Tuchent über den Kopf. Will sein liebe Ruh haben.«

Grob schlug der schwarze Meister auf den Amboss hin, als wolle er den schlafenden Himmel aufschrecken. Der rote Gneist sprühte, an der Mauer klirrte das Eisen, das Gewölb hallte, und es war, das Haus bebe bis in die Grundfesten hinab.

Da drang eine traurige, sanfte Stimme in die Werkstatt herein. »Schmied, du läutest mir ein hartes Valetglöckel!«

Der Michel Eschelbacher warf den Hammer hin, wischte sich die Hände in den Schurzfleck und trat ins Freie.

Draußen wartete wegfertig und gerüstet mit Stecken und Bündel der ehrwürdige Mann, der dem Dorfe seit vielen Jahren das Wort ausdeutete, das der Menschheit in den heiligen Büchern überkommen war. An ihn schmiegte sich verweint und vergrämt sein Eheweib, und eine Gemeinde betrübter, ratloser Leute gab ihm das Geleit.

Der Prediger lächelte wehmütig. »Spitz mir den Stecken, Meister! Er muss mich stützen auf dem Weg ins fremde Land.«

»So ist es wirklich so weit kommen?«, stammelte der Schmied.

Der Geistliche senkte die leidvolle Stirn. »Ja, ins Elend müssen wir scheiden. Es ist keine Bleibstatt auf der Welt. Lass mich noch einmal bei dir rasten, Freund!« Müde ließ er sich auf einen rauen Steinwürfel nieder, an dessen Ringe ansonst die Rösser gebunden wurden, die zu beschlagen waren.

»Nit länger als acht Tag duldet man uns noch im Land«, jammerte die Pfarrerin. »Mit Trommeln und Trompeten hat es der Kaiser verkünden lassen: Alle lutherischen Prediger und Schulmeister müssen abdanken. Ausgejagt werden wir!«

»Den Hirten nehmen sie uns armen Schafherdlein«, klagte der Gabriel Schrembs, »dass uns der römisch Wolf umso leichter verschlingt!«

In heller Kümmernis hub der Prediger an: »Dem reinen Wort hab ich allweil treulich gedient. Und hab gehofft, ich werd einmal den Hirtenstecken und die irdische Hülle mitten unter euch, meine Lieben, ablegen und mich behaglich unter dem Leichenstein ausstrecken dürfen. Unser Friedhof ist ein gar trauter, weltgeschützter Ort. Doch haben sie ihn mir nit vergönnt.«

»Wer segnet uns jetzt mit deutscher Red? Wer speist uns jetzt mit unserm Herrgott seinem Brot und Wein?«, brach die Holzleitnerin leidmütig aus. »O wir ganz armen, verlassenen Leut!«

»Gottes Wort lass ich euch als mein Vermächtnis zurück«, tröstete nun der Prediger. »Und lasst euch mein Schicksal nit allzu hart zu Herzen gehen! Alles Erdenglück ist kläglich und dem Zufall ausgesetzt. Lernt leiden! Der Herrgott selber hat bitterlich leiden müssen: auf offenem Feld haben sie ihn gekreuzigt. Und ist doch in seiner schrecklichen Marter nit irr worden in seinem Weg.«

Der Schmied aber legte die Faust an die Brust. »Der Heiland, der muss ein anderes Blut getragen haben als ich. Ich kann nit dulden. In meinen Adern geht es drunter und drüber. Und ich glaub, wir dürfen es nit zulassen, dass man unsere Geistlichen verscheucht. Wehren müssen wir uns!«

»Ja, aufbegehren sollten wir, die Zähn herzeigen!«, rief der Schrembs.

Der alte Zachriesel hielt sein Wagenrad gefasst und stand dahinter, als wollte er sich damit schirmen. Er räusperte sich, und mit flatterndem Blick, mit spöttischem und dennoch verzagtem Mund sagte er: »Ja, wehr dich, Bauer, wenn du kannst! Das ganze Land steckt voller Soldaten. Und der Statthalter schickt sie dir in die Stuben, die Landsknecht mit den blechernen Hosen. Schatzen und schinden werden sie dich. Den roten Vogel stellen sie dir aufs Dach. Da wehr dich, Bauer! Nein, nein! Wir müssen uns geben.«

»Der Kaiser!«, ergrimmte der Lenhart Stradinger. »Spottschlecht ist er beraten. Wie könnt es anders sein! Er beichtet einem Jesuiten!«

Ehrfürchtig zog der Zachriesel den Scheibenhut. »Der Kaiser ist nit schuld. Die Schuld tragt der bayerisch Kurfürst, dem er unser Landel verpfändet hat. Der Kaiser weiß gar nit, wie hundsschlecht es uns geht. Wenn er's wüsst, er tät dreingreifen. Tät zu uns herreiten und helfen. Gleich wär's besser.«

Droben im grauen, unwirschen Wind klafterten die schwarzen Flügel der Krähen. Heimatlos zogen die Wolken.

Ein Wagen rollte träg vorbei, von Ochsen gezogen. Die Habe des Predigers führte er durch den Wald gegen die Donau.

Die Pfarrerin starrte erschüttert dem Fuhrwerk nach. »Oh, wo werden wir wieder eine Heimstatt finden?«, schluchzte sie.

»Lass gut sein!«, redete der Prediger ihr zu. »Unser Leid führt uns zu Gott. In ihm sind wir geborgen und daheim.«

»Das Herz frisst es mit ab!«, sagte das Weib des Lenhart Stradinger. »Bleibt bei uns! Wir verstecken euch. Es kommen wieder bessere Zeiten.«

Er wehrte ab. »Ich dank dir. Aber es tät nit gut. Der Feind tät uns bald aufgreifen. Und du könntest dann Leib und Gut verlieren.«

»Wir werden noch alle verjagt werden!«, schrie der Schrembs auf.

Ein Rabe krähte hämisch.

Der Prediger erhob sich. Der Wind spielte ihm im ergrauten Haar. »Der Vogel segnet mir die Reise. Auf, liebe Frau, jetzt fahren wir gegen die Donau nach Regensburg. Was hilft es, dass wir noch säumen? Ihr, meine gute Gemeind, ihr bleibt da, bei diesem Haus da trennen wir uns. Es ist heut des Jammers genug gewesen. Ich mag ihn fürder nit hören.«

Jetzt erhob sich erst das Elend. Heulend hielten sich die Kinder an den Kittelfalten der Pfarrfrau. Die Weiber fassten sie an den Händen und umhalsten sie und weinten die hellsten Tränen. Die Bauern umringten ihren Prediger.

Der Schmied bat: »Ehrwürden, noch einmal speiset uns!«

Der Pfarrer brachte aus seinem Bündel Brot und Kelch und Wein herfür, und unter dem bloßen Himmel, unter dem hastig treibenden Gewölk des Spätjahres, im herben Wind und fern der verlorenen Kirche reichte er zum letzten Mal die fromme Zehrung. Lechzend öffneten sich die Munde danach und genossen sie in Schmerz und Zorn.

»Gebt mir das Nachtmahl!«, begehrte der Abraham Wibmer. »Gebt mir es für zehn Jahr. Dass ich versorgt bin, wenn sich der Handel länger hinzieht.«

Der Prediger mahnte: »Bleibt dem reinen Augsburger Bekenntnis zugetan! Nimmer dürft ihr zulassen, dass man euch das reine Wort entreißt!«

Da fuhren die Männer auf. »Wir lassen uns den reinen Glauben nit nehmen! Eher sollen sie uns in Fetzen hauen, eh wir vom lauteren Wort Gottes weichen! Wenn wir untreu werden, so soll der heilige Wein in uns gleich zu Gift und Eiter werden!«

»Ehrwürdiger Herr«, sagte die Sabindel, ein Weib, verknorrt und bucklig und uralt wie ein Stock im Wald, »Ihr habt uns vom Paradiesmann erzählt. Mit Löwen hat er gespielt und mit Wölfen. Warum hat der Herrgott den wunderschönen Frieden abgeschafft?«

Mit weiten, ungewissen Augen blickte der Prediger sie an. Heute wusste er ihr keine Antwort.

Gegen die Gemeinde gewandt, zeichnete er mit seiner weißen, welkenden Hand ein Kreuz in den Wind. »Friede allen Friedlosen!«

Sein Weib an der Hand, am Rücken das armselige Bündlein, schweigend, trauernd, ergeben setzte er den Stab vor sich hin und ging. Er kehrte sich nimmer um.

Der Ahorn brannte grell durch den Nebel. Der Wald nahm die Verstoßenen auf.

Schaudernd im nebelkühlen Wind weilte das Geleit noch lange vor der Schmiede, und sie spähten sehnlich nach dem Wald hin, als müsse der vertraute Mann lächelnd wieder zurückkehren wie zu Kindern, die man scherzend in Angst treibt und dann wieder versöhnt.

Und hernach redeten sie von vergangenen guten Zeitläufen und von den neuen bösen, und als der Schrembs meinte, die katholischen Herren hätten üble Dinge vor, und es würde nicht früher Ruhe, als bis der Bauer dreinschlüge, da lachte der Schmied grimmig: »Nur her zu mir! Ich wetz euch die Spieß.«

Der Zachriesel jedoch beutelte ängstlich den kleinen Kopf. »Wir dürfen nit aufbegehren gegen die Obrigkeit. Der Herrgott hat sie uns vorgesetzt. Nach dem Kaiser seinem gnädigen Willen müssen wir leben und sterben.«

»Oha, Zachriesel«, entgegnete die Sabindel, und die feurigen Augen stachen ihr aus dem zerknitterten Gesicht. »Wenn der heilige Paulus auch sagt: ›Jeder sei der Obrigkeit untertan mit Furcht und Zittern!‹, so ist es ein noch größeres Gebot, dass man dem Herrgott mehr folgen soll als den Menschen.«

»Und wenn sie mir den schönsten Bauernhof für meinen Glauben geben wollten, ich nähm ihn nit«, rief der Wolfgang Schwabel, ein recht armer Bauernknecht.

»Wollt ihr einen Aufruhr anzetteln?«, redete der Zachriesel. »Wisst ihr, was das ist, ein Krieg? Ich denk noch, wie der Passauer Bischof den Krieg hat zu uns lassen. Hui, die Reiter haben gezündelt! Hui, das Blut ist gebrünnelt! Und der Obrist, der Rammauf, sauber hat er uns das Landel hergerichtet! Und wen hat es betroffen? Und wen trifft es allweil und ewig? Uns! Uns! Uns gemeine Leut! Nur keinen Krieg mehr, um Gottes willen nit!«

»Wenn er aber aufbrennt, der Krieg, wer dämpft ihn?«, raunte der Schmied.

Der Zachriesel duckte sich hinter seinem Rad. »Ich misch mich nit drein«, flisperte er, »von mir kann es keiner verlangen.«

Die Sabindel hub zu erzählen an. »Merkt auf, was sich im verstrichenen März begeben hat zu Peuerbach! Mitten in der Nacht weckt den Totengräber eine Stimm, er soll dreimal in den Freithofkot greifen. Er geht zu einem Grabhügel, den er gerad tags vorher aufgeworfen gehabt hat, dreimal greift er in die frische Erden hinein. Zum Ersten zieht er eine dürre Hand heraus, zum Zweiten eine feiste, zum Dritten – eine blutige.«

Bange rückten die Lauscher näher um die Ähnelfrau. Ihr schlotterte das verdorrte Kinn. »Die magere Hand«, so legte sie die gespenstische Märe aus, »die bedeutet ein missrätig Jahr. Das zweite Jahr ist gesegnet. Im dritten Jahr, Leut, da haust der Krieg bei uns.«

Aller Atem stockte. Mit fliegender Brust tranken sie die wilde Deutung ein.

»He, und ist das heurige Jahr nit voller Misswachs gewesen?«, fuhr die Alte fort. »Leut und Kinder, ihr habe es erlebt. Und das Brot ist heut noch nur so groß wie eine walische Nuss und ist sündteuer, kostet einen Pfenning. Es hat freilich vormals noch weit ärgere Zeiten gegeben. So denk ich, dass es einmal sieben Jahr dürr gewesen ist. Sieben Jahr, liebe Kinder, sieben Jahr haben wir keine Drischel in die Hand genommen. Das Dreschen hätten wir bald vergessen.«

Ein zartes Dirnlein unterbrach die versunkene Alte. »Gelt, Ahnel, aber im künftigen Jahr wird das Korn über unsern Wald hinauswachsen?«

Die Greisin nickte. »Ich seh den seligen Sommer kommen«, weissagte sie. »So schwer und reich hangt die Frucht am Baum, dass die Äste brechen. Die Ernte kann man schier nit bergen in ihrem Überfluss. Die Erde kann sich nit genuttun: Zweimal blühen die Rosen im Jahr. Kinder, in meinem langen, langen Leben weiß ich nur ein einzig Jahr, das reicher gewesen ist.«

Die Augen der Wunderlichen wurden fern, und ihre Seele sank zurück in verschollene Tage. »Ja, dazumal haben wir sie viel Heu und Grummet und Korn heimgebracht, dass es schier den Stadel gesprengt hätt. Und im selben Herbst ist ein Kind verloren gangen, ein Dirnlein. Man hat es lang gesucht, hat es aber nimmer gefunden, hat gemeint, es ist gestohlen worden, weil es gar so fein gewesen, oder es wäre in dem großen Bach, in der Donau, ertrunken. Seine Mutter hat sich schier ins Grab geweint. Im Lansing hernach, wie das Heu allweil weniger worden ist, steht einmal der Knecht im Stadel und hebt mit der Gabel das Heu heraus. Auf einmal hört er es schreien in dem Haufen drin: ›Stich mich nit! Stich mich nit!‹ Da tut er fein fürsichtig das Heu auseinand und sieht das verlorene Kind drein sitzen, gesund und rot geschlafen die Wangen.«

Da staunten die Zuhörer und vergaßen sich in die Unermesslichkeit der sagenhaften Ernte, die einen Menschen verhüllen konnte einen Herbst und einen Winter lang.

Aber der Schmied störte den guten Traum.

»Und hernach kommt das blutige Jahr«, sagte er.

Die Männer erblassten. Erschrocken tappten die Weiber nach ihren Kindern. »Gott soll uns behüten!«, seufzte der Zachriesel.

»Kann es denn für uns noch ärger kommen?«, meinte der Wolf Brandstetter. »Den letzten Groschen pressen uns die Soldaten ab. Sättigen müssen wir sie, die nit satt werden können. Und wenn wir klagen, gibt man uns von Linz aus zur Antwort, niemand könnt uns helfen.«

»Ja, es geschehen Zeichen«, flüsterte der Schrembs. »Es zieht was auf. Bei Wesenurfahr haben die Soldaten ihre Rösser in der Donau geschwemmt. Da schwimmt ein Wels daher und schnappt mit dem Rachen. Ross und Reiter haben sich vor ihm schier nimmer retten können. Der Fisch ist so groß gewesen wie ein Stier.«

»Das unvernünftige Vieh begehrt auf«, murrte der Schmied. »Und wir lassen uns geduldig schinden von dem übeln Volk!«

»Sie sollen uns peinigen, wie sie wollen!«, rief die Stradingerin. »Wir können dennoch die römische Lehr nit annehmen. Das Gewissen lasst es nit zu.«

Die Sabindel redete: »Unsere Vorfahren sind von Rom abgefallen, weil der Papst ein Kramer worden ist. Gottes Gnad hat er verkauft um sieben Gröschlein. Um Geld hat sich jeder Schelm von der Höll loskaufen können. Und wenn auch alle Wege nach Rom führen, wir gehen keinen zurück.«

»Mein Ähnel hat mir erzählt, wie es kommen ist, dass er nimmer päpstisch hat glauben können«, begann die Rembsin. »Damals hat bei uns ein Pfaff gelebt, der hat es nach dem Evangelisten Lukas seinem Wort gehalten: ›Liebe Seel, rast aus, iss, trink und hab guten Mut!‹ Sein Psalterlein hat er gar eilends gelesen, dass keiner nix davon verstanden hat. Aber gesoffen hat er wie ein Pfälzer. Ein Pluzer Most ist ihm lieber gewesen als der schönste Heilige. Und im heißen Sommer hat er in der kühlen Kirche mit seiner Hauserin getrunken und arge Lieder dazu gesungen. Und einmal in der Mess hätt er vor lauter Trunkenheit bald den Altar umgeschmissen. Und wie er hätt aufwandeln sollen, da schreit er: ›Die Grasfrau sticht!‹ In seinem dicken Rausch ist er noch mittendrin im Kartenspiel gewesen. Meinem Ähnel aber ist angst worden um sein himmlisch Heil. ›Der bringt mich nit in die Seligkeit‹, hat er sich gedacht und ist noch am selben Tag lutherisch worden.«

»Es sind auch fromme Leut unter den Pfaffen gewesen, aber die meisten haben kein gutes Beispiel gegeben«, sagte die Sabindel. »Mancher hat vor lauter Lustbarkeit für die Sterbenden nit Zeit gefunden, hat sie sterben lassen. Das hat viele andächtige Leut abgeschreckt. Und wiederum hat manchen der Geiz besessen. Wie den Pfarrer Pausbärtel. Der hat sich nit begnügt mit billigem Seelschatz. Das Erdreich für die Abgeschiedenen hat er über alle Maßen teuer verkauft. Und wie er gestorben ist, hat man ihm den Schlüssel zu seiner Geldtruhe aus der Hand brechen müssen.«

»Ja, die schlechten Geistlichen sind viel Ursach gewesen, dass das Volk sich dem deutschen Herrgott zugekehrt hat, der durch den Doktor Luther gewaltig zu uns geredet hat«, meinte der Michel Eschelbacher. »Aber was heben wir jetzt an in unserer Verlassenheit? Der Mann, der uns mit unserm Gott bekannt gemacht hat, der uns die Schrift ausgelegt hat, der ist vertrieben worden.«

Die uralte Sabindel kauerte auf dem vergilbten Rasen, die Bibel auf den Knien, die neunzigjährigen Augen zielten nieder gen die schwarzen Buchstaben, und sie las: »Und ob ich schon wanderte im finstern Tal, fürchte ich kein Unglück; denn du bist bei mir, dein Stecken und Stab trösten mich.«

Derweilen reiste der Prediger zu Schiff davon. Die Rösser auf dem Treppelweg am Ufer zogen an langen, straffen Tauen die Zille dem Strom entgegen. Die Reiter fluchten und peitschten darein.

Mitten in ihrer geringen Habe saßen Mann und Weib und starrten der zurückfliehenden Heimat nach und dem stillen, lieben Leben, das sie dort geführt hatten.

Am Gestade lungerte eine Rotte Landsknechte und brüllte ein Lied, den Vertriebenen zuschanden.

»Wer hat euch so gut Füß gemacht?
Ihr lauft, dass das Geripp euch kracht.
Verlorner Hauf, wer jagt dich doch?
Es treibt dich nur des Teufels Joch.

Ihr streift dahin in übelm Ruhm
Mit euerm armen Luthertum.«

Als die Nacht andrang, lag die Schmiede wieder vereinsamt. Der Michel Eschelbacher räumte bedächtig Hammer und Schröte vom Amboss, dass dieser über Nacht leer bliebe. Hernach holte er mit dem großen Hammer aus und gab nach uraltem Herkommen dem Amboss eine kalten Schlag und rief: »Teufel, die Kette schmied ich dir fest!«

»Hau noch einmal hin! Hau härter zu!«, hetzte ihn die Schmiedin. »Die Kette ist schon schleißig. Oder ist der höllisch Drach gar schon ledig!«

Der Meister verrammelte die Tür und löschte das Feuer in der Esse, denn er spürte, dass der Wind, der jetzt so traurig um das Hauseck pfiff, in der Nacht zu einem schweren Sturm schwellen werde. Hernach tauchte er die schwarzen Arme in ein Wasserschaff, sie zu reinigen. Und wie er sich dazu niederbeugte, ergellte es ihm im Ohr, als besiegelten all die vielhundert Schmiede im Land mit dem letzten rüstigen Hammerschlag ihr Tagwerk in dem Glauben, das Böse härter in seine Fesseln zu schirren.

Als die Eheleute dann im Bett lagen, hörten sie es im aufgewiegelten Wald draußen rauschen und die Buchen sich biegen und die Ulmen ächzen. An den Fensterläden rüttelte es, und der wilde Wein draußen kratzte an die Wand. Im Gesang der entfesselten Luft lag es wie bange Klage.

Der Schmied wälzte sich ruhlos von einer Seite auf die andere. »Das Dach hebt es uns noch aus«, sorgte er. »Ein entsetzliches Wetter! Der Teufel tritt den Blasbalg.«

Sie seufzte: »Wunderlich genug geht es zu auf der Welt!«

»Ja, Weib, weil auf der Welt der Herrgott und der Teufel ihren gemeinsamen Rain haben.«

Gen Mitternacht packte die Schmiedin den Mann jäh beim Arm. »Hast du es gehört?«

Der Sturm war ins Unermessliche gewachsen. Das Haus erbebte. Und in das eherne Gedröhn brachen drei starke, drängende Schläge.

Der Schmied sprang auf. »Vorm Tor ist einer!«

Sie wollte ihn halten. »Tu nit auf! Der Satan selber wartet draußen. Eine Pfaffenköchin will er beschlagen lassen!«

Rau schüttelte er sie von sich. »Ein Verirrter könnt es sein. Obdach verlangt er in der schrecklichen Nacht.«

Die eiserne Stange schob er zurück. Das Tor ging auf.

Im weißen Mondschein auf der Schwelle stand ein Riese, den Sturm im Bart, tief in die Stirn herab den breiten Scheibenhut, aus dessen Schatten die Augen wie zwei wildfeurige Ampeln glühten. Die Schultern deckte ihm eine Bärenhaut, mit einem Dorn vor der Brust verspangt.

»Wer bist du?«, staunte der Schmied. »Bist du aus der wilden Jagd heruntergefallen?«

Hinter dem wehenden Bart vermummt, stand der Fremde. Der Sturm rüttelte an seinen Brauen. »Ich bin der alte Wut mit dem breiten Hut«, erwiderte er. Bald schien er uralt zu sein, bald wieder im vollsten, starken Mannestum zu blühen.

»Lass mich auf deinem Amboss rasten, Gesell!«, sprach er. »Von weit komm ich her.«

Eine wundersame Scheu wandelte den Schmied an, er wusste nicht warum. Er ließ den Fremdling allein in der monddämmernden Werkstatt.

Aufrecht im Bett sitzend, hörte er den unheimlichen Gast schmieden mit tosender Kraft.

Als er frühmorgens das Gewölb betrat, war der Nächtliche verschwunden. Tief in die Tenne hinab gehämmert war der Amboss, und darauf gleißte wie ein greller Tauber ein breites Schwert.

2.

Der neue Pfarrherr Eruperantius Siebenhirl, ein in Bayern als unwürdig entlassener Priester, kam mit einem Haufen Soldaten ins Dorf. Er fand die Kirchtür versperrt.

Als er erfuhr, dass der verscheuchte Prediger dem Bauern Wolf Brandstetter den Gotteshausschlüssel zur Verwahrung eingehändigt hatte, klopfte er dort an. Doch der Bauer stellte sich trutzig. Den Schlüssel habe er in den Brunn geworfen, sagte er nackt und bündig, und wenn jemand in die Kirche wolle, so solle er eine Leiter anlegen und zum Fenster hineinsteigen.

Doch waren die Kirchfenster sehr schmal, und der Pfarrer hinwieder war ein ansehnlich breiter Mann, sodass des Bauern Rede wie ein Spott biss. Und der Herr Exuperantius Siebenhirl wurde gleich rot wie ein Zinshahn und schalt: »He, du Hundsbub, das zahl ich dir heim!«

Er rannte zur Kirche zurück, davor die Landsknechte lümmelten. »Sprengt das Tor auf!«, rief er schon von Weitem.

Fluchend machten sich die Kerle ans Werk. Mit einem Balken rammten sie in die Tür, bis sie wich.

Hernach stiegen sie in den Turm hinauf und fassten die Glockenstränge. Der alten Glocke entquoll ein hässlicher Klang. Ein krummer Riss ging durch ihr Erz. Zersprungen war sie damals, da man sie zum ersten lutherischen Gottesdienst geläutet hatte. Die kleinen Glöcklein klagten gell wie verzärtelte Kinder, die man aus dem Schlaf stört.

Der Geistliche meinte, nun müssten die Bauern mit Weib und Kind und Gesind dahertrotten und gaffen, wie er das durch die Ketzer entwürdigte Haus aufs Neue weihe, die verbannten Heiligen wieder aus der versponnenen Turmkammer herabhole, auf die Simse stelle und die alten Ehren feierlich wieder einsetze, sonderlich den heiligen Florian.

Doch stieg rings von den Gehöften keine Mutterseele herab, ein zerlumpter Schwartenhals ausgenommen, dem das trunkene Elend aus den Augen troff. Hinkend kam er daher, griff heftig nach der Hand des Pfarrers und presste den roten, feuchten Schnauzbart drauf.

»Hihi, der Zwigel bin ich«, kicherte er. »Katholisch will ich werden. Und einen Mesner brauchst du auch, Pfarrer. Und der Mesner wäre ich gern.«

Ergrimmt über den dürftigen Fischzug, herrschte der Geistliche die Soldaten an: »Treibt mir das Gesindel zu! Zwingen muss man es! ›Recht gern!‹, sagt der Bauer, wenn er muss.«

Hurtig schwärmten die Knechte aus, besuchten die Gehöfte, stießen die Türen auf, ließen die Waffen in die Stube leuchten und drohten: »Bauer, wenn es heut läutet, musst du mit deinen Leuten in die Kirche gehen! Sonst –!« Ihre harten Augen versprachen Übles.

Und gegen Abend lärmten die Glocken abermals, wirr und unregelmäßig schollen sie durcheinander: Der neugedungene Mesner war seines Amtes noch nicht erfahren, und die ungestümen Hände der Soldaten halfen ihm.

Drei Knechte stellten den Brandstetter auf freiem Acker. Über den Pflug gebückt, stapfte er hinter dem Gespann einher, dumpf in sich verschlossen und nur der Kraft zu leben scheinend, womit er die Schar in die Erde drängte.

»Bist du töricht?«, schnauzten sie ihn an. »Hörst du es nit läuten?«

Er ließ sich nicht irren. »Ich bin lutherisch. Hüo, Scheck!«

Die drei rasselten mit den Waffen. »Du gehst mit, oder wir schlagen dich tot!«

»Mit Säbel und Kolben wollt ihr mich selig machen?«, lachte der Bauer rau.

»Du bist der ketzerische Bösewicht, der sich mit Stichelreden heut an dem hochwürdigen Herrn vergriffen!«, schnarrte ihn einer an. »Du wirst ihm darum heut als erster die Beicht ablegen und ihn abbitten!«

Der Brandstetter wischte sich den Schweiß von der Schläfe und trocknete sich die Hand an den kurzledernen Hosen. »Meine Sünden sag ich keinem ins Ohr. Der Herrgott kenn sie schon von selber.«

»Darüber magst du mit dem Pfarrer streiten. Der wird dir schon triftig antworten!«, riefen die Knechte. Sie zerrten ihn grob vom Pflug weg, und da er sich mit behänder Kraft sträubte und sie seiner nicht gleich Herr wurden, schlug ihn einer über den Schädel, dass ihm das Blut aus den Haaren rieselte.

Da fügte er sich.

Eben hatte sich der Pfarrer, von dem hinkenden Mesner umwedelt, in den Chorrock geworfen, als die Knechte den barhäuptigen, blutenden Bauern in die Sakristei hereinschoben.

»Mit Schergen schleift man mich in die Kirche!«, stöhnte der Brandstetter. »Päpstischer Herrgott, du kannst deine Freud an mir haben!«

»Zu beichten begehrt er«, lachten die Soldaten. »Wir wollen zulosen!«

Der Pfarrer erkannte den Bauern. »Bereust du deine störrische Red?«, sagte er. »Knie nieder! Räum dein Seel aus! Schwemm sie in einer gottgefälligen Beicht! Tritt heraus aus dem lutherischen Unflat, auf dass es dir wohl ergeh auf Erden!«

Wachsbleich stand der Bauer. Seine Stimme bebte, aber sein Herz war fest. »Um irdischen Vorteil werd ich nit zum Meineider!«

»Schmeißt ihn hinaus!«, kreischte der Pfarrer.

Da fielen die Knechte über den Bauern her, würgten ihn, schlugen auf ihn ein und stießen ihn ins Freie hinaus. Draußen entrang er sich ihrer Wut und flüchtete.

Ein Reiter riss die Faustbüchse heraus und wollte ihm nachschießen. »Mein, lass ihn leben!«, wehrte der Geistliche ab. »Schad ums Pulver!«

In der nach alter Art kunstvoll erbauten und lieblichen Kirche warteten die Bauern. Die Angst vor der Gewalt der Kriegsleute hatte sie hereingetrieben.

Vorn im Chorstuhl auf der Betstaffel kniete ein vergilbtes Greislein, die müden Hände vor der Brust verrungen, die Augen bald in entrückter Inbrunst auf den Altar gerichtet, wo heute nach langer Zeit wieder der lockige, ritterlich gerüstete Marterer Florian prangte, bald zur Wölbung der Kirche starrend wie einer, der eines himmlischen Verkünders harrt.

Dieser Alte in der zerschlissenen Kutte hatte vor vielen Jahren das Florianikirchlein versehen und mit stillem Herzen und schüchternen Händen die raue Gemeinde geleitet zu einem rechten Leben und zum ewigen Heil, bis der feurige Prediger ins Dorf kam, über die stammelnde Einfalt des Pfarrers siegte und die Seelen dem Luthertum zuführte.

In den letzten Jahren, da er seines Amtes waltete, war die Not seine Hauserin worden, und der helllichte Bettel war bei ihm daheim. Die geistlichen Gefälle trugen nichts mehr ein, auch ließ er nimmer mit dem Klingelbeutel sammeln, weil ein Vogel drin zu brüten anhub und er in der Güte seines scheuen Gemütes ihn nicht in dem mütterlichen Geschäft stören wollte. Schon lange hatte er keinem mehr das Weihbrötlein gespendet, weil es niemand von ihm begehrte. Im Jahr 1600 am Gottesleibstag waren von den einhundertacht ihm anvertrauten Seelen nur zwei bei ihm erschienen: der eine ein Sterbender, den Zweifel und Höllenfurcht zurückjagten zu dem alten Glauben, der andere der Zwigel, ein verrufener Scherg, der sich ihm zum Mesner anbot, aber mit bösen Verwünschungen wich, als er abgewiesen worden.

Das Pfarrerlein wohnte hernach, von keinem seiner abtrünnigen Gemeinde vermisst, in einem dunklen Stüblein und wagte sich nimmer hinaus in das unverständliche Leben. Man wusste nicht, wovon er lebte, kümmerte sich auch nicht darum.

Sein Nachbarspfarrer hatte das bessere Teil ergriffen. Der hatte das Elend nicht überlebt. Ins Pfarrbuch hatte der geschrieben: »Ostersonntag, da man zählt nach Gottes Geburt das Jahr 1605. Anheut nemo in der Messe. Niemand.« Tags danach war er gestorben.

Und jetzt kniete der vergessene Priester nach einem Menschenalter schier wieder im Chorstuhl. Sein einfältiges Herz begann wie eine Rosenknospe zu treiben, ein glückliches Lächeln besonnte das Antlitz, und die blassen, entfärbten Augen zielten gegen die Sakristei, daraus jetzt siegreich der Nachfolger kommen sollte. Der würde mit frischer Faust das Fähnlein wieder aufrecken, das der Greisenhand entglitten war. Der würde mit der Macht des flammenden Wortes, mit hartem, klarem Willen und frommem Beispiel die verirrte Herde wieder zurückleiten in den Strahl des Heiles, der da auszückte von dem allein seligmachenden Rom. Und wenn sich dann die Stirnen der widerspenstigen Bauern demütig und zerknirscht neigen, wenn sie wieder heimkehren in den Arm der alten, muttertreuen Kirche, o dann wird der Natternstich der Verantwortung und das Gefühl der Schuld in der Brust eines alten Mannes aufhören und seine Seele in unendlichem Frieden gestillt und selig verklingen.

Also starrten zwei weltmüde Augen, darin als letzte Kraft die Sehnsucht glomm, zur Sakristeitür.

Und sie wurde ungestüm aufgerissen, und ein Mann, plump, feist, mit dreifachem Kinn, angetan mit Birett und geistlichem Kleid, ein Büchsenrohr in der Linken, trottete herein. Er stieg schnaubend die Staffeln zur Kanzel empor, stand droben wie ein Wolfsjäger, tat Pulver auf die Pfanne, setzte die Lunte dran und ließ das Maul des Rohres in die erschrockene Gemeinde hinabdrohen.

Auf dem Chore quetschte ein Soldat, ein verjagter Schulmeister, der Orgel ein verstimmtes Lied ab. Der neue Pfarrer sang dazu. Er hatte im Gegenspiel zu seinem derben Leib eine weiche, welsch anmutende Kehle und kam darum nicht gegen die lärmende Orgel auf, deren Groll die Scheiben sumsen machte. Also schrie er mitten im Lied zu den Leuten hinab: »Soll ich das heroben allein pfeifen wie ein Jochgeier auf dem Kogel?«

Mit zusammengerückten Brauen saßen drunten die Bauern, stierten kerzengerade vor sich hin in die Luft und ließen den fremden Gesang über sich ergehen. Nur selten erhob einer den unholden Blick zu dem Menschen, der mit dem Feuerrohr von der Kanzel herab zielte. Mit den Zähnen hielten sie die Zungen fest.

Nur das Altpfarrerlein krähte mit seiner abgetanen Stimme eine Weile mit. Hernach aber merkte er, dass er Wort und Weise falsch sang, und er tastete nach seinem dünnen, verfallenen Hals, schluckte ein wenig und schwieg verlegen.

Als die Orgel vertobt hatte, rasselte Herr Experantius Siebenhirl ein überstürztes Vaterunser und drehte hernach die quellenden Augen hinauf zu dem Eulenloch an der Wölbung, als müsse der Heilige Geist daraus herabfliegen, auf seiner Achsel rasten und ihm eine anmutige, geistreiche Rede eingeben.

Aber es drang polternd und ungefüg über diese fleischigen Lippen.

»O ihr irrköpfischen, verstockten Bauernesel! O ihr Teufelszeugen! Euer Heil weiset ihr grob zurück. Den allein wahren Glauben beschmeißt ihr. Aber der Satan soll mich stracks von der Kanzel da holen, wenn ich euch den Trutz nit austreibe! Wartet, euch will ich die Planeten lesen! Ich will euch wieder lehren, die Händ heben zur lieben Unserfrau und zu dem heiligen Floriani, der für euch Lümmeln hat müssen den Martertod sterben. Der bayerische Kurfürst und sein Statthalter zu Linz, Seine hochgräfliche Gnaden der Herr Graf Adam von Herbersdorf werden euern lutherischen Aftergott mit Butz und Stingel austilgen. Merkt euch, wer Luthern glaubt, dem Erzketzer, dem versperrt der Herrgott die himmlische Pforte! Und das nehmt auch mit heim: Wer aus dem Kelch sauft, der sauft dem Teufel sein Blut. He, das tät euern bäuerischen Rüsseln wohl gefallen, wenn ihr von mir einen feinen Aschauer Wein ausgeschenkt kriegtet am Altar! Ja, da tätet ihr rennen und euch alle Viertelstund speisen lassen! Ihr unbescheidenen Bauern! Dem Herrgott wollt ihr das Wetter und dem Kaiser den Glauben fürschreiben!«

Mit den Fäusten trommelte er in die Kanzel hinein. Jetzt aber stockte der plumpe Fluss seiner Predigt. Er kraute sich den braunen Haarkranz um seine Platte, hüstelte ein wenig und legte sich die hohle Hand vor die Stirn.

Erst nach einer hübschen Weile stieß er erlöst heraus: »Ja, ja, der Martin Luther! Dem Teufel sein Sachwalter ist er gewesen, der ihn häufig genug heimgesucht hat. Aufgehängt hat er sich und sein Katherl. Hahaha!« Mit tollem Gelächter brach er die Predigt ab.

Das Altpfarrerlein im Chorstuhl taumelte in die Höhe. Mit den müden Händen deckte er sein Gesicht. Ihm war, er müsse sich das blutende Herz aus der Brust heben und es der Gemeinde weisen wie eine Monstranz.

Schluchzend ging er zur Kirche hinaus.

Die Landsknechte, die am Tor Schildwache hielten, verstellten ihm den Weg. Doch der Herr Exuperantius Siebenhirl winkte: »Der ist ein Narr. Dem soll man nit wehren.«

Da ließen sie dem Alten freien Pass.

Indes nun der Pfarrer in einförmig singendem Ton eine Litanei anhub, strich der Zwigel mit dem Klingelbeutel längs den Bänken dahin.

Unter dem Zwang der lauernden Soldatenaugen warfen die Bauern ihr Scherflein darein. Doch konnten sie es sich nicht versagen, dem Mesner ihre Wut zu zeigen. »Du Ducker, ich wünsch dir viel Glück«, zischte der Rembs ihm zu. Und der Stradinger raunte: »Um wie viel Silberlinge hast du dich verkauft?«

Der Zwigel hörte nicht hin. Er humpelte auf die Kanzel hinauf, bog auf der letzten Stufe das Knie vor seinem Herrn und leerte den Beutel in dessen hohle Hände.

Am Freithof draußen hielt ein eisgrauer Mann das hohe Holzkreuz umklammert. Die Stirn drückte er an die harte Kante, die Lippen suchten ein Gebet und fanden es nicht, und weiße, hoffnungslose Zähren stürzten nieder auf die dürre Erde.

3.

Im Freithof zu Frankenburg glänzte das junge Gras, die stillen Hügel hatten sich mit neuen, zierlichen Blumen versehen, und aus dem Laubgehäng der Birken schollen die frohen Maienrufe der Vögel.

Allein die vielen Menschen, die heute Freithof und Kirchplatz bevölkern und in dunklen Massen um das Gotteshaus drängten, kümmerten sich nicht um das helle Gras und die frommen Blüten und die Gesänge in Laub und Lüften und fürchteten nicht, dass sie die Toten unterm Rasen erschrecken und erbittern könnten mit dem lärmenden Wesen und den aufrührerischen Reden, die sie heute auf der geweihten Stätte führten. Ihre Gesichter brannten schwärmerisch und zuckten, ihre Gebärden, sonst maßvoll und sparsam, äußerten sich ungestüm und überschwänglich. Und immer mehr Leute liefen zu, und fast in geordneten Scharen rückten sie aus den nachbarlichen Dörfern heran.

Mitten im Gewühl stand der Tobias Hörleinsperger und schürte die Glut. »Wie die Bauern zu Natternbach müssen wir es halten«, forderte er. »Einen welschen Pfaffen hat man ihnen aufzwingen wollen. Die Kirche haben sie ihm versperrt. Und wie er daherkommen ist, da haben sie ihn gefragt, ob der Papst sein Vater ist. Er hat nit erwidern können: kein Wort Deutsch hat er verstanden. Da hab ich ihm das Birett vom Kopf geschlagen. Die Kutte haben wir ihm ausgestaubt. Davongesprengt haben wir ihn. Hernach sind wir mit der Trummel vors Wirtshaus geruckt. Ist der kaiserliche Kommissarius drin gesessen, neben ihm der Dechant von Linz, auch so ein welscher Katzenhäuter. Auf und davon sind die zwei, wie sie unsere Trummel haben schindern hören. Hernach hat der Statthalter ein paar von uns eintürmen wollen, hat sie aber wieder laufen lassen. Ertrutzt haben wir es!«

»Wir Frankenburger leiden es schon gar nit, das Pfaffen- und Affenspiel!«, rief der Schuster Hans Scheichl. Eine Kranichfeder hatte er herausfordernd hinter der Schnur seines spitzen Jodelhutes stecken, als wolle er mit dem römischen Pfarrer raufen, der heute in die Frankenburger Kirche eingeführt werden sollte.

Der Bäcker Hans Neuhödl schüttelte zornig ein Feuerrohr. »Wir lassen uns die Pfaffen nit ins Land schwärzen! Unsere lutherischen Prediger wollen wir wiederhaben. Eher wird nit Ruh.«

»Jetzt soll uns der fremde Kerl am Altar herumgaukeln?«, murrte der Färber Wolf Fürst. »Lateinisch Geschrei verstehen wir nit.«

»Er darf uns nit in die Kirche!«, tümmelten sie durcheinander. »Und wenn wir ihn niederschlagen müssen. Wir wollen es ertrutzen wie die zu Natternbach!«

Der Ratsmann Hans Frödl legte sich ins Mittel. »Wir dürfen dem Geistlichen nix antun! Am besten ist es, es geht keiner von uns in die Kirche hinein. Soll er den leeren Mauern predigen. Das wird ihm unheimlich genug werden.«

Auch der Richter von Frankenburg, der Kristof Strattner, wollte die aufgerührten Leute beschwichtigen. »Ich bitt euch, seid klug!«, mahnte er. »Der Graf Herbersdorf ist kitzlig worden. Sein Herr, der bayerische Kurfürst, hat es ihm übel genommen, dass er den Natternbachern so glimpflich durch die Finger geschaut hat. Der Kurfürst hat ihm zu wissen geben, an den Straßen hätt er sie aufhängen sollen, die Aufwiegler, und künftigmal soll er blutig zugreifen. Ich bitt euch, Leut, gebt dem Grafen keinen Anlass! Mit eurer Haut müsstet ihr zahlen.«

Zundelrot die Stirn, packte der Schuster Scheichl den Richter bei der Schulter. »Strattner, ha, willst du etwan auf deine alten Tag' auch den Balg wechseln und katholisch werden wie der Pfleger Grünpacher?!«

Das Getöse legte sich plötzlich, das Gewühl erstarrte. Eine Gasse riss sich auf, und mitten durch das gereizte, entrüstete Volk führten der Pfleger Abraham Grünpacher und der Pfarrer von Pfaffing den Geistlichen, der bestimmt war, Frankenburg dem Luthertum abzuringen.

»Schaut, wie der Pfleger die Augen niederschlagt!«, rief es halblaut aus der Menge.

»Hat halt ein böses Gewissen, seit er die Seel verschachert hat«, erwiderte es.

Einer gellte: »Der römisch Wind geht. Ruckt das Hütel danach!«

Der Grünpacher schoss einen messerspitzen Blick in das Volk.

Geduckt neben ihm trippelte der Pfarrer von Pfaffing. Ein kränklicher Mann, kannte er die unfügsamen Bauern und fürchtete sie. Ach, heute ging es gewiss nicht gütlich ab. Die Leute standen gar zu streitbar da.

Der neue Pfarrer aber schaute hochfahrend über die Gefahr hinweg. Er hatte ein kühnes Herz, und der Widerstand reizte es nur auf. Er war sich gewiss, dass er die Ketzer bekehre mit der Kraft seines reinen, eifernden Gemütes, sie entzünde an seinem Feuer und mit beredter Zunge sie entwaffne. Er war ein blutjunger Mensch und hatte mit der Welt noch nicht viel zu schaffen gehabt.

In der Kirche bestieg er sogleich die Kanzel. Dort betete er zuerst für die brennenden Seelen im Fegfeuer. Hernach richtete er sich aus der demütigen Gebetsversunkenheit frei empor, und die breite Brust bebte ihm, der Blick leuchtete.

Allein die Kirche war leer. Kein Richter, kein Ratsherr, kein Gewerbsmann, kein Bauer, nicht Weib, nicht Kind, die seinem überschwellenden Herzen hätten lauschen wollen; kein gläubiges und kein trotziges Gesicht hier, daran er seine Glut und Kunst hätte steigern können; keine Seele, darin ein Widerhall sich wecken ließe. Die öden Wände standen bereit, seine Worte zurückzuäffen.

Nur der Pfleger und der geistliche Bruder aus Pfaffing saßen einsam im Gestühl, und sie rieben sich die Hände, als fröre sie in der leeren Kirche.

Zwar standen im Tor einige Männer, doch mit abweisender, unholder Miene, und sie schienen Kundschafter zu sein, des Predigers abgünstige Rede der Bauernschaft zu hinterbringen, die draußen sumste wie ein erzürntes Immenvolk.

Der Priester hub an. Doch sprach er nicht so, wie er es sich vorher hundertmal überdacht hatte, nicht mit der verzeihenden Sanftheit, die ein im Übermut entsprungenes Kind wieder zurückholt; er schmückte seine Rede nicht mit mildem Heilandswort, nicht mit anmutigen Marienwundern oder den Opfertaten der Heiligen aus. Wild und schwertscharf begann er, entrüstet über den Hass, der heute dieses Kirchhaus umzingelt hielt und den er ungerecht fand; empört über die tückischen Lauscher im Tor; verstört darüber, dass man ihn übersah, dass man die Ohren vor ihm verschloss.

»Was lauert ihr dort mit falschen Augen an der Tür? Was treibt ihr euch mit Büchsen und Stangen um dies Haus herum, als wolltet ihr den Herrgott suchen und erschlagen wie einst die Rotte am Ölberg? Ja, stecht nur herauf mit feindseligem Blick! Da steh ich, da halt ich euch stand, von jetzt an euer Pfarrer, von der Obrigkeit bestellt! O ihr verirrten Seelen, sagt mir, was ist Grund und Ursach, dass ihr von dem rechten Gott in Irrsal abgewichen seid? Wer hat euch zur schändlichen Ketzerei verführt? Der Luther ist es gewesen! Der Luther! Der Stein des Anstoßes ist er, der Fels des Ärgernisses! Seiner Blendnis seid ihr gefolgt. Hütet euch! Hütet euch sonderlich vor seinen Trompetern und Flötern!

Zum Lärmenblasen und Unglückstiften,
Auch Krieg und Unheil anzurichten,
Ist keiner tauglicher im Land
Als ein luthrischer Prädikant.«

Die Männer in der Tür wispelten gegeneinander. Draußen wuchs das Getümmel, und darüber erhob sich eine einzelne Stimme gell und drohend, als wäre ein Gegenprediger erstanden. Der Pfleger zwinkerte unruhig mit seinen kleinen, verquollenen Augen, und der Pfarrer von Pfaffing drückte die verkrampften Finger gegen das weißstoppelige

Kinn und winkte dann hastig zur Kanzel empor, der droben möge schweigen.

Der Prediger achtete nicht darauf. »Ihr wollt euch trutzig verhalten und des Kaisers Befehl widerstreben«, zürnte er. »Damit betrübt ihr sein hohes Gemüt und fügt ihm hartes Herzleid zu. Der Kaiser will euch wohl. In seiner ungemessenen Güte, besorgt um euer irdisch und jenseitig Heil, will er euch wieder legen an das Herz der einzig wahren Kirche. Danket ihr ihm aber mit Trutz und weiset ihr seine väterliche Hand zurück, so wird er mit Strenge euch angreifen. Und dies ist sein Recht. Denn wem das Land gehört, der hat drin den Glauben zu bestimmen. So ist es im Augsburger Frieden beschlossen. Und wenn die luthrischen und kalvinistischen Fürsten mit ihren Untertanen also umspringen, warum sollt es just dem Kaiser versagt sein? Und dazu haben seine evangelischen Leut sich häufig schnöd gegen ihn aufgebäumt, mit seinen Feinden am selben Strick gezogen und ihn bitter beleidigt! Ja, absetzen haben die luthrischen Stände ihn wollen und ihn in ein Kloster sperren! Noch einmal behaupt ich: Es ist des Kaisers Recht, dass er euch zwingt, und ihr habt ehrfürchtig euch danach zu richten!«

Da erwiderte eine hallende Stimme vom Eingang der Kirche her: »Nein! Und nein! Wir dürfen uns wehren! Und das Recht gilt mehr, als was in einem toten Brief geschrieben steht, und ob auch der Kaiser sein goldenes Siegel dranhängt!«

Der Pfleger Grünpacher schnellte empor. »Ha, welcher Bub traut sich das? Du bist es, Student? Du?!«

Kampflüstern reckte sich der Priester droben. »Oh, du frevler Schreier, der du mich widerlegen willst, sag, seid ihr etwan freiwillig luthrisch worden? Haben nit die luthrischen Herren deine Vorfahrer zu Ketzerei gezwungen und gedrungen und sie von Haus und Hof gejagt, wenn sie sich gesträubt haben? Und die Kirchen rings im Land, wem haben sie denn früher gehört? Uns sind sie gestohlen worden! Und geschändet haben sie sie, die frommen Mauern abgebrochen, das Gerät geraubt, die Heiligen und Nothelfer hinausgeworfen und verstümpelt, aus den lieblichen Kapellen Rumpelkammer gemacht! Gehetzt haben die Prädikanten gegen uns, als ob wir Teufel wären, verflucht haben sie uns, unser geheiligt Haupt zu Rom verspottet und beschimpft, den Papst den Antichrist gescholten ...«

Er überschrillte sich und stockte. Und als hätten seine Schreie die Mauern durchschnitten und seien denen draußen offenbar worden, entgegnete draußen ein tolles Geheul und brandete Schimpf und Drohung herein.

»Wir ertragen sein Gespei nimmer!«, tosten sie. »Das Donnermaul soll er halten! Der Diebspfaff! Der Seelenmörder! Wie ein Wolf feimt er. Das lautere Wort wollen wir und die reine Wahrheit! Weg mit den römischen Pfaffen! Sie fälschen des Herrgotts klares Wort. Sie deuten es mit Trug. Wer darf uns befehlen, was wir glauben sollen?!«

Der Grünpacher hatte sich mit grobem Ellbogen durch das Dickicht der Bauernleiber in den Freithof hinausgekämpft. Im wirbelnden Gewimmel stand er, die Hirnader blau und zum Bersten strotzend.

»Ziemt sich das, ihr Böswichter?«, brüllte er. »Ihr lärmt wie auf einem Judenmarkt, derweil Gottes und des Kaisers Wille drin ausgelegt wird.«

»Halt die Gosche, Pfleger! Bist du schon ein Schelm worden, so soll man aus uns keine Schelmen schnitzen!« Ein Schauer von Flüchen prasselte auf den erbleichenden Mann nieder, feindliche Leiber drängten an ihn heran, immer dichter, immer näher, als wollten sie ihn zerquetschen.

»Striegelt ihn! Schlagt ihn tot, den abgefallenen Lumpen!«, scholl es.

Der Hans Neuhödl trat hart vor den Grünpacher. Die Büchse legt er auf ihn an. Mitten ins Gesicht zielte er ihm.

»Bäck, was treibst du?«, stammelte der Pfleger. »Das wird dich reuen.«

Der Richter Kristof Strattner langte her und schob dem Bäcker den Flintenlauf in die Luft. »Neuhödl«, rief er, »du sollst nit töten!«

Indes brach der Grünpacher mit der Kraft seiner verzweifelten Angst sich einen Weg durch das Gewühl. Auf den eisernen Arm eines Kreuzes steigend, schwang er sich über die Freithofsmauer.

In das feste Haus Freyn rannte er. Dort hatte er seinen Sitz. »Riegelt zu, Leut! Riegelt zu!«, schlotterte er. »Verrammelt die Tür!«

Aus dem Stubenfenster stürzte er, hielt sich an dem Gitter. Die Knie versagten ihm.

Schwarz wimmelte es draußen daher. Bauern und Bauern und Bauern. Mit Spießen und Stangen und Büchsen. Gibt es denn um Gottes willen so viel Bauern auf der Welt?!

Sie wurden den Pfleger gewahr. Sie fluchten, hoben die Fäuste. Einer stieß den Spieß ins Tor. Ein Schuss brach durchs Fenster. Es splitterte, klirrte.

Der Grünpacher fiel ins Knie. »Jetzt, päpstischer Herrgott, beweis mir, dass du obenauf bist!«

Inzwischen waren die Aufrührer in die Kirche hineingelaufen.

»Weg mit dem römischen Buben!«, schrien sie. »Weg mit dem welschen Blimelblamel! Wenn der Herrgott nit Deutsch versteht, soll er enterhalb dem Alpengebirg bleiben!«

Der Färber Wolf Fürst rang droben auf dem Predigtstuhl mit dem Geistlichen, mit seinen blauen Händen fasste er ihn, als wolle er ihn hinunterstürzen. Die Kanzel zitterte unter der Wucht der zwei starken Männer. Zierrat brach ab, ein Engelflügel, golden und zart, ein Apostelarm; die heilige Taube fiel vom Dächlein, knirschte, ward zertreten.

Wie trotzig auch der Priester sich mit den Händen in die Kanzelbrüstung einkrampfte, die Menge zerrte ihn herab, stieß ihn zur Kirche hinaus.

Der Pfarrer von Pfaffing jagte verzagt über den Freithof. In grausamem Scherz zielte der Schuster Scheichl mit dem Spieß nach seiner Platte. »Jetzt will ich einmal scheibenstechen!«, lachte er.

Drin auf der Kanzel aber stand ein Jüngling mit weißer, adeliger Stirn, mit Flammenaugen und frauenhaft feinen Händen. Seine helle Stimme überscholl und stillte das Gebraus der Tiefe.

»Gottes Wort deutsch!«

Und das Volk, das wild aufgezuckt hatte in den Schmerzen seines gepeinigten Gewissens, es ward wieder fromm und gut. Die Lippen lösten sich aus Trotz und Verzerrung, die zur Gewalttat geballte Hand öffnete sich und faltete sich friedlich zum Gebet, die verwirrten Augen klärten sich und grüßten zum Himmel hinauf in Sehnsucht nach dem reinen Herrgottswort.

4.

Vor dem Grafen Adam von Herbersdorf lag ein breites Falknerbuch aufgeschlagen, darin geschrieben stand, wie man das wilde Gefieder zähmt und untertänig macht.

Der Graf schien nicht nach diesem Wissen zu verlangen. Er grübelte finster zum Fenster seines Schlosses hinaus.

Nebel umgeistern den Traunstein. Mit düsterem Wellenschlag beunruhigte der See die Klippe, darauf das Schloss Orth errichtet war. Schaum grünte auf den erregten Wassern wie Galle.

Der Statthalter langte nach dem Zettel, den er in der ersten Wut auf den Teppich hingeschleudert hatte. Der Pfleger Grünpacher hatte ihn durch einen Boten heimlich geschickt.

Der römische Geistliche, der mit der Pfarre Frankenburg hätte bestallt werden sollen, misshandelt und verjagt, in Bettelmannskleidern entsprungen, dass ihn die Mordschar nicht erkenne! Der Pfleger in seinem Schloss belagert und bedroht von bewaffneten Bauern und nur mit einem Kniff sie beschwichtigend und zum Abzug bringend, indem er ihnen einen Schein ausstellte und darin gelobte, dass der Aufruhr nicht geahndet und fürder niemand mehr in seinem Gewissen beschwert werde, wobei er aber letzten Endes alles dem Einverständnis der Obrigkeit und dem Spruch der gerechten Richter vorbehalten!

In seinem Zorn brauste der Graf auf wie ein vom Sturm angefallener Baum. »Bis zum Tod will ich die erschrecken!«, knirschte er.

Mit den Zähnen fasste er den Zettel und zerfetzte ihn. Dunkel wurde es ihm vor den Augen; ihm war, vor Wut müsse er erblinden.

»Das Land will keine Ordnung leiden«, murmelte er. »Aber es soll ein für alle Mal Ruh werden! Ich will hart zugreifen. Der Kurfürst soll mit mir zufrieden sein.«

Im Haushamer Feld laubte eine Linde, im Lande wohlbekannt: ein grüner, mächtiger Flurwächter; ein Wahrzeichen, weithin sichtbar; dem Hirten ein Obdach gegen die Wucht der sommerlichen Sonne; dem Wandersmann eine kühle, rastliche Stätte; vielleicht ein uralt Mal, wo sich vorzeiten verschollene Stämme begegneten und besprachen.

In vieltausend grünen Herzen hing das Maienlaub am Baum. Wer hätte es zählen können! Ein Vogel drin sang andächtig von der lieben Welt.

Vom Himmel flog ein unendlich zarter Regen. Und das Hirtenmädchen, das dort die Kühe weidete, löste sich die flachsenen, dürftigen Zöpflein, tänzelte und sang: »Mairegen, Mairegen, mach mir das Haar lang und eben!« Der Rasen schlürfte das süße, leere Geträuf, Gras und Laub flüsterten lieblich, es schauerte durch die erquickte Saat, und der

Vogel in der Linde wurde immer holder, und es war zu staunen, wie gewaltig sein seligweises Lied aus der winzigen Brust drang.

Das versprühte Wölklein aber reiste weiter, das Lied versiegte, mittagsschwer ruhte es auf Baum und Flur, und die Hirtin trieb das Vieh davon.

Klarer trat nun aus dem Dunst des Südens ein nacktes, schartiges Gebirg, die Runsen und Giebel noch verschneit; ein Riesenland, dräute es herein in den Frieden der grünen Bauernerde.

Und hernach belebte sich das stille Haushamer Feld. Auf allen Wegen und Steigen kamen Bauern daher, einzeln und nachdenklich oder in Rotten und raunend. Aus all den benachbarten Dörfern und Flecken kamen die Männer zu Tausend und Tausend, scharten sich um die Linde und taten sich nach ihren Gemeinden zusammen.

Dem Geheiß des Grafen folgten sie, der sie an diesem Nachmittag zu der Linde berufen hatte, mit ihnen zu rechten. Und ein Gerücht irrte von Mund zu Mund, der Herbersdorf zöge mit Heeresmacht heran, mit vielen Knechten zu Fuß und zu Ross, und es helfe nichts als Unterwerfung.

Als der Pfaffinger Kirchturm die dritte Nachmittagsstunde herüber rief, ritt aus einem nahen Gehölz der Graf Adam von Herbersdorf, den Leib in Eisen geschlossen, gefolgt von seinen Söldnern, Volk mit Musketen und Hellebarden. Mit riesigem Schritt nahten sie, das Fähnlein ließen sie flattern. Und Reiter sprengten heran, und Feldschlangen kamen gefahren, begleitet von Knechten, die brennende Zündstricke bereithielten, das eiserne Verderben in die Bauernschaft zu schicken, wenn sie sich rührte.

Hinten nach ritt einer auf einem ausgemergelten Klepper, ein Mensch, den Schädel vertrocknet, die Augen tief im verfallenen Gesicht, die Nase abgefressen von einer grässlichen Krankheit. Es war, als trüge er einen Totenschädel auf dem lebendigen Hals. Zuweilen zog er seinen schwarzen Mantel fester um sich; der Mai schien ihm zu kalt zu sein. Einen Strang führte er um die Lende und daran ein breites Eisen. Der Freimann von Linz!

Um ihn gerottet, trabten seine stämmigen Gespannen. In grinsender Neugier lugten sie nach dem Volk aus. Ketten schepperten in dem Karren, den sie sich schoben.

Scheltend drängten die Hellebarden die Menge zurück, und die Reiter ritten ohne Rücksicht in sie hinein, bis sich um die Linde ein weiter Ring geformt hatte, ein Ring von eng aneinander gedrängten, erbangten Männern.

Mitten in dem Menschenring unter der Linde hielt der Graf. Der mächtige Hechtschimmel, darauf er steif und dennoch ruhlos saß, nagte am Zaum und schnob und scharrte den Rasen auf, als teile er seines Reiters kaum beherrschte Ungeduld.

Und der Herbersdorf griff über sich hinaus ins Gezweig, brach ein Laubblättlein heraus, zerknitterte es hastig und ließ es fallen. Hernach starrte er leer gegen Mittag, wo an dem wilden Geschröfe des Höllengebirges, das ein keuchender Schöpfer getürmt, die Welt endete.

Endlich winkte er.

Nun spreizte sich der Feldprofoss im Sattel, hob die Rechte gegen das Volk und rief in das jähe Schweigen, das seiner Gebärde gefolgt war, grell hinein: »Seine hochgräfliche Gnaden, der Herr Statthalter will euch seinen Willen kundtun. Doch seid ihr allzu viele da versammelt, und seine Worte wird nit jeder vernehmen. Drum möge jede Pfarre ihre Richter und Ratsleute in den Ring hereinschicken, auf dass Seine hochgräfliche Gnaden mit ihnen verhandeln kann!«

Da trennten sich die Ausschüsse von der Masse. Sechsunddreißig Männer schritten langsam und ernst über den Rasen, die besten Leute in der Landschaft, geehrt ob ihrer Rechtlichkeit, und wegen ihres weltkundigen Sinnes belehnt mit den Würden, die ihre Gemeinden zu vergeben hatten. Freudig atmete nun das Volk auf, es hoffte, dass diese erfahrenen Leute es wohl verstehen würden, die üble Laune des Statthalters zu sänftigen, die auf seiner gerunzelten Stirn geschrieben stand.

»Stünd sein Gesicht am Himmel, ich müsst Wetter läuten«, flüsterte der Mesner von Pfaffing.

Kaum waren die Verordneten an der Linde angelangt, so lief eilends eine Rotte Landsknechte herbei und umstellte und umsäumte sie mit blanken Hellebarden.

Der Richter Kristof Strattner erbleichte. »Was soll das Spiel?«, rief er ahnungsvoll.

Die Knechte lachten ihn an. »Das wird dir der Graf gleich sagen.«

Über der Linde kreiste mit trägen Schwingen ein Flug schwarzer Vögel. Der Henker, der auf einer Baumwurzel hockte, deutete empor. »Linzer Dohlen! Sie kennen mich. Wenn ich über Land fahr, fludern sie mir nach. Ich hab sie schon oft mit fetten Bröcklein gespeist.« Und er belachte seinen grimmigen Scherz mit solch unmännlich hoher Stimme, dass sich die Gefangenen nach ihm umkehrten in der Meinung, ein Weib kichere.

Nun scholl ein kurzer, harter Befehl. Die Musketiere brachten die Rohre in Anschlag gegen das jäh sich zurückbäumende, waffenlose Volk.

Hinter einer schweren, bleigrauen Wolke schwand die Sonne. Ein eisiger Hauch lief über die Welt. Die Linde sauste auf, als seufze sie, und ward gleich wieder still. Ein Todesschauder rührte an das Mark der ungeheuern Menge.

Wie versteinert saß der Graf auf dem Ross. Und steinern geklemmt war sein Mund, und es schien, es könne keine Menschenstimme zwischen diesen toten Lippen hervordringen. In dem gelblich blassen, feisten Gesicht, an dessen Doppelkinn der Spitzbart schroff niederzackte wie ein welsches Messer, in diesem Gesicht lebten nur die Augen: Starke Brauen machten sie unheimlich, und ein tolles Feuer schwelte drin und lechzte.

Jetzt aber erwachte der harte Mund aus seiner Versteinerung, und der hochmögende Herr hub an mit böhmischer, schneidender Stimme, die er jedoch gewaltsam beherrschte, den Groll witternd, der während seiner Rede immer dunkler und blutiger in ihm anwuchs, und wissend, dass er diese Stimme aus ihrem gläsernen Hohn zum Unwetter steigern müsse.

»Bauernschaft im Land um diese Linde! Ich hab euch diese Stund anberaumt bei dem hübschen Bäumlein da. Ihr seid gehorsam gekommen. Das muss ich loben. Ihr wisst gar gut, dass ich mit Tod und Brand jeden getroffen hätt, der in mir den Willen meines Herrn, des durchlauchtigsten Kurfürsten von Bayern, widerstrebt hätt und dass ich sein Gut genommen und sein Weib meinen Knechten hingeworfen hätt. Die Waffen, die ihr so grausam geschwungen habt noch vor wenigen Tagen, ihr habt sie weggelegt. Ich muss euch loben. Ihr habt um eure Hälse gefürchtet. Ihr seid kluge Leut.«

Jäh schlug er an sein damasteisernes Schwert, schnappte wild nach Luft, und seine Stimme reifte zum Sturm. Sie gellte weithin, und wären der Bauern noch einmal, noch zehnmal so viel da gestanden, ja hätten sie den Raum bis zum Abfall des kahlen, entsetzlich aufgeworfenen Alpengebirges gefüllt, es war, ein jeder hätte hören müssen, was zwischen diesen bleichen Zähnen hervorgestoßen wurde.

»Zu viel Freiheit macht die Luft aufrührisch. Ihr seid zu mutwillig worden, ihr Bauern. Frevelhaft verachtet ihr die höchsten Verordnungen, den gebührlichen Gehorsam versagt ihr. Ihr seid zum Schlimmsten fähig. Der Kamm läuft dir auf, Bauer! Ich will dich niederhalten. Tinte ist dir zu dünn, verfängt bei dir nimmer. So will ich mit Blut schreiben. Den gärenden Kopf lass ich dir vom Hals schlagen, an den Galgen dich Hundsfott flechten, den Freimann hetz ich mit Beil und Rad hinter dir her! Ja, los nur, Bauer! Dir will ich den Tollwurm schneiden!«

Keuchend setzte der Graf ab. Seine letzten Worte waren nimmer wie menschliche Rede gewesen, waren Tierschreie gewesen aus einem verworrenen Dickicht.

In die atemlose Stille nun sang eine einsame Lerche hinein. Sie hatte mit ihrem seligen Flug die graue Wolke durchbrochen und sang droben in der sonnigen Einöde und wusste nichts von dem Schatten, der drunten die Erde verfinsterte.

Aber der Herbersdorf vernahm nicht die versöhnliche Stimme aus der Höhe. Sein verzerrter Mund ordnete sich, und streng begann er wieder: »Ordnung muss sein, sonst bricht die Welt zusamm. Über dies Land bin ich gesetzt, dass ich Ordnung schaff. Und das, bei meiner adeligen Ehr, das will ich gründlich besorgen! Dumm und taub bäumt sich der Untertan auf gegen die Obrigkeit. Das duld ich nimmer! Gehorsam ist aller Dinge Grundfeste. Ihr werdet gehorsam sein! Ich will der Natter das Gift nehmen! Jeden stoß ich nieder, der sich nit fügt!«

Wilde Laune wob ein blasses Lächeln um seinen Mund. Dann besann er sich wieder und reckte die geballte Rechte gegen das erstarrte Volk.

»Treffen und verderben sollt ich euch alle mit einem Schlag! Ihr habe es verdient. Zwar hab ich volle Gnade euch gelobt mit meinem Wort, als ich euch aufgeboten daher zu diesem Baum. Doch habt ihr mir nit die tollen Buben in die Hand geliefert, die in Frankenburg das Rädlein geführt. Wo habt ihr sie? Warum habt ihr sie nit in Verhaft genommen? Ha, mit Vorbedacht und falschem Sinn habt ihr sie versteckt, habt sie entspringen lassen! Also zerfällt mein Gelöbnis. Nichts schuld ich euch als letzte Strenge. Aber ich bin gnädig. Verzeihen will ich euch für diesmal. Nur die Männer dort unter der Linde will ich fassen. Sein mir die Rädelsführer entschlüpft, so halt ich mich an die Häupter eurer Gemeinden. Sie hätten mit gütlichem Wort oder mit festem Griff den Aufruhr hindern sollen; sie haben es unterlassen.

Drum müssen sie büßen! Und ihr alle, wie ihr dasteht, dürft mir nit eher von der Stell, bis der Gerechtigkeit ihr Genügen geschehen ist! Reißt die Augen auf und schaut zu! Fiat justitia!«

Ein einziger furchtbarer Schrei entrang sich den Tausenden, als wäre nicht Gnade, sondern der Tod für alle ausgesprochen worden. Vor diesem ungeheuern Schrei stieg schaudernd des Grafen Ross.

Und dann fielen die Tausende schweigend in die Knie, ein armes Ährenfeld, darein der Schauer schlägt. Und eine Stimme klagte durch das Schweigen: »Erbarmen!«

Mit einer verächtlichen Gebärde wandte der Graf seinen Schimmel.

Die Männer unter der Linde forschten einander in die aschfahlen Gesichter, suchten unter dem Bart der Mitgefährdeten ein ungläubiges, ein zweifelndes Lächeln. Es war nur ja alles so traumhaft schrecklich.

Der Henker ließ ihnen nicht Zeit zum Zweifeln. Er nickte mit dem grauenhaften, nasenlosen Kopf, unter dessen Haut das Gerüst des Totenschädels kenntlich war. »Willkommen bin ich euch wie die Sau im Judenhaus«, grüßt er. »Kräuselt nit das Hirn, schaut mich nit so herb an! Mein Prager Vetter hat viel zu schaffen gehabt nach dem Tanz am Weißen Berg. Vergönnt jetzt auch mir und meinen frommen Gespannen einen Gewinn! Wir wollen es zart mit euch machen.«

Den Männern schwindelte vor dem Spott des Ungesellen. Sie stierten auf sein Schwert, drein Rad und Galgen gerissen waren und zwei Gestalten: der Armesünder mit verbundenen Augen und betenden Händen und der Freimann, in ungestümer Gebärde ausholen, den Schwung des Eisens in beiden Fäusten.

»Liebäugelt ihr mit meinem Schwertlein?«, lächelte der Hässliche. »So will ich euch den Spruch lesen, den der Schmied darein geschrieben hat mir zu ehren. ›Hans Georg Schrattenbach bin ich genannt, das Schwert führ ich in meiner Hand, zu der Justizia ich es gebrauch, davor sich ein jeder soll hüten auch. Et verbum caro factum est.‹ Schmeckt's, liebe Kundschaft?«

Der Statthalter ritt herzu. »Ihr habt mich gehört, ihr Schelme«, redete er rau. »Doch gnadenhalber soll die Hälfte von euch mit dem nackten Schrecken davonkommen. Ihr würfelt je zwei und zwei miteinander! Wer die minderen Augen wirft, hat das Leben verwirkt.«

Und aber wurde ihm das Blut im Hirn heiß, und er tobte, dass das Laub über ihm erzitterte: »Stamm und Wurz tilg ich aus dem Land. Heut fang ich zu henken an. Wann ich aufhöre, das weiß ich nit.«

»Herr, den schimpflichen Tod wollt uns antun?«, fuhr der Richter Kristof Strattner auf. »Ohne Verhör? Und wollt uns ehvor noch grausam martern mit dem Würfelspiel? Allmächtiger Gott im Himmel, ist das ein Gericht?!«

Der Herbersdorf rauschte ihn an: »Was erkleckst du dich? Soll ich deine mürben Knochen rädern, dein verrunzelt Leder mit Zangen sengen lassen?«

Der Henker spreitete seinen schwarzen, modrigen Mantel auf den Wasen aus. Einen hölzernen Becher, ein beinernes Würflein bot er dem Michel Kirchgatterer und winkte dem Kristof Strattner. »Ihr zwei fangt an! Ess, daus, drei, quatuor, zink, sess! Nach welschem Brauch!«

Der Kirchgatterer schlotterte in die Knie. Lange schüttelte er den Becher und wagte nicht, das Beinlein herauszuschleudern und sein Los zu entscheiden.

»Tummel die, Tagdieb!«, schalt der Freimann.

Da stülpte er stöhnend den Becher um. Der Würfel lag auf dem dunklen Mantel und zeigte zwei Augen.

»O weh jetzt, o weh!«, klagte der Mann. »Zu wenig hab ich geworfen! Mit mir geht's dahin!«

Trotzig, ohne ihn zu rütteln, warf der Strattner den Würfel.

Er wies ein Auge.

»Bindet ihn!«, gebot der Graf. »Der gehört an den Frankenburger Kirchturm!«

Wortlos ergab sich der Richter den Schergen.

Der Michel Kirchgatterer faltete die Hände gen Himmel. »Gott! Gott!«, stammelte er.

Der Pfleger Grünpacher kam gelaufen. »Den Strattner nit, Gnaden! Den Strattner nit!«, rief er. »Unschuldig ist er! Die Aufwiegler hat er beschwichtigen wollen! Den Schuss hat er abgelenkt von mir! Gnaden, verschont ihn!«

Der Herbersdorf hörte über diese Bitte hinweg.

»Keiner greife mir ins Gericht!«, sagte er barsch.

Er blickte gegen die Höllenberge. Sie ragten fern und kühl.

»Weiter!«, befahl er.

Der Paul Wellinger knöchelte mit dem Wirt von Baumgarting. Das Knöchlein klapperte.

Der Wirt tat die geringere Schanz. Er trat von seinem Wurf zurück und starrte mit ziellosem Blick vor sich hin, bis ihn der Henker schreckte.

Der legt ihm die feuchten, dünnen Spinnenfinger an den Hals. »Du gehörst mir, Wirt!«

Der Wirt stieß den Züchtiger wild von sich. Den Grafen glühte er an. »Statthalter, dein Wort hast du gebrochen!«

Der Herbersdorf ward weiß wie der Tod. »Hängt ihn!«, lechzte er.

Aber der Wirt gurgelte: »Statthalter, du meinst, du kannst auf uns Holz hacken. Du irrst dich. Jetzt reitest du noch das hohe Ross, aber ...«

Der Graf deutete auf die Linde. »Da ist die Richtstatt!«, brüllte er. »Freimann, greif zu!«

Die Henker fielen über den Wirt her. Der spreizte sich und schlug mit rasender Kraft um sich. Ein rohes, unbarmherziges Raufen hub an, bis ihn ein Hieb, tückisch gegen die Kniekehle geführt, fällte. Da hielten sie den Überwältigten nieder.

Einer kletterte auf den Baum und knüpfte den Strick an einen festen, verknorrten Ast.

Das Volk stand wie gebannt. Es sah dem unbegreiflichen Ereignis zu und konnte es nicht glauben, dass der fröhliche Wirt von Baumgarting, der um tausend Späße und Schalksdinge wusste, jetzt auf einmal so kläglich und gewaltsam aufhören sollte.

Irgendwo in einem Gehölz meldete sich der Kuckuck. Weich und schwermütig klang sein Ruf. Der Gebundene lächelte traurig. »Kuckuck im Krautgarten, wie lang muss ich auf meine Braut warten?«

»Stemm dich nit! Gib dich! Du musst dran. Ich kann dir nit helfen«, mahnte der Freimann. Er roch übel aus den Zähnen, als faule ihm der Mund. In Ekel bog sich der Wirt zurück.

»Es dauert nit lang«, tröstete der Grausige. »Druck die Augen zu!«

Der Wirt flüsterte: »Hab mir den Galgen nit so grün gedacht.«

Noch einmal wehrte er sich mit den verstrickten Armen, mit den derben, behänden Beinen. Umsonst!

Er zappelte lange und befremdlich toll in der Luft. Es war, er tanze einen verzerrten bayerischen Langaus. Sein Lebtag war er ein flinker, beharrlicher Tänzer gewesen.

Hernach traf es den David Wueller aus Frankenburg. Der taumelte ächzend von seinem missratenen Wurf auf. Beide Knie beugte er vor dem Machthaber. Sein Bart war so weiß, als sei ihm der Schnee darein gefallen. »Unschuldig bin ich! Lasst mich alten Mann in Frieden! Was ist Euch geholfen mit meiner Handvoll Blut? Herr, schenkt mir die paar Lebensjahre!«

Der Herbersdorf sah auf ihn hinab. »Kein hoffärtigeres Tier auf der Welt als der Bauer!«, sagte er. »Begehrt was von ihm, so bläht er sich auf wie eine Kröte; braucht er herentgegen eine, so stellt er sich jämmerlich genug an.«

Der Grünpacher bettelte wieder. »Gräfliche Gnaden, der Wueller ist gar nit bei der Meuterei gewesen, ist am selbigen Sonntag krank im Bett gelegen. Ohne Schuld ist er!«

Der Graf senkt die schweren Lider. »Unzeitige Gnad wär Übeltat«, erwiderte er kalt.

»Das ist gar nit möglich, gar nit möglich. Bin ja gar nit dabei gewesen«, murmelte der Alte. »Weiß worden in Ehren und Rechttun, und jetzt gehängt wie ein Rossdieb!«

Und als sie ihm den schmutzigen Strick um den Nacken warfen, heulte er auf: »Das Recht wird erwürgt!«, und sank ohnmächtig um.

Derweilen knöchelten der Tobias Strohmaier aus Au und sein Freund und Nachbar, der Simon Pointhuber, um Leben und Tod. Der Strohmaier war allzeit ein vom Glück wundersam begünstigter Würfler gewesen, in jungen Jahren schon hatte er sich einen Hof erwürfelt. Und drum seufzte sein Widerpart: »Tobias, mit dir ist schlecht spielen!«

Damals aber stand ein Unstern über dem Glückskind. Er tat den schlechtesten Wurf in seinem Leben.

»Du Schelm bist auch nit dabei gewesen?«, spottete der Graf. »Gelt, du bist daheim gelegen bei deiner Bäuerin?«

Der Bauer trotzte ihn an. »Mitgetan hab ich! Sturm hab ich geläutet im Turm.«

»Den hängt mir am Glockenstrick zum Turmloch hinaus!«, knirschte der Herbersdorf.

Flugs ketteten die Henkerlinge den Trotzigen, denn er funkelte böse darein und war ein breitstämmiger Gesell, von dem man sich verzweifelten Widerstandes versehen musste.

»Nachbar«, hub der Simon Pointhuber leidmütig an, »das Leben freut mich nimmer, das ich mir jetzt zu deinem Schaden erwürfelt hab. Wie ein Bruder bist du allweil zu mir gestanden. Und jetzt sollst du sterben! Ich kann mir das Leben ohne dich gar nit denken!«

»Geh, sorg dich nit so hart ab!«, stillte ihn der Strohmaier. »Schau, auf der Welt bin ich jetzt schon gewesen und weiß, wie es da zugeht. Nit gerad zärtlich. Und was nutzt es, wenn ich noch hundert Jahr leb? Es wird auch nit anders.«

Unter der Linde wartete verzweifelt oder finster und wild oder von der Aufregung gerüttelt das unglückliche Häuflein, das dem Henker überantwortet war.

Der nächste, der sich zu ihnen geselle musste, war der Wilhelm Hager zu Kein. »Verflucht, einen bittern Brocken muss ich schlucken!«, murmelte er.

Er bettelte mit gebundenen Händen: »Herr Graf, mein Weib hat sich heut früh gelegt. Jetzt ist gewiss das Kind schon auf der Welt. Lasst mich es noch anschauen. Es ist mein erstes.«

Da greinte der Herbersdorf: »Kaum tritt man einen Wurm tot, hebt seine Brut schon den Kopf.« Und den Bauern sauste er an: »Wie fromm und geduldig sich jetzt so mancher stellt! Aber trau einer einem Fuchs! Wisst, ihr Schelme, dass der Aufruhr wider den Schwur ist, damit ihr euch der Obrigkeit verpflichtet habt! Aber was gilt euch ein Eid? Ich glaub keinem Bauernschwur. Euch schnöden Bauern ist es eine löbliche Kunst und Lust, wenn ihr die Obrigkeit hinters Licht führen könnt. Wenn man euch nit um des täglichen Brotes willen brauchte, sollt man euch alle stracks an den Galgen knüpfen!«

Der Hager stand steif wie eine Martersäule und glotzte den gehängten Wirt an, der mit schief geneigtem Kopf am Ast pendelte.

Hernach stießen die Knechte den Ratsmann Sebastian Tüechler aus Vöcklamarkt zu der verlorenen Schar. Ihm stürzten die Zähren in den Bart, und klagend beteuerte er seine Unschuld.

»Was heulst denn so?«, summte ihn der Tobias Strohmaier an. »Wenn man dich hört, meint man, du wärst der allererste auf der Welt, der dahin muss, und vor dir wär noch keiner gehängt worden!«

Als sie den Hans Frödl aus Frankenburg in Stricke legten, rief er dem Statthalter zu: »Schrei nur ins Gehölz! Der Hall kommt bald zurück.«

»Ich weiß, was ich tu«, entgegnete der Graf.

Der Johann Leuthner zu Windpichel verhielt sich ergeben, als er die böse Schanz getan. »So erfahr ich heut noch, wohin mich mein Herrgott schickt«, meinte er und begann zu beten und kehrte sich nimmer an die Welt.

Aber der Michel Paur kam um den Verstand, als der Tod so greifbar nahe vor ihm aufstieg. Er jauchzte hellauf, schlug flink einen Purzelbaum, rupfte hernach einen dünnen Halm und reichte ihn dem Ross des Grafen. »Friss nur, mein liebes Rössel! Es ist recht süß.« Und den Gehängten zwickte er in die Waden. »Wirtshaus, schlaf nit! Steig herab! Schenk ein! Eine Kandel Most und eine Kandel Blut! Blut ist wohlfeiler.«

Er ruhte nicht eher mit seinen Tollheiten, bis ihn ein Soldat mit der Stange in den Rücken schlug. Da schmiegte er sich an die Linde und lächelte sanft vor sich hin.

Der Georg Perner zu Bergham schleuderte das Beinlein weit von sich ins Gras. Und dennoch war sein Leben verfallen, und als er die Dohlen droben den Galgenpsalm krächzen hörte, verstopfte er sich entsetzt die Ohren mit den knorrigen Fingern.

Hernach ereilte es den Georg Preiner aus Hausham. Er lugte nach seinem nahen Gehöft aus. Kinder meldeten sich und jammerten verzweifelt. »Vater! Unser Vater!« Ein Weib rang in der Ferne die Hände über dem Kopf. Der Preiner griff an das Herz und nickte traurig.

Hinter ihm taumelte wie von Most trunken der Georg Wilhelm aus Gampern. Auf seinem Hut glomm eine gelbe Blume, vor einer Stunde noch hatte er sie aus der Wiese geholt und angesteckt.

Der Hans Streicher aus Peunt, ein unwirscher Mann, spie dem Henkersbuben ins Gesicht. »Der Teufel schänd dich!«, polterte er ihn an. »Jetzt hängst du mich auf, und ich sollt daheim im Stall sein. Heut kälbert mir die Kuh. Kannst du die Sach nit aufschieben bis übermorgen?«

Der Abraham Hammer aus Dorf und der Markrichter Sebastian Nader aus Vöcklamarkt warfen gleich viele Augen.

»Ob sie noch einmal losen sollen?«, fragte der Freimann.

Der Herbersdorf zuckte die Achsel. »Wir haben nit Zeit. Häng beide auf!«

Hernach musste der Färber Wolf Fürst dran glauben, der einzige Rädelsführer, dessen man habhaft worden. Die andern hatten den Braten geschmeckt und waren ins Gämsgebirg geflohen. Der Färber tat so ungebärdig, dass des Henkers Gesellen ihn nicht meistern konnten und die Soldaten zugreifen mussten und den Schäumenden niederschlugen.

Nun waren nur noch zwei Bauern übrig, ausgeschundene, alte, müde Menschen: Über sechzig Ernten hatten sie schon geheimst. Sie maßen einander mit trübem Ernst. »Einer von uns!«

Noch einmal wagte es der Grünpacher. »Gräfliche Gnaden, völlig schuldlose Leut sind es. Ich bürg für sie.«

»Ich schenk dir die zwei«, antwortete der Graf mit wegwerfendem Wink. »Heb sie dir gut auf!«

Geduckt eilte nun durch die Hellebardengasse, was sich frei gewürfelt hatte aus dem zuschlagenden Rachen des Todes, und sie hasteten davon, um nicht doch noch von der furchtbaren Laune des Statthalters erfasst und zermalm zu werden.

Der rief jetzt, und sein Gesicht verfinsterte das Land: »Freimann, drei hängst du an die Linde. Die andern heut noch an die Kirchtürme, dazu sie gepfarrt sind! Doch recht hoch! Ihr Aas soll weithin predigen!«

Nach der steinharten Rede verlosch im Volk die Hoffnung, der grause Herr werde es mit dem einen Gerichteten bewenden lassen und wolle zu guter Letzt die anderen mit dem tiefen Schrecken im Gebein heimschicken.

Schon schleppten die Henker den Georg Preiner hin zu dem unseligen Geäst. »Jesus, erbarm dich meiner!«, schrie er auf.

Da rührte sich der Ring des beleidigten, empörten, fassungslosen Volkes, drängte dunkel heran, weinte, betete, fluchte, flehte um Gnade und Mitleid.

Doch die großen Trommeln wirbelten, die Knechte schlugen mit den Beilstangen drein, die Musketiere legten an, und die Stückmeister gaukelten mit den Lunten und richteten die Schlünde gegen die anflutende Masse. Da erstarrte sie.

Der Preiner hatte es überstanden.

Jetzt legten sie Hand an den Georg Perner.

»Graf«, kreischte der, »am Jüngsten Tag – vor dem Herrgott seinem Schwert – gibst du Rechenschaft!«

»Ich verantworte es!«, schnaubte der Herbersdorf.

Der Perner schnitt eine gräuliche Fratze, als er baumelte; das Kinn sank ihm, die Zunge reckte er heraus, als höhne er seine Henker. Er zuckte.

»Ei, es kitzelt ihn!«, lachte der Michel Paur fröhlich.

Den Georg Wilhelm aus Gampern ergriffen sie. Er sah sich nach allen vier Winden um, als wolle er sich die Welt vor seinem Hingang noch einmal recht genau betrachten. Hernach nahm er die Blume von dem Hut, roch dran und warf sie weg. Und in höchster Erkenntnis der Not brüllte er: »Helft mir!«

Dem Volk graute. Auf ihre unbewehrten, nutzlosen Hände schauten die Bauern hinab, auf die gerüsteten, entschlossenen Kriegsleute drüben. Ihr Entsetzen fand keinen Schrei mehr. Ihnen war, die Augen würden ihnen herausgerissen und in das höllische Geschehnis hineingeschleudert, das sich noch einmal da entspann.

Ein Einziger trat aus der Masse heraus, ein blasser junger Mensch. Leidenschaftlich rief er dem Grafen zu: »Ohne Urteil! Ohne Recht!«

»Fangt den Buben!«, krächzte der Herbersdorf.

Allein die Menge hatte den Jüngling schon in sich aufgenommen und geborgen.

Der Graf keilte die Zähne ineinander. Das Ross riss er herum und ritt hochfahrend hinweg.

Am Abend jenes Tages brannten die Wolken wie Kohlenglut, das Höllengebirge flammte.

Und als das späte, blutige Gewölk erloschen war, stand der Baum von Hausham mit totem, schwarzem Laub. Ein Bauernweib saß darunter, ohne Klage, ohne Zähre, in erhabenem Irrsinn schweigend. Nacht für Nacht saß sie dort, bis die Henker die verwesenden Leichen davonschleiften.

Und in jenen Maiennächten soll am Hochaltar zu Frankenburg dem Gekreuzigten das Blut geronnen sein aus seinen fünf wilden, klaffenden Wunden.

5.

Der Mond stand Schildwache vor dem Hausruckwald.

Mit Stauden dicht umgeben, daraus sich je und je ein Ulmenbaum türmte, lagerte weiß angeleuchtet der Fadingerhof.

Die Stube war finster. Der Mond dämmerte schmal herein und goss seinen Schein über die breite Tischplatte, darauf zwei zerarbeitete, schwere Hände ruhten, deren Besitzer im Dunkel lehnte.

Der Wirt zu Sankt Aiden, der Kristof Zeller, wühlte in seinem knisternden Bart. »Unser Land ist wie ein Vieh, dem die Zung heraushängt«, eiferte er. »Die fremden Soldaten fressen uns aus. Die Geiermäuler werden nimmer satt. Die Steuern sind nimmer zu erschwingen. In den eigenen Sack wollen die Herren und Prälaten nit langen, und so schindet man alles aus uns Bauern heraus. Wir halten es nimmer aus!«

»Wie die Trud liegt der Soldat auf uns«, murrte der Hans Günther. »Und der Mutwill wird allweil ärger. Auf der offenen Straße haben sie mir jüngst ein Kälbel weggenommen. Am helllichten Tag.«

»Gib dich zufrieden, dass sie dich nit niedergestochen haben!«, tröstete der Georg Egger. »Sie haben schon viel ehrliche Leut umgebracht, die Soldaten.«

»Mit unsern evangelischen Büchern zünden sie unter, sieden sich die Hechte dran«, klagte der Achaz Wiellinger. »Sie laden uns zu viel auf. Ein Stier könnt es nit ertragen.«

Der Student Kasparus hob die schöne, sinnende Stirn, im Mondlicht schimmerte sie geisterweiß. Seine Lippen zuckten. »Und der Herbersdorf …?«

Da brannte der Hass auf. »Der Blutknecht! Der Schinder! Der Mördermeister!«, zischten die Bauern. »Versuchen will er, wie weit er uns misshandeln kann!«

Die zwei groben, mächtigen Hände auf dem Tisch zitterten, die Finger krümmten sich, setzten die Nägel steil in das Holz.

»Habt ihr von dem Grafen was Gutes erwartet?«, grollte der Kristof Zeller und kratzte sich die schroffe Schramme, die sich seine Stirn aus dem Passauer Krieg geholt hatte. »Der Graf, dem luthrischen Glauben ist er abtrünnig worden. Und ein Abtrünniger ist allweil der ärgste Hetzhund.«

»Eines dürfen wir ihm nimmer vergessen, dem Aderlasser!«, raunte Kasparus wild. »Siebzehn Landsleut haben sich die Marterkron geholt an der Haushamer Linde! Siebzehn unschuldige Männer hat der Graf erbärmlich gemordet! Ohne Verhör! Ohne Urteil! Ohne Recht! Darunter Leut, die bei dem Aufruhr gar nit dabei gewesen sind! In grausamer Verspottung hat er sie würfeln lassen um ihr Leben! Das Herz des Teufels hätt sich erbitten lassen vor solchem Elend. Der Graf nit. Nachbarn, denkt an das verspritzte Blut zu Frankenburg!«

Den Menschen in der Stube verging der Atem. Der Wind seufzte draußen in der Herbstnacht. Die groben, mächtigen Hände auf dem

Tisch wandten sich um und höhlten sich, als wollten sie all das Blut auffangen, dessen hier gedacht ward in Zorn und Leid.

»Und wir halten wie die Hammel das Genick dem Fleischhacker hin!«, schalt der Wirt zu Sankt Aiden. »Wir knotzen faul daheim und saufen unsern Most! He, dem Grafen sollten wir eins geigen!«

Kasparus, der Student, begann wieder: »Man begnügt sich nit mit unserm Tod. Das ist ihnen zu wenig. Hört zu! Der Kaiser begehrt, dass wir allsamt bis Ostern katholisch sind oder das Land verlassen.«

Die Männer bäumten sich auf, stießen die Stühle geräuschvoll zurück. »Das ist nit möglich! Das kann der Kaiser nit verlangen! Mitten in unsere Seel darf er nit greifen! Das geht über seine Gewalt.«

Nur der Mann im Dunkel rührte sich nicht. Doch seine mächtigen Hände, seine rauen Finger krümmten sich, zogen sich zusammen, bis zwei kantige, strenge Fäuste auf dem Tisch wuchteten.

»Es ist wahr«, beharrte Kasparus. »In Linz ist heut das Gebot feierlich verkündet worden. In Eferding ist es an der Kirchtür angeschlagen. Ich hab es gelesen. Und darum hab ich euch da auf dem Hof zusamm berufen.«

Der Georg Egger hub zu jammern an. »Allweil schon hab ich es gesagt, wir kommen auf den Haberhalm, unsere Häuser werden vergantet, unsere Kinder werden müssen betteln gehen! Man wird uns auch noch den Bettelsack aus der Hand reißen.«

Ein Grauen ließ die Bauern schweigen: Sie sahen sich in unbekannter Ferne heimatlos und todmüd rasten auf fremdem Rain, entlegen der vertrauten Erde der Ahnen, fern dem vererbten Gehöft.

Da sprudelte der Kristof Zeller hitzig heraus: »Am besten wäre es, wir Bauern rennen schleunig aus dem Land. Nit einer darf zurückbleiben. Alle Äcker sollen brach liegen. Hernach kann der Kaiser mit seinem Gescherr dreinschauen, wo er das Fressen hernimmt. Er soll dann selber Mist führen und ackern. Und die Kaiserin soll die Gäns hüten und die Geiß melken mit der Kron im Haar!«

»Nachbar, jetzt redest du nit wie ein Bauer«, sagte der Hans Günther bedächtig.

»Was sollen wir denn sonst anfangen?«, polterte der Zeller. »Klagen wir unsere Not dem Kaiser, so klagen wir einer Stiefmutter. Und es geht so nimmer weiter. Es frisst uns die Wurz ab.«

»Nur eins kann helfen«, redete halblaut der Student. »In alten Zeiten hat der Bauer mit Widerstand und Waffen aufbegehrt gegen seine Zwinger.«

»Oha, willst du da hinaus, Kasparus?!«, rief der Egger. »Du tätst uns eine saubere Suppe einbrocken!«

Der Student eiferte: »Schlechter kann es uns nimmer gehen! Unser Blut müssen wir in die Schanz schlagen, die Ketten brechen und in den Abgrund schleudern!«

Der Egger schüttelte den versorgten Bauernkopf. »Den Krieg anfangen ist leicht. Das liegt in unsrer Gewalt. Aber der Ausgang nit. Denk an das Prager Blutgericht, Student! Der böhmische Aufruhr, lauter Herren waren dabei, und wie hat er aufgehört? Mit Marter und Tod! Alles ist verloren gangen. Die Fäust und die Köpf sind ihnen abgehackt worden!«

Der Kristof Zeller hörte nicht hin. »Kasparus, du hast recht«, rief er. »Dreihauen müssen wir. Der Graf muss mit seinen Knechtender die Herberg räumen. Wir gehen nit; sie müssen aus dem Land!«

»Der Graf findet Beistand und Helfershelfer«, warf der Egger ein. »Unsre Dörfer wird er ausbrennen.«

»Wir müssen uns wehren«, sprach der Achaz Wiellinger. »Und hinter uns stehen die evangelischen Landesherren. Und der Mannsfeld hilft uns, der Prinz von Siebenbürgen, der Türk.«

Der Egger lachte grimmig. »Freund in der Not, o weh! Traut den großen Herren nit! Sie schauen nur auf den eigenen Nutz. Und die Türken sollen uns beispringen? Pfui Teuxel! Versündet euch nit!«

»Mal nur allweil recht schwarz!«, fauchte der Zeller ihn an. »Gift mich nit mit deinem Geschrei, du alter Klagvogel! Ich reit gleich aus der Haut!«

Der Egger ließ sich nit irren. »Ja, wenn die Bauern aufgestanden sind, haben sie es allweil starkmächtig angegangen. Die Burgen haben geraucht, von den Bergen ist das Herrenblut niedergeschossen wie ein Wildbach. Und der Kaiser mit seinen eisernen Rittern ist erschrocken. Der Mann, der schwitzend und bucklet, gepeinigt und verachtet hinterm Pflug gangen ist, er hat sich aufgereckt bis ins schwarze Gewölk. Aber wie ist das Lied ausgegangen? Was ist es zu guter Letzt mit dem Armen Konrad gewesen? Was mit dem Bundschuh? Am Schindanger unterm Hochgericht ist das Bauernglück verscharrt worden! Der Herrgott soll uns hüten, dass es uns nit auch so geht!«

Da regten sich die mächtigen Hände auf dem Tisch, weit spreiteten sich die knorrigen Finger, als wollten sie Besitz ergreifen von einer endlosen Fläche. Und ein schwerer Männerkopf beugte sich vor ins Mondlicht, eine trotzige, faltenzerschluchtete Stirn, geflankt von breiten Schläfen, eine gerade, kräftige Nase, ein voller, struppiger Bart, sinnende und doch lebhafte Augen, und der Stefan Fadinger sprach: »Ist es groß und wild gewesen und ist das Wagnis auch groß und wild und der Ausgang nit gewiss, wir können den Druck und die Schand nimmer leiden! Die Not ist über alle Waffen! Das reine Wort Gottes müssen wir uns bewahren. Aufspringen wollen wir! Es muss sein!«

Es muss sein! Eine himmlische Kraft drang aus diesem festen Wort.

»Es muss sein!«, frohlockte Kasparus.

»Es muss sein!«, lachte der Zeller. »Auf, wir schlagen den Teufel auf die Schwarte!«

»Fangt es nur nit zu hoch an!«, spöttelte der Egger zornig. »He, habt ihr auch Geld, ihr Kriegführer? Geld ist dem Krieg sein Herz und Seel.«

Der Fadinger redete: »Ich hab einmal erzählen hören, es gibt ein Kräutel, das wächst auf dem härtesten Boden, am liebsten auf der Tenne, die der Flegel steinhart gedroschen hat. So ein herzhaft Kraut, hoff ich, sind auch wir: genügsam in der Wurz, langsam im Wachstum, aber trutzig im Bestand! Ja, wir werden unsere Sach redlich und mannhaft führen!«

»Übereilt es nit!«, warnte der Egger. »Schneller Rat schafft Reu. In den Harnisch bringen wir den Grafen leicht, heraus aber nit. Und wie sollen wir schlechten Bauern losgehen gegen sein gerüstet Volk?«

»Können wir nit die Waffen heben?«, erwiderte der Fadinger feurig. »Viele von uns haben gegen den Türken gefochten, gegen die Passauer sind wir aufgeboten worden, in Böhmen haben wir gestritten. Und wer von uns sich nit auf das Büchsenrohr versteht, mit der Mistgabel kann er gewiss umgehen. Und wenn die Drischeln und Sensen zu wenig werden, wir brechen uns einen Prügel vom Wald und schlagen drein.«

Der Egger blickte den Fadinger hart an. »Und dem Kaiser sollen wir die Treu brechen?«

»Ich – pfeif auf den Kaiser!«, rief der Kristof Zeller.

Der Fadinger aber sagte: »Wir haben gegen den Kaiser nix. Den Herbersdorf und seine Beamten wollen wir wegputzen. Ist das Landel frei, so geben wir Bauern es dem Kaiser zurück. Dafür wird er uns danken. Das alte Herkommen, den alten Brauch wird er wiederherstellen. Die Steuern und Lasten werden sinken, wenn wir die Soldaten nimmer nähren müssen. Und bei unserem Glauben wird man uns lassen.«

»Und dich, Stefan Fadinger, spannen wir vor!«, rief Kasparus.

»Du bist der rechte Mann, Nachbar! Du gehst voran und führst uns!« Die Männer drängten sich um ihn, boten ihm die Hände.

Der Fadinger wehrte verlegen ab. »Ich nit! Ich bin ein dummer Bauer. Ich – kann nit schreiben.«

»Das tut nix, Schwager«, sagte der Zeller. »Es finden sich Schreiber und Schulmeister genug, die dir an die Hand gehen.«

»Nehmt einen andern!«, bat der Fadinger. »Seht, da ist der Wiellinger, der hat edles Blut in sich. Und vor hundert Jahren hat auch ein Ritter die Bauern geführt mit eiserner Hand. Seht, da ist der Kasparus! Sein Seel fliegt ein Falk hoch droben.«

»Du musst der Feldhauptmann sein«, drängte der Student. »Ich bin zu jung.«

Der Egger nickte sauersüß. »Ja, mit jungen Ochsen soll man nit pflügen, sonst macht man krumme Furchen.«

»Führ du das Heft, Fadinger!«, sagte der Achaz Wiellinger. »Dein Ansehen ist groß. Hinter dir wird die ganze Bauernschaft stehen. Du bist streng, fest, nit zu geschwind. So taugst du uns. Herzhaft Werk will herzhaften Mann.«

Der Fadinger rührte sich nicht.

»Geh, sei du unser Obrist!«, beschwor ihn Kasparus. »Du darfst uns nit absagen! Die Zeit begehrt nach dir. Wenn wir noch länger stillhalten, sind wir ein verlorenes Volk, vertrieben oder in Schand abgefallen von unserem Gott. Nimm an das herrliche Amt! Du hast ja selber gesagt: ›Es muss sein!‹«

Da atmete der Bauer mächtig auf. Und er sagte: »So will ich es halt auf mich nehmen. Um der Sach willen.«

Der Mond verklärte sein stolzes, ein wenig schwermütiges Gesicht.

»Heb an, Steffel! Der Herrgott vollendet es«, sagte der Kristof Zeller feierlich.

Freudig und doch mit einer leisen, fremden Scheu grüßten die Männer den Führer, und es deuchte sie plötzlich, er stünde fern von ihnen auf einem andern Ufer.

Mit dem Kienbrand leuchtete er dann den Freunden ins Freie, und sie entfernten sich auf Waldsteigen und dünnen Wiesenwegen in den kühlen Herbst.

Spät in der Nacht weckte die Bäuerin den stöhnenden Mann. »Wach auf, Steffel! Der Traum tut dir weh.«

»Der Graf!«, murmelte der Fadinger. »Heimgesucht hat er mich wieder. Gestern. Heut. Jede Nacht, Weib, schau meine Stirn an! Ich mein, ich schwitz roten Schweiß.«

Er lag dann wach und wehrte sich gegen den andrängenden Schlaf.

Als er sein Weib wieder im Schlummer atmen hörte, stieg er leise aus dem Bett, legte sich an, und nachdem er aus einer Truhe zwei Kerzen geholt hatte, eine weiße und eine rote, schlich er aus dem Gehöft.

Im nahen Gehölz hatte einst der Blitz eine Grube in die Erde gerissen. Darin zündete der Bauer jetzt die Kerzen an und befestigte sie auf dem Feld. Zu der weißen sagte er: »Du bist dem Fadinger sein Leben.« Und zu der roten: »Du bist der Graf. Sehen will ich, wer gewinnt, ich oder du.«

Der Mond war in den Wald hinab geflammt. Es schwelte die todschwarze Nacht.

Dem Fadinger fielen die Augen zu. Ein hastiger Traum entspann sich. Den Weg daher kroch ein abgeschlagener Kopf, mit den Zähnen, mit den Lefzen bewegte er sich im Grase fort und ließ eine dunkle, rote Spur hinter sich. Und dem Kopfe kroch auf ihren fünf Fingern eine blutig abgeschlagene Hand nach.

Sie erreichten den Träumer nicht. Denn er war schaudernd aufgefahren.

Still brannten die Lebenslichter. Das Wachs troff nieder.

Ein mürrischer Schuhu rief.

Der Wind rührte sich. Da wurden die Flämmlein unruhig, sie bogen sich schier bis an die Grenze des Verlöschens, erholen sich wieder und flackerten. Mit verhaltenem Atem beugte sich der Bauer vor und starrte.

Das rote Wachs war früher niedergeschmolzen. Nur auf einem winzigen Stümplein noch regte sich bang das Licht. Und der Fadinger knisterte: »Graf, du gehst zuerst dahin!«

Doch der Nachtwind stieß tückisch nieder. Und das Bauernkerzlein erlosch. Der Docht glomm, rauchte. Das rote Stümplein hatte sich behauptet.

Der Fadinger trat es aus und stand im Dunkel.

Die Arme hingen ihm schwer. »Das – das könntest du so verhängen, Herrgott?« Er fragte zu den steilen Gestirnen hinauf.

Über die abgetanen Felder ging er seinem Gehöft zu.

Ein schwefelgreller Stern stürzte über den Wald nieder gegen Linz.

6.

Der Holzleitner war durch sein verarmtes Gehöft gegangen, durch den ausgeplünderten Stall, durch den leeren Stadel. Schwerfällig trat er in die Stube wie ein Wanderer, der über ein unwegsames Gebirg gereist ist.

An der Tür hielt er inne und betrachtete ungläubig den alten Ablasspfennig, der daran haftete. Da man eintausendvierhundert Jahre nach des Heilands Geburt gezählt, hatte man in dort angenagelt. So überlieferte es der Ahne dem Nachfahren. Und der Pfennig war nicht entfernt worden, als im Land der luthrische Glaube den alten ablöste. Denn es hieß, solange er an der Tür bleibe, sei das Haus vor dem schlimmsten Unheil gefeit. So bot das Münzlein Hoffnung und Gewähr für künftige Zeiten.

Die Bäuerin, verweint, vergrämt und abgerackert, berührt lind die Schulter ihres verzagten Mannes. »Der Pfennig ist noch da, Simon!«, tröstete sie.

Er aber murmelte: »Ich glaub an nix mehr!«

Auf der Ofenbank saß die Ahnel, die Heilige Schrift im Schoß. Stockend und mühselig las sie die Worte: »Da nun Jesus merkte ihre Schalkheit, sprach er: ›Ihr Heuchler, was versuchet ihr mich? Weiset mir die Zinsmünze!‹ Und sie reichten ihm einen Groschen dar. Und er sprach zu ihnen: ›Wes ist das Bild und die Überschrift?‹ Sie sprachen zu ihm: ›Des Kaisers.‹ Da sprach er zu ihnen: ›So gebet dem Kaiser, was des Kaisers ist, und Gott, was Gottes ist!‹ Da sie das hörten, verwunderten sie sich und ließen ihn und gingen davon.«

»Was verlangt er denn noch von mir, der Kaiser?«, ächzte der Holzleitner. »Und was begehrt denn der Herrgott noch? Hat er mich nit heimgesucht genug? Oh, am liebsten zündet ich mir den Hof über dem Kopf an!«

Die Lena, des Bauern Tochter, hörte ängstlich zu, wie der Vater in Verzagnis aufklagte, und das junge, rutenschlank aufgeschossene Mädchen nahm die Hände der Großmutter in die ihren und fragte: »Wie kommt es denn, Ahnel, dass der Kaiser gar so gewaltig ist, dass er ein ganzes Land einem andern geben kann?«

»Der Kaiser hat einen goldenen Stecken«, redete die Alte ehrfürchtig, »und den Stecken hält er über die Welt. Verliert er ihn, so ist seine Gewalt aus und gar. Drum legt er ihn nit einmal beim Schlafen aus der Hand.«

»Den Goldstecken möchte ich haben«, träumte die Lena. »Das Erste, was ich damit tät, wär, unsere weiße Kuh, die Wunderhaube, müsst wieder bei uns im Stall stehen.«

Der Bäuerin wurde der Blick feucht. »Oh, sie ist die schönste Kuh auf der Welt gewesen!«, sagte sie traurig. »Und wie sie mich mit ihren großmächtigen, lieben Augen allweil neugierig angeschaut hat, wenn ich in den Stall kommen bin. Als hätt sie fragen wollen: ›Was bringst du mir denn? Bringst du mir ein recht süßes Gras, Holzleitnerin?‹ O du meine liebe Wunderhaube, wohin werden dich die Reiter geschleppt haben? Ob du noch lebst?«

Die Ahnel schloss die Bibel. Sie erzählte: »Dem Wirt zu Sankt Auden haben auch die Landsknechte das Vieh aus dem Stall reißen wollen. Aber er hat sie schnell mit einem schwarzen Spruch anfrieren lassen. Da sind ihnen die Händ und Füß ersteift, und sie haben sich nimmer rühren können vom Fleck. Und wie die Sonne aufgangen ist, sind sie in Asche zerfallen.«

»Wie heißt denn hernach der schwarze Spruch?«, wollt die Lena wissen.

»Kind, den sag ich dir nit. Der ist verboten.«

»Ahnel, liebe Ahnel, ich bitt gar schön, verrat ihn mir!«, schmeichelte das Mädchen. »Ich will ihn augenblicklich wieder vergessen.«

Da widerstand die Alte nicht. Sie schob das Heilige Buch weit von sich, schlug ein Kreuz vor dem Mund und raunte:

»Zwischen Himmel und Höll,
Zwischen Sonn und Mond

Mit Fleisch und Blut und Bein und Haar und Haut,
Schelm, bleib stehn!«

Die Lena horchte mit allen Öhrlein zu. Dann aber meinte sie: »Ahnel, in dem Buch da stehen unserm Herrgott seine Sprüche, die müssen noch weit stärker sein.«

»Verräumt es nur, das Lutherbuch!«, brummte der Bauer. »Wenn es die Soldaten finden, reißen sie ein Blatt ums andere heraus und lassen den Wind damit spielen.«

»Warum mögen sie das Buch nit leiden?«, fragte das Mädchen.

»Sie wollen uns zum päpstischen Glauben zwingen, und da steht ihnen das Buch dort im Weg.«

»Wie könnt man mich zwingen?«, staunte die Alte. »Ist doch der Glaube so fest in mich verwurzt, dass das Herz mitgehen müsst, wann man ihn ausreißen wollt!«

»Frag die alten Leut im Armenhaus zu Eferding!«, sagte der Bauer. »Die haben sich auch nit geben wollen. Da hat man sie in Schnee und Eis hinausgejagt. Sie sind bald wiederkommen, ganz mürb, ganz demütig. ›Husch, es ist gar kalt draußen‹, haben sie gewimmert. ›Lasst uns bleiben da in der warmen Stube! Wir glauben alles, was man von uns verlangt.‹ Nur das krumpe Katherl ist nimmer heimkommen. Sie hat sich auf einen Stein gesetzt und ist erfroren.«

»O weh!«, flüsterte die Lena.

Die Bäuerin sah ihren Mann unsicher an. »Simon, es geht ein wilder Schall. Aber ich kann es ja nit glauben, dass die Soldaten uns aus dem Land schaffen sollen. Der Nachbar glaubt es auch nit. Das kann dem Grafen nit ernst sein!«

Da polterte es ungestüm ans Tor.

»Bäuerin«, zischelte der Holzleitner, »du hast den Wolf beim Namen genannt, jetzt ist er da.«

Wie die Geißlein im Märchen versteckten sich die vier: unter Tisch und Bank, hinter den Ofen krochen sie, duckten sich und muckten sich nicht und taten, als wäre niemand daheim. Die junge Lena huschte die Stiege hinauf auf den Boden.

Die Landsknechte luchsten zum Gitterfenster herein.

»Gerührt hat es sich drin!«, rief einer. »Gehustet hat eins! Haurisser, schieß hinein!«

Ein Unheil zu verhüten, kroch der Bauer aus dem Schlupf, riegelte die Haustür auf und öffnete sie klein wenig.

Der Soldat draußen stellte flugs den Fuß in den Spalt, dass die Tür nimmer geschlossen werden konnte. »Bauer, was versteckst du dich? Ist es bei dir nit ganz sauber? Hast du ein ketzerisch Büchel unterm Strohsack? Her damit! Und verleugn es nit! Das Verheimlichen kostet zehn Dukaten Straf.«

»O mein!«, beteuerte der Holzleitner. »So viel könnt ich gar nit aufbringen. Seit der Gulden auf zehn Kreuzer heruntergestürzt ist, geht es mir elendig. Wär ich abgebrannt, mir hätt nit schlimmer geschehen können.«

Es waren vier verwegene Kerle, die sich in Haus und Stube hereindrängten, füchsisch lauernd nach Tisch und Truhe, Fensterbrett und Wand.

Die Ahnel saß wieder auf der Ofenbank, in sich selber verkauert, gebrechlich, hässlich vor lauter Alter. Die welken Hände hatte sie ineinander gelegt. Die Holzleitnerin hatte eine Hose auf dem Schoß und tat, als flicke sie.

Drei der Soldaten lümmelten sich an den Tisch.

»Bäuerin, tu den Finger in den Schmalzhafen und schmalz mir ein Trumm Brot!«, begehrte der eine.

Der andere grinste. »Heut bist du genügsam, Falch. Mir aber bratest du ein Kuheuter, Weib! In der Stadt haben sie nix mehr zu fressen, drum laufen wir ins Dorf.«

»Einen schreienden Durst habe ich!«, grölte der dritte.

Die Bäuerin holte einen Laib Haferbrot aus der Tischlade und legte ihn auf. Hernach brachte sie Milch.

Der Haurisser schnupperte an dem Hafen. »Geißmilch sauf ich nit. Die stinkt.« Er goss sie dem Weib ins Gesicht.

Mit dem Fürtuch wischte sie sich die Milch aus den Brauen, aus den Augen. »Wir haben keine andere Milch«, heulte sie auf. »Vorgestern haben uns die Reiter die letzte Kuh davongeholt.«

»Deswegen brauchst du mich nit so keck anzulassen«, entgegnete der Haurisser. »Der Soldat ist der Herr, und der Bauer ist eine Sau. Bis zum Berg Finsterstern bin ich kommen, wo die Welt aufhört. Aber so abgestandenen, übeln Suff hat mir noch niemand geboten. Und so neidige Bäuerinnen gibt es nirgends als im Land ober der Enns. Dass dich der Fuchs auffress, du böse Rippe!« Er hob den Fuß, nach dem Weib zu stoßen.

Im Flur trampelte es, schrillte ein Schrei, und herein flüchtete die Lena, schlang schutzheischend die Arme um die Ahnel und barg das brennende Gesicht in deren Schoß. Ihr nach kam der vierte Soldat getrollt.

»He, Pöckel, wo hast du die Hirschgeiß aufgescheucht?«, kicherte der Falch.

»Am Boden in einer Truhe«, schnaufte der Pöckel und kratzte sich die sinnige Stirn. »Aber sie ist gar zu kitzlig.«

Er beugte sich zu dem Mädchen nieder, stemmte die Hände in die Knie und verwunderte sich: »Verflucht, deine Zöpf' sind wie zwei Strick! Und wie gelb sie sind!«

»Geh weg, du Unflat!«, greinte die Lena.

»Oho, du heikle Bauernprinzessin!« Er reckte sich. »Schau mich an, dann magst du mich!«

»Guter Gesell, tu ihr nix!«, bettelte die Ahnel. »Sie ist ja noch nit recht zeitig.«

»Mir passt sie!«, beharrte der Pöckel und fasste sie am Zopf.

Das Mädchen schnellte empor und entriss sich ihm. Mit ihren weichselbraunen Augen funkelte sie ihn an, aus den zorngebleckten Zähnen stieß sie heraus:

»Zwischen Himmel und Höll,
Zwischen Sonn und Mond
Mit Fleisch und Blut und Bein und Haar und Haut,
Schelm, bleib stehn!«

»Ei, du feine Hex, willst du mich stellen und anbannen?«, johlte der Pöckel. »An mir zerrinnt deine Kunst. Ich kann nit anfrieren, das Blut springt mir zu heiß in der Ader.« Mit tollem Lachen fiel er auf die Bank hin.

Der Hebenstritt, der ein gebackenes Kuheuter begehrt hatte, griff nach dem Brot, schnitt die braune Rinde weg und warf sie unter den Tisch.

»Was, du schindest das Brot?«, entsetzte sich die Bäuerin. »Weißt du nit, dass das Brot heilig ist? So sehr heilig wie dem Herrgott sein Leib? Fürchtest du die Höll nit?«

Er grinste: »Die Höll nit. Kaum den Galgen!« Und er kaute und schimpfte: »Das dürre Haberbrot! In neunhundertneunundneunzig Teufel Namen, habt ihr kein besseres?«

»Das Korn haben wir nach Unterösterreich liefern müssen«, sagte der Holzleitner unterwürfig, den Soldaten zu beschwichtigen.

Indessen hatte sich die Lena aus der Stube gestohlen, dem gierigen Mann zu entwischen. Doch war der Pöckel in derlei Dingen nicht zu hintergehen. Seine schiefen Bocksaugen schillerten. Und während der Worte herüber und hinüber geschleudert wurden, spürte er der widerspenstigen Dirne nach.

»Wer könnt es euch Bauern recht machen?!«, predigte der Hebenstreit. »Sommer und Winter jammert ihr. Ist die Ähre recht voll und schwer, so schreit ihr, dass zu wenig Stroh gewachsen. Sind herentgegen die Halme so hoch wie ein Ross, so hat euch der Kern zu wenig Mehl und ist euch zu wässrig. Und dabei schwelgt und fresst und sauft ihr, was Gott verboten hat. Und kommt hernach der Winter, so stockt euch das gelbe Schmalz in der Butte, das Fass strotzt voll Kraut, der Most ist geraten, und das Fleisch hängt im Rauch, und ihr zündet drunter fein Kranabitstauden an, dass es ja recht würzig schmeckt.« Der Söldner musste schweigen, denn das Wasser rann ihm vor Gier aus dem Mund.

Die Bäuerin wies ihm die hageren, abgezehrten Arme hin. »Da schau her und verneid mir mein Leben! So fressen wir, dass wir nur noch Haut und Beiner sind!«

Der Holzleitner nickte finster. »Den Pflug zwing ich bald nimmer in den Grund, wenn es so weitergeht. O ihr Soldaten, ihr reibt uns so hart, dass uns keine ganze Haut mehr bleibt!«

Da krähte der Hebenstritt: »Ich sing dir ein andres Gesätzlein. Das heißt: Zieh dem Bauern die Haut ab, im nächsten Sommer ist sie ihm wieder gewachsen.«

Der Falch warf sich in das breite Ehebett, wälzte sich drin mit den kotigen Stiefeln und fluchte. »Übel liegen ist auf dem spießigen Stroh! Herrgotts Laus, auf Federn will ich schlafen! Bäuerin, rupf deine Gäns!«

»Ich hab keine mehr«, bellte sie auf vor Wut, dass der Soldat in bösem Übermut ihr Tuchent und Leilach beschmutzte. »Eure Dragoner haben mir die Gäns gespießt und gestohlen!«

»So stiehl sie halt wieder deinem Nachbarn!«, spottete der Falch. »Ich will weich liegen. Und dein Dirnlein soll mir den Schädel krauen!«

Draußen hub ein kläglich Geschrei an, Hilferufe, halb erwürgt und dann wider gell und durchdringend.

»Im Stall!«, stammelte der Holzleitner.

Der Falch sprang aus dem Bett und horchte. »Ha, der Pöckel, der Weibernarr! Jetzt hat der sie! Da nutzt ihr nix mehr, und wenn sie das Kränzel noch so fest gebunden hat.«

Wie eine Wölfin jagte die Bäurin hinaus.

Sie prallte gegen die versperrte Stalltür. Dahinter winselte es gar erbärmlich, erstickte der Jammer. Mit Übermannskraft warf sich das Weib gegen die Tür. Gottlob, sie war morsch, sie splitterte.

»Böswicht! Böswicht!«, heulte die Holzleitnerin.

Die andern Knechte hatten dem Bauern, der seiner Tochter in ihrer Bedrängnis hatte helfen wollen, den Weg verrannt. Verzweifelt sah er einen nach dem andern an. Aber in diesen Gesichtern war kein Zug menschlichen Erbarmens, wie wüste, ausgebrannt Länder starrten sie.

»Eine Höll voll Martern ist besser als ihr«, ächze er. »Aber jetzt lass ich mir es nimmer gefallen. In Linz beschwer ich mich.«

»Nur zu!«, drohte der Hebenstritt. »Dir täten wir es heimzahlen!«

»Ihr Lutheraner habt keinen Schutz mehr!«, rief der Falch. »Kein Gesetz deckt euch zu. Frei seid ihr wie die wilden Vögel in den Stauden.«

Stumpf, ohnmächtig stand der Holzleitner.

Die Alte hatte sich erhoben. Zitternd ragte die hagere Frau, die verblichenen Augen geisterhaft leer. Ihr Ähnelkind schrie!

Auf der Bank lag das fromme Buch. Sie war darauf gesessen, es vor den spürenden Knechten zu verbergen.

Wie ein Sperber krallte der Hautrisser danach. Er schlug es auf, er frohlockte: »Jetzt hat die Alte gar das ketzerische Buch ausbrüten wollen! Lass schauen! Meiner Seel, da drin hat der Luther sein giftig Gespei! Her mit dem Speitrühlein!«

Mit den lebensmatten Armen rang sie gegen den Griff des Soldaten. »Du!«, drohte sie. »Schilt mir den Luther nit! Unserm Herrgott sein Schildritter ist er! Und die Bibel da ist dem Himmel sein Urkundbuch. Reiß mir die Seel aus dem Leib! Aber das Buch lass mir!«

»Deine verrunzelte Seel tast ich nit an, Trud verdammte! Der Teufel wird sie dir salzen und pfeffern genug. Wie er schon dem Luther im Abtritt den Kragen umgedreht hat!«

Mit roher Gewalt stieß er die Frau von sich. Sie taumelte.

Er hob die Beute: ein schöne Buch, mit gelbem Gespräng verschließbar. »In die Donau schmeiß ich es.«

»Mein Trostbuch!«, flüsterte sie. »Alles, alles hat man mir genommen.«

»Kamerad«, meinte der Hebenstritt, »lass ihr den Fetzen! Sie dauert mich.«

»Nix da!«, lachte der Haurisser. »Eine Kuh, die um ihr Kalb recht röhrt, vergisst bald. Die Alte wird sich trösten. Gehen wir jetzt zum Nachbarn! Bei dem Hungerleider da ist nix zu holen.«

Der Falch verließ als letzter die Stube. »Bauer«, warnte er, »kehr dich ab von der Ketzerei! Sonst wirst du zu Pfingsten von deinem Gütel gestoßen.«

Er sah den Ablasspfennig an der Tür blitzen. »Der gilt nimmer«, sagte er, riss ihn heraus uns steckte ihn ein.

Draußen auf der Gred lag zuckend die Lena, zerrauft und zerfetzt. Das Gesicht barg sie in die Erde, als schäme sie sich vor dem Licht der Welt.

Der Pöckel zerrte gerade zwei ängstlich meckernde Geißen aus dem Hof.

»Ihr nagt mich ja ab bis auf die Beiner!«, brüllte der Bauern ihm nach.

Der Pöckel kehrt sich noch einmal um. Er kicherte: »Alles nimmt der Landsknecht mit. Nur die Asche im Herd nit.«

»Dem Kaiser soll man es sagen«, weinte die Bäuerin, »dem Kaiser!«

»Liebes Weib«, murmelte der Holzleitner, »armer Leut Wort gilt nit.«

»Oh, dass unser Herrgott solche Gewalt leidet!«, schluchzte sie. »Und den Pfennig haben sie auch aus der Tür gestohlen! Jetzt ist alles Glück dahin auf unserm Hof! Oh, am liebsten läg ich zwischen den sechs Brettern!«

Die Ahnel kam nachgehinkt. Auf der Schwelle verließ sie die Kraft. Sie musste sich setzen.

»Mein Trostbuch!«, flüsterte sie. Sie streckte die Arme aus in leidester Sehnsucht und ließ sie trostlos wieder sinken.

7.

Der alte Aspalter schlich, auf den Weichselstecken gestützt, seinen Grund entlang. Es war ihm tägliche Gepflogenheit, dass er das Land, das er bebaut hatte, umging. Anderes konnte er nimmer verrichten. Sein Leib, der sich einst stattlich gereckt hatte, war nun verschrumpft und krumm; die Kraft, die sich in unablässiger Arbeit an diesem Boden ausgetobt hatte, war gering worden wie die eines Kindes; seine Seele war der Welt abgestorben. Nur für eines hatte er sich Liebe, Sinn und Sorge gewahrt: für den Fleck Erde, der ein achtzigjähriges rüstiges Leben lang seine Werkstatt gewesen.

Gelassen stapfte er dahin und schnob den Ruch der aufgeackerten Erde tief in die enge Brust ein. Er streichelte das junge Gras, als wäre es sein Enkelkind. Zu der besonnten Frühlingsscholle beugte er sich, als wolle er sein erkaltendes Blut daran wärmen und sich stützen an der Urvertrauten.

Mit erfahrener Hand rüttelte er an den Zäunen, deren Flechtwerk die Saat behüten sollte gegen wildes und zahmes Getier; er prüfte die Gatter, ob sie eingehängt und zugetan und im guten Stand seien und kein Sprisslein daran fehle.

Mühsam kletterte er über die Stieglein und sah auf allen Feldwegen nach dem Rechten. Ob er auch den Besitz schon längst in die Hände des Sohnes hatte gleiten lassen, so tat er doch, als halte er noch immer die Zügel, und gebärdete sich als Herr und Eigner, dessen starrem Kopf sich alles zu fügen hatte.

In einem erhöhten Feldrain hatte er sich einen Sitz eingraben lassen und ihn weich mit Rasen ausgelegt. Von dort aus konnte er das Gehöft und fast den größten Teil des Anwesens überschauen. Nun rastete er dort von seinem Weg.

Der Hof, eine ansehnliche, burgartig geschlossene Vierung, lag abseits der Straße in einer heimlichen Mulde klug angelegt, begehrlichen Blicken entzogen und gesichert in seiner Einsamkeit. In den letzten Jahren, da die Weltläufte immer feindlicher und betrüblicher worden waren, hatte der Aspalter die Wege zu dem Hof verstrüppen und verwachsen lassen, und die Seinen gingen nur selten in die benachbarten Dörfer; sie schafften, wie es sich für einen rechten Bauern gebührt, sich selber all ihren Bedarf und lebten ganz für sich und abgesondert wie auf einer vergessenen Insel. So geschah es auch, dass die Kriegshaufen, die durchs Land reisten und längs den Straßen allenthalben sengten und schadeten, dieses stillen Winkels nicht innewurden.

Der Alte lächelte in sich hinein. Hier ließ sich gehäbig hausen in der Geducktheit und mancher harte Wind überdauern.

Wie grün das übermooste Dach blinkte! Wie friedsam stieg der Rauch aus dem Gehöft! Eine grenzenlose Ruhe umspann die Gefilde. Fernab ackerte der älteste Enkel, ein hochstämmiger Bursch, echter Aspalterwuchs. Darüber zwischen Furche und Himmel hing selig die Lerche, der Bauernvogel. Und in den grünenden Zäunen und im rahmenden Wald schollen lebhafte Schreie, die Amsel schwegelte, der Ammering rief, die Hohlkrähe gellte.

Eine Blaumeise sank aus der Höhe herab und setzte sich auf die im Rasen rastende Hand des Alten und mochte sie wohl für einen Wurzelknorrling halten. Da empfand er, wie furchtlos die Vögel und Falter hier dem Menschen begegneten, und dass sie fast die Gefahr nicht kannten in dieser abwegigen Stille.

Doch als sollten seine Gedanken Lügen gestraft werden, merkte er im selben Augenblick, wie eine kleine Schar mit Bündeln belastete Leute aus dem Wald drunten drang und dem Gehöft zustrebte.

»Sie werden doch meinem Haus nix Böses anhaben?«, dachte er. »Was haben die da zu suchen?« Misstrauisch raffte er sich auf und ging heimzu.

Unterwegs lauschte er oft, ob nicht von dem Hof Geschrei und Lärm herdringe. Aber nur halb verwehte Kuhglocken klangen und die Schellen der Geißen, und im Talgrund sauste der Bach.

Als er heimkam, saßen die Fremdlinge in der Stube, Mann und Weib und Kinder, blass und müd alle und staubig von der Straße.

»Die ganze Nacht sind wir gereist, ohne Rast gereist«, seufzte die Frau. Ein weinendes Kind hielt sie im Arm, die andern Kinder hingen ihr an dem Kittel. Der Schlaf lugte ihnen aus den übernächtigen Augen.

Die Bäuerin rüstete Eier und Suppe her und brachte eine Wiege. »Da tu dein Kind drein! Dann greint es nimmer!«

Der Bauer aber fragte den fremden Mann: »Was treibst du dich in der Welt herum? Mit vier Kindern ist übel reisen.«

Der Mann streckte die Füße unter den Tisch und hub an, von sich zu erzählen. »Er ist einmal warm gesessen, der Handschuhmacher Hans Fröhlich, zu Enns in seinem stolzen Haus. Das Geschäft hat mich weidlich genährt, und bei den Zünften bin ich angesehen gewesen. Hernach ist aber die schlechte Münz kommen, und schließlich haben sie von mir begehrt, ich sollt päpstlerisch werden. Doch das Männlein in mir ist laut worden und hat nit zugelassen, dass ich untreu werd. Und drum hab ich in Linz Passbrief und Abschied begehrt, hab lieber in die Fremd gehen wollen, wo man meinen Glauben nit verachtet.«

»Vorerst aber haben sie uns die Soldaten ins Haus gelegt«, unterbrach ihn sein Weib, »drei wilde Kerle mit ihrer argen Sippschaft, den diebischen Weibern und Kindern. Oh, die haben uns hart zugesetzt! Unsern Speck haben sie sich in Schmalz braten lassen. Wolfsmagen haben sie im Leib gehabt. Einer davon, der Döll, hat auf einem Sitz vier Pfund Fleisch gegessen und hat noch nit genug gehabt. Und dass sie uns ganz kahl abgrasen, haben sich die Leut noch große Hunde gehalten!«

Sie schwieg und weinte in das Fürtuch.

»In Linz ist mir grober Bescheid worden«, fuhr der Handschuher fort. »Einen Schelm, einen Dieb haben mich die Amtsleut gescholten, ins Gesicht haben sie mir gespien, das Tintenzeug hat mir ein Schreiber auf den Kopf geworfen, gehaut haben sie mich, und schließlich hat man mir das halbe Vermögen als Steuer abgenommen. Sie hätten mir am liebsten den letzten Pfennig aus den Rippen gerissen. Und das Haus hab ich zu einem Spott hergeben müssen. Wer hätt es mir auch in der ungewissen Zeit gut gezahlt? Den leeren Beutel hab ich davongetragen. So hat man mich reisen lassen!«

Das Schreierlein lag nun in der Wiege gebettet. Die Kinder kauerten um die Mutter, die Köpfe an ihre Knie geschmiegt, das heimatlose Herdlein. Sie sagte herb: »So ist es. Durch die Steuern sind wir um alles kommen. Um Haus und Gewerb. Um Frieden und Glück. Wir sind Bettelleut. Wir sind ärmer als Bettelleut.«

Der alte Aspalter lehnte an der Tür, er lauschte mühsam, die Hand am Ohr. »Darf es denn so was geben auf der Welt?«, staunte er.

»In Regensburg wär ich gern geblieben«, fuhr der Fremde fort. »Der Bischof hat uns nit in der Stadt geduldet. Und der bayerische Kurfürst hat uns auch sein Land nit vergönnt, hat sich gefürchtet, wir vergiften ihm mit unserm Glauben die katholischen Leut. Jetzt reisen wir heim.«

»Müd, voller Hunger, voller Unziefer«, klagte die Frau.

Traurig schaute er sie an. »Den Ähnel haben wir auch mitgehabt, einen gebrechlichen, wunderlichen Mann. Der hat in dem fremden

Ort nit bleiben wollen, weil dort die Sonn' anderswo aufgeht als daheim. Der hat zuerst heimbegehrt, recht dringlich, recht flehentlich. Ist aber nimmer heimgekommen. Auf der Heimreise ist er gestorben. ›Schmeißt mich in die Donau‹ ist sein letzte Bitt gewesen, ›da tragt sie mich schön still an der Heimat vorüber!‹«

»Er hat es gut, sein Seel ist versorgt«, sagte sie. Leise schaukelte sie ihr Kleines. »Aber du, mein feins Kind, musst jetzt in einer fremden Wiegen liegen!«

»Und die Kinder haben halt auch heim wollen«, sagte der Handschuher. »Daheim, so haben sie geglaubt, muss alles wieder recht werden. Daheim sind sie vormals geborgen gesessen wie die Kern im Apfelgehäus. Und in Regensburg hat ihnen der Schmalhans gekocht. Und ich selber halt es im fremden Land nit aus. ›Wo der Has aus dem Loch kommt, ist er am liebsten‹, sagt man. Meinen Glauben muss ich halt jetzt verleugnen. Es geht nit anders. Der Herrgott wird ein Einsehen haben.« Aber mitten in dem bangen Entschluss stöhnte er: »Und nein und tausendmal nein! Ich kann nit abtrünnig werden. Hätt' ja kein ruhige Stund mehr im Leben.«

»Was fangst denn hernach an?«, fragte der Bauer.

»Ich leg mich in den Straßengraben und sterb«, sprach er trüb.

Die Handschuherin fragte gramvoll: »Und ich? Und die Kinder?«

Ratlos betrachtete er seine staubigen Schuhe und schwieg.

Das Kindlein meldete sich wieder, da wiegte sie es und summte dazu, doch schon halb im Schlaf, und das Kinn sank ihr auf einmal auf die Brust. Und als sie verstummte, begann das Kleine wieder zu schreien, und die Todmüde schrak wieder auf und summte. Und sie hielt inne, schaute groß um sich und sagte: »So ist es, wenn man ein Dach über sich hat.«

Der alte Aspalter humpelte durch die Stube, stellte sich vor dem Fremden auf und prahlte: »Dir geht es schlecht. Aber ich hab Grund und Boden, und den kann mir keiner wegnehmen und keiner wegtragen wie ein Schneckhäusel.«

»Aber dich können sie wegjagen, wenn du dich nit biegst«, antwortete der Handschuher.

In den Zügen des Alten malte sich eine ungeheure Verwunderung. Dann fuhr er auf: »Den möchte ich kennen, der uns vertreiben wollt! Ich gehör ja daher, bin mein Lebtag da gewesen. Wie ein Baum bin ich eingewurzt. Wer hackt mich um? Meine Leut sind hausgesessen da auf dem Fleck« – er dachte bekümmert nach – »tausend Jahr!«

Des Alten Sohn, der Bauer, mischte sich ins Gespräch. »Das gibt es nit, Handschuher. In deiner Not willst du die Leut ängstigen, die in Ruh hausen. Seit unser Prediger verjagt ist, hören wir in der Einöd wenig Neues. Aber dumm sind wir deswegen auch nit, und narren lassen wir uns auch nit so bald. Wie könnt man denn uns Bauern verscheuchen? Wo sollten wir denn leben, wenn sie uns die alten Felder verbieten? He, sag! Wir kriegen ja nirgends Land mehr, es ist kein Joch Grund mehr auf der Welt ohne Herrn. Ein anderer kann leicht auswandern. Der Bauer nit. Du kannst überall deine Handschuh nähen, überall haben die Leut vier Finger und einen Daum. Aber der Boden ist überall anders! Wer ihn recht bauen will, muss ihn kennen hundert und hundert Jahr. Der Vater muss es dem Sohn sagen, was der Grund tragt und wie man mit ihm umgehen muss. Und der Sohn sagt es wieder den Nachkommen.«

Die Bäuerin rief: »Wenn sie uns die Arbeit nehmen, was soll ich dann mit meinen Händen anfangen? Sie sollen sie mir gleich mit der Axt vom Leib schlagen!«

»O Bauer«, sagte der Flüchtling, »du bist nit der Herr über deine Seel. Glauben musst du, was der Kaiser glaubt! Das Luthertum musst du verlassen. Zu Pfingsten musst du katholisch sein! Und wenn du dich spreizt und kein Lump werden willst, dann verlierst du das Landrecht und musst reisen wie ich in die graue Welt hinaus. Und du, alter Vater, deine Äcker musst du hinter dir liegen lassen und die Wiesen und den Garten, und die Bäume gehen auch nit mit dir und die Stauden auch nit. Abgetrennt wirst du von deinem Werk, als hättest du dein Lebtag damit nix zu schaffen gehabt.«

»Ist denn das möglich?«, staunte der Alte. »Seit ewiger Zeit reuten und ackern wir da, und jetzt sollten wir auf einmal fort? Träumt mir was? Ein ganzes Volk von seinem Grund und Boden jagen, wisst ihr, was das heißt? Denkt drüber nach, und es wird euch grausen! Nur ein Teufel kann so etwas ausdenken!«

Draußen trappelten Rösser näher. Zaungatter wurden aufgerissen. Befehle und rauer Lärm.

Reiter drangen ins Haus.

Der Handschuher richtete sich auf, als wolle er fliehen. Sein Weib taumelte aus dem Schlaf, mit noch geschlossenen Augen hob sie ihr Kleines aus dem Bettlein. Die verschlafenen Kinder schrien.

»Ei, du Donnersketzer, bis du da untergeschlupft?«, brauste ein Reiter den Hans Fröhlich an. »Heraus und in den Kotter mit dir und deinem Gezücht!«

Die Bäuerin legte sich ins Mittel. »Sie haben blutige, verschwollene Füß, die ganze Nacht sind sie gegangen. Lasst sie erst ein wenig rasten!«, bat sie.

»Wir treiben ihnen die wehen Füß schon aus! Wunderliche Sprüng sollen sie uns machen!« Mit blankem Säbel trieben die Knechte das jammernde Häuflein davon.

Den Aspalter schnauzten sie an: »Und du, Bauerntroll, steh nit so breitmächtig auf deiner Schwelle! Wirst sie bald verlassen!«

»Wer kann mich zwingen?«, rief der Aspalter.

Sie lachten. »Alle Bauern hauen wir davon. Aber erst scheren wir euch. Der Schafbock darf nit mit der Woll aus dem Land.«

Sie schwangen sich in die Sättel und ritten fort. Den Handschuher rissen sie am Bart hinter sich her. Wehschreiend schwankte seine unglückliche Sippe nach. Das Gehölz verhüllte den Jammer.

Der alte Aspalter stützte sich an der Tür. »Ich bleib lutherisch. Instament!«, rief er. »Und von meinem Hof treibt mich keiner, und wenn auch die ganze höllische Heerschar anruckt!«

Anderntags kehrte der Ähnel von seinem Flurgang nimmer heim. Sie fanden ihn auf seinem grünen, blumigen Bauernthron tot sitzen, Augen und Mund staunend offen, die Hände in das flüchtige Gras verkrampft, als wolle er sich daran festhalten.

Da musste der Bauer nach langer Zeit wieder einmal ins Kirchdorf hinab gehen.

Ein fremder Pfarrer empfing ihn, ein hagerer Mann mit kalten Augen.

»Der Aspalter bin ich. Meinen Vater möchte ich in den Freithof schaffen«, sagte der Bauer. »Wie ein Christ soll er begraben werden.«

»Ich bin schon über ein Jahr da in der Seelsorg und kenn dich nit«, erwiderte der Geistliche. »Noch nie hast du bei mir eine Mess gehört, noch nie hast du bei mir gebeichtet.«

»Die Ohrenbeicht haben die Leut erdichtet, nit der Heiland«, sagte der Bauer.

»Bist du auch so ein dreister Vogel?«, zürnte der Pfarrer. »He, sag mir, ist dein Vater katholisch gestorben? Wer nit im römischen Glauben gestorben ist, der ist kein Leichnam. Und ein Aas geleit ich nit zur Grube, und die Glocken dürfen auch nit geläutet werden!«

Ein Hass zackte in dem Bauern auf, rot und grell. Vor lauter Hass konnte er dem Geistlichen nimmer in die Augen schauen.

»Hast du so viel Gewalt?«, fragte er. »Willst du meinen Vater verscharren lassen wie einen Hund? Wie einen, der selber Hand an sich gelegt hat? Einem jeden Rauberknecht, der gehenkt wird, läutet man das Glöckel. Und einem Bauern, der alleweil Gott geehrt und kein Unrecht getan hat, willst du das Geläut verweigern?«

»Schimpf nit, sonst sperr ich deinem Vater den Freithof!«, drohte der Geistliche. »Nach der Ordnung unserer Kirche soll jedem, der das heilige Gut in zwei Gestalten genossen hat, der Freithof verboten sein.«

»Willst ihn gar unbeerdigt lassen, dass die Säu ihn fressen?«, heulte der Bauer.

In Schmerz und Wut jagte er heim.

Er fand den Toten schon eingeschreint. »Zunageln!«, schrie er. »Schnell zunageln!«

Seine sieben starken Buben standen um die Sargtruhe herum.

»Zunageln!«, herrschte er sie an. »Oben am Rain graben wir ihn ein.«

»Bist du närrisch worden?«, sagte die Bäuerin. »In die geweihte Erd gehört er. Woanders findet er keine Ruh und muss umgehen.«

Der Aspalter kehrte sich nicht dran. »Die Schaufeln her und die Riedhauen! Droben bei seinem Rastsitz grabt ihm die Grube!«

Und er legte den Arm über das Gesicht und brach in einen krampfhaften Schrei aus.

8.

Finstern Auges drangen die Landsknechte in die Stube, drin der Fadinger mit seinem Schwager saß, dem Wirt zu Sankt Aiden.

»Da murmeln wieder zwei miteinander!«, schalt ein Soldat. »Überall, wohin man kommt, in den Moststuben und Leutgebhäusern, in den

Hölzern und auf den Straßen, stecken die Bauern die Schädel zusammen und losen. Ihr Gimpel, wie wollt ihr aufbegehren gegen die kurbayerische Macht?«

Der Fadinger erhob sich. »Was wollt ihr in meinem Haus?«

»Hast du keine Pirschbüchse versteckt, Bauer? Wie ein Raubschütz schaust du drein mit deinem finstern Bart. Hast du keinen Spieß, keine Plempe, keinen Harnisch?«

»Was ich hab, gehört mir. Ich hab niemand nix gestohlen.«

»Her mit dem Rüstzeug! Ihr verschlagenes Gesindel seid so voller Krieg, dass es euch zu den Ohren herausrinnt. Die Bundschuhfahnen wollt ihr aufrecken, ihr unfügsamen Leut! Aber wir werden euch die gewehrte Hand abgewöhnen! Für euch schickt sich die Mistgabel.«

»Wie kann ich ohne Wehr mein Hauswesen schützen?«, fragte der Fadinger.

»Das schützt dir der Statthalter. Wenn du dem Luther absagst. Zeig dich nit widerwärtig! Schau, in den Städten ist schier alles katholisch worden, in Linz, in Enns, in Steyr!«

»Aber gezwungen und gedrungen!«, murrte der Kristof Zeller. »Ich geb mich nit. Und aus dem Land reis ich auch nit. Ich krall mich in die Erd. Ich lass es drauf ankommen!«

»Gleich tust du deine Wehr her!«, fuhr der Soldat ihn an.

Der Zeller tappte nach dem kurzen Schwert in seinem Gurt. »Hüt dich! Mein Messer ist kalt!«

»Hergeben musst du es, Wirt! Auf Befehl des Statthalters müssen wir euch die Waffen nehmen, dass ihr nit raufen könnt. Er traut euch nicht. Nit einmal ein Messer sollt man euch lassen!«

Der Fadinger lächelte. »Das Brot werden wir halt mit einem hölzernen Span schneiden.«

Der Zeller drängte sich durch die Gewappneten. »Lasst mich meinen Weg gehen! Ich hab mit euch nix zu tun«, sagte er unwirsch. »Und fressen wird mich der Herbersdorf nit. Und frisst er mich, so muss er mich wieder speiben.«

Mit seinen glosenden Augen stieß er sie schier zurück, die ihn umzingeln wollten, und sie ließen von ihm ab, zumal draußen Gerassel, Lachen und Lärm anhub.

Ein Wagen fuhr die Straße daher, übervoll und starrend beladen mit plumpen Büchsen, zackigen Hellebarden, rostigen Schwertern und Spießen, Wurfhaken, Harnischen und Hirnhäubeln. Der Fuhrmann hieb auf die Rösser ein, die gebäumt vor einem langbärtigen, bloßköpfigen, heulenden Mann zurückscheuten und aus den Strängen zu springen drohten.

Es war ein Weber, der schon seit Wochen im Land sein tolles Wesen trieb, oft tagelang in Schweigen verharrte und nur dann redete, wenn sein verworrenes Auge in die Zukunft zu dringen schien.

Nun stand er mitten am Weg, das zuckende, ferne Gesicht gen Himmel, mit dem einen Arm in die Sonne weisend, den andern wehrend gegen die Waffenfuhre gestreckt.

»Ihr Satanskinder«, dröhnte seine tiefe, bewegte Stimme, »auf der Welser Heide werdet ihr erschlagen liegen im roten Gras! Die Raben Gottes werden auf den Herbersdorf herniederstoßen, und er wird ihnen zur Speise sein. Aus dem Himmel komm ich. Ein Engel hat mir befohlen, dass ich über Land geh und die Wahrheit offenbare. Wer Ohren hat zu hören, der höre! Und wer eine Zunge zu reden, der gehe hin und melde es dem verfluchten Statthalter des Beelzebocks!«

»Schimpf nit über den Grafen!«, warnte der Soldat. »Bist wie der Fuchs. Wenn er den Igel nit fassen kann, beseicht er ihn.«

»Der Heiland selber hat sich mir gezeigt!«, schrie der Tolle. »Er hat verlangt: ein Mann muss weg aus Linz! Der Herbersdorf! Ein Haus muss brennen! Das Jesuiterhaus!«

»Tritt aus dem Weg«, schrie der Fuhrmann, »oder ich hack dir mein Eisen in den Darm!«

Sein Kamerad beruhigte ihn. »Lass ab! Lass ihm seine Weis, wenn sie ihn freut! Er ist unrichtig im Hirn. Er schadet nit.«

Verzückten Blickes, mit aufgehobenen Händen wankte der Weber weiter. Noch lange hörten sie ihn singen in einer irren, seltsamen Sprache.

Derweil durchstöberten die Soldaten alle Winkel und Böden und wühlten selbst den Hafer auf dem Schüttboden auf, ob nichts Spitzes und Schneidendes darunter stecke, und sie schleppten alle Gewaffen aus dem Hof und warfen es auf den klirrenden Wagen. Der Stefan Fadinger sah ihnen mit seinen stillen, gewaltigen Augen zu und wehrte ihnen nicht, als sie ihm das Schwert nahmen, das er geführt, da die Bauern einst dem Passauer Heer den Weg in die Steiermark verschränkt hatten.

Sein Weib, der das Blut ebenso hitzig durch das Herz sprang wie ihrem Bruder Kristof Zeller, sie schrie den Knechten nach: »Nehmt doch auch den Besen mit! Er könnt euch gefährlich werden.« Und ihren Mann rasselte sie an: »Und du stehst da wie eine Martersäul und lässt alles geschehen ohne Widerred!«

»Geduld dich«, raunte er, »es kommt der rechte Tag. O Weib, drei Dinge hält keine Macht der Welt auf: das wild Feuer, das aus den Wolken stürzt, die Donau und ein Volk, das seine Qual nimmer ertragen kann.«

Das Fuhrwerk mit dem eisernen Hausrat klirrte schon weit.

Der Fuhrmann schnupperte in den Wind. »Es brandelt«, sagte er. »Es schwelt ein bös Feuer im Land.«

»Die Bauern werden sich hüten«, lachte sorglos sein Kamerad. »Sie wissen gar gut, dass ihnen der Krieg die Rösser aus dem Pflug spannt.«

Ein Reiter meinte: »Der Bauer lasst sich alles gefallen. Wie ein Ochs ist er: Spannst du ihn ein, so zieht er.«

Der Fuhrmann beutelte den Kopf. »Es ist gar windstill im Landel. Ich trau nit.«

Er deutete mit der Geißel gen einen Apfelbaum, der mit schneeweißer, feierlicher Krone über den Weg schattete. An den Stamm war ein fliegendes Blatt mit einem Zierbildlein geheftet: Ein bewaffneter Bauer war darauf zu schauen, der den Kolben schwang.

»Das Papier ist das herbste Gift«, sagte der Reiter und nahm das Blatt an sich. Weil aber niemand unter der Schar war, der es hätte lesen können, zerfetzte er es.

Auf einem geheimen Weg verließ der Fadinger sein Gehöft. Er wanderte durch eine einsame, bergige Gegend zur Donau hin. Aus einem Wald hörte er es pochen.

Er trat an die verschlossene Schmiede, klopfte an und rief hinein: »Meister, was tut dir weh?«

»Mir tut weh, was dir wehtut«, antwortete es.

Das Tor ging auf.

Am Amboss schaffte der Michel Eschelbacher. Die Zähne blitzten ihm aus dem geschwärzten Bart. Auf eine glühende Spießspitze schlug er los, die sein Weib mit der Zange gefasst hielt, er hämmerte drein und lärmte: »Da hast du, Graf! Da nimm! Da friss! Halt den aus! Und den! Da bieg dich! Und schmieg dich! Bist du eisern, ich bin stählern!«

»Du plagst dich umsonst, Schmied«, sagte der Fadinger. »Was du da schmiedest, der Herbersdorf heimst es.«

Des Meisters Augen funkelten teuflisch. »Der Graf hebt uns die Waffen in den Schlössern und Rathäusern auf. Dort holen wie sie uns.«

»So dumm ist er nit«, widerredete die Schmiedin. »Er lässt sie auf der Donau fortschaffen nach Wien.«

Der Fadinger lachte. »Wir werden uns dennoch wehren. Außer er zwickt uns die Nägel von den Fingern und bricht uns die Zähne aus dem Maul.«

»Es ist nix zu fürchten, Fadinger«, sagte rastend der Schmied. »Alles kauft jetzt heimlich Eisen. Der steirische Berg wird bald leer sein, wenn es noch ein Weil so weitergeht. Mein Weizen blüht. Es riecht nach Krieg.«

»Du lachst, Michel, und ich verzag«, greinte die Meisterin. »Was wird noch alles über uns kommen? Die Welt wird allweil betrüblicher. Mein Ähnel hat es am gescheitesten gemacht: Vor acht Tagen hat er sich ins Bett gelegt mit dem Gesicht zur Mauer. ›Gott sei's gedankt‹, hat er gesagt und ist gestorben.«

»Aber ich hab die Leich zahlen müssen!«, schalt der Schmied. »Dreimal so viel, als es von alters her der Brauch gewesen, hat der Pfaff fürs Erdreich begehrt. Gerad erschrocken bin ich. So viel Geld ist früher nie verlangt worden für die feuchte Grube. Und das Gläut und jeder Handgriff kostet jetzt dreimal so viel.«

»Unsereins darf heutzutag nit einmal mehr sterben«, klagte die Schmiedin, »es kommt zu teuer.«

»Ja, Schmied, wir leiden an einer harten Krankheit, und dagegen hilft nur eine einzige Wurz«, sagte der Bauer.

»Die eiserne Wurz«, sagte der Schmied.

Er legte den Hammer weg und sperrte das Tor.

Hernach schob er in einem Winkel der Werkstatt einen schweren Bottich weg. »In dem Boding ist Lindenkohle«, raunte er. »Fürs Zündpulver hab ich sie gebrannt. Sie wird bald nötig sein.«

Wo der Bottich gestanden war, lagen nun einige starke Brettlein. Die hob der Michel Eschenbacher auf. Da führte eine Leiter in ein finsteres Gewölb hinab.

Der Schmied leuchtete mit einem Brand. Drunten glitzerte es wie eine tödliche Schatzkammer: Kolben lehnten dort, unheimlich mit Eisen beschlagen, mächtige Knüttel, stachlig von starrenden Nägeln.

Und der Fadinger wusste, wie hundert lodernde Essen zuckte in den versteckten Winkeln des Hausruckwaldes, und er hörte hundert Ambosse singen und starke Hämmer niederfallen und rüstige Hände Eisen spitzen und Schneiden schärfen und vorbereiten die große, wilde Stunde der Empörung.

»Rußmeister«, sagte er, »heut haben mir dem Grafen seine Spürhund alles Eisen aus dem Haus geräumt. Kaum dass sie mir die Nägel in der Wand lassen haben. Ein Schwert brauch ich, breit und schwer, dass es für meine Hand passt.«

Der Meisters Wangen brannten. »Steffel, ich hab, was sich für dich geziemt. Vor Jahren hat ein Fremder bei mir geschmiedet um Mitternacht. Ich weiß nit, ob es der Herrgott oder der Teufel gewesen ist. Ein Schwert hat er zurückgelassen. Heut weiß ich, für wen er es geschmiedet hat.«

Er langte in die Tiefe und holte die Wehre heraus.

»Nimm's, Bauer, und schlag zu!«

Ein breiter, rätselhaft gleißender Flamberg war es, mächtig wie eines Henkers Waffen.

Der Fadinger ergriff das kühle Erz. Ein Schauer fuhr durch sein Blut, und ihm war, er nehme das Schicksal eines ganzen sich bäumenden Volkes in die Hand.

»He, Schmied«, flüsterte er, »was steht da in der Klinge gerissen?«

Das düstere Geflacker der Esse spiegelte im Stahl, und der Meister las: »Gott mit uns! Wer kann wider uns?«

9.

Im Wirtshaus zu Haibach lärmten die Dragoner nun schon den zweiten Tag. Sie schwenkten die Weinbitschen, läuteten mit der Waffe, trampelten wie in einem Rosspferch und kränkten den Wirt und die Leute, die am Katzentischlein geduckt saßen und der verwilderten Rotte mit Neugier und Abscheu lauschten.

Es war, als wären die sieben Todsünden bei dem Haibacher Wirt eingekehr.

Der Schreiz fraß ein Hühnerbrüstlein. Die Henne hatte er auf einem Misthaufen des Dorfes ergattert, nun verzehrte er sie schnaufend und spie die Knöchlein auf den Fußboden.

Der Fetz hatte sich eine Gassenfahrerin zu Tisch geholt, ein Frauenzimmer, die Nase bübisch aufgestülpt, die Wangen mit roter Schminke überstark geschmückt und dennoch abgelebt und hässlich wie das Laster selber, das sie trieb. Sie flocht ein gelbes Band in ihr Haar und beschaute sich dabei in einem stählernen Spieglein. Zuweilen half sie ihrem Buhlen trinken und riss dazu ihre Zoten unflätiger als der frechste Reiter. Der Fetz umschlang und liebkoste sie und freute sich: »Du aller Welt Gretlein, heut bist du mein!«

Eifersüchtig schielte der Gander hinüber. Er hatte ein Gänsblümel in der Hand, zupfte daran, grinste und zählte: »Jungfer, Witfrau, Hur!«

Der Küperlein trug ein herausforderndes Bildlein am Hut, darauf Martinus Luther zu sehen war, wie er auf einer Sau ritt, Bibel und Bratwurst unterm Arm. »Wirtin«, meckerte er, vom Wein fast übermeistert, »koch mir einen Hecht im Wein! Tu ein paar Lot Safran und auch Ingwer dazu!«

»Wein her!«, verlangte der Tröschel. »Es ist zu viel Wein auf der Welt. Ich will ihn austilgen, er soll nimmer Schaden stiften und Unfried.«

»Wirt, fleiß dich!«, drohte der Stechbeck. »Du dienst uns zu langsam. Es ist eine Ehr für dich, wenn wir Dragoner deinen Plempel saufen.«

Der Tröschel tat den andern Bescheid und jauchzte: »Meinem Herrn Vater seine Taler hab ich durch die Weinstraße gejagt. Wirt, Weib und Würfel sind mir allweg am gesündesten gewesen. Und wie ich mein Geld verwichst hab, bin ich ein Reiter worden. Juchhe!«

»Reiterleben ist ein himmlischer Zeitvertreib«, antwortete der Trump. »Die Bauern schröpfen, das kann ich. Ich seh durch einen neunfachen Kittel, wie viel Gulden einer im Sack tragt.«

Er ging unsicheren Schrittes auf ein zerlumptes Männlein zu, das auf einem Schemel kauerte am Fass beim Traufbier.

»Was ist deines Amtes, Bruder?«, fragte er ihn.

»Ein Bettelmann bin ich«, erwiderte das Männlein demütig und hielt die Hand auf. »Ich hab das Hinfallend. Gestern hat es mich zweimal angepackt. Und das Altertum ermattet mich. Gib mir was, reicher Reiter!«

Aber der Trump lauert. »Was für eine Münz tragst du um den Hals?«

»Ein kostbar Schaustück!«, prahlte der Bettler. »Das Einzige, was mir Vater und Mutter hinterlassen haben.« Er blinzelte den Reiter pfiffig an. »Ja, mir könnt ihr das Evangeli nit nehmen!«

»Warum nit?«

»Weil es auf dem Taler da geschrieben steht.«

In jäher Tücke zuckte der Trump hin und riss ihm die Schaumünze samt der Schnur vom Hals. Ein Künstler, begabt mit meisterlichen Fingern und Falkenblick, hatte in winziger Schrift die Bergprdigt darauf geschrieben.

»Das luthrisch Geld hat der Kaiser verboten«, lachte der Dragoner.

Der Alte warf die Arme bittend auf. »Willst du einen Bettelmann ausrauben? Lass mir mein Heiligtum!«

»Nit einmal die Fechtbrüder wollen ihr stinkend Luthertum lassen!«, rief der Stechbeck.

»Gib mir mein Heiligtum wieder!«, klagte der Bettler. »Sonst straft dich der Herrgott!«

»Dein Herrgott ist ein übler Narr, er hat keine Kraft«, spottete der Trump und steckte den Taler in den Sack. Hernach trollte er sich zum Schenktisch, trank seine Bitsche aus und ließ den Wein wieder zum Mund heraus. »Ich soll deinen Jammer saufen, Wirt? Pfui Teufel!«

»Mein allerbester Jahrgang ist es«, rief der Wirt bestürzt.

»Du hast recht, Weinzapf«, grinste der Stöpfler, »dein Suff ist geistreich und kostet nix.« Er hatte sich aus dem Schrank einen Krug geholt, aus feiner Erde getöpfert; der Wirt hatte ihn einst von einem welschen Kaufmann erstanden. An dem Bauch des Gefäßes war in erhabener Art ein Eber abgebildet, den ein Hetzhund besprang: das wilde Tier mit gesträubten Borsten und entblößtem Gebleck und schmerzlich wütenden Augen, das Haupt nach dem Peiniger zurückwendend.

Der Stöpfler schwenkte den kunstvollen Krug. »Der Teufel soll gesunden!«, grölte er, trank und schlug in bösem Mutwillen den Krug an die Wand.

Weinend kniete die Wirtin hin und las die Scherben zusammen. »So viel Freud hab ich an dem Krügel gehabt«, rief sie immer wieder.

Der Tröschel schob ihr mit dem Fuß den abgebrochenen Henkel hin. »Flenn nit, Mutter! Alles nimmt einmal ein End, der Herrgott selber und sein Regiment.«

»Holla, Wirtin, heiz ein! Mich friert!«, heischte der Stechbeck.

Im Winkel unter den Bauern saß ein Mann, dem brannte eine breite Narbe auf der Stirn. Mit grauen, zornigen Augen sah er dem Unfug zu.

»Der Mai ist da«, sagte der Kristof Zeller, »da heizt man nimmer, da spart man das Holz.«

»Halt das Maul, Bauer, und zahl!«, finsterte ihn der Stechbeck an. »Seit dem Weißen Berg friert mich allweil. Was verstehst denn du dummer Ackerschroll? Heiz ein! Mein Schuhnägel kriegen den Husten. Und ist kein Holz im Haus, so renn in den Wald und hack dir eins! Ich zeig dir, wie man hackt.«

Er riss den Pallasch heraus und schlug auf den Tisch los, dass die Bitschen und Kandeln hüpften und stürzten und die Späne flogen. Es war ein ehrwürdiges, altbewährtes Gerät, das da zerschlissen und zerschrotet wurde, achteckig, stämmig und breit, und in seiner Lade lag das fromme Brot.

Der Steckbeck versorgte sein Plempe wieder. Höhnisch dem wilden Blick des Zeller begegnend, begann er ein Schimpflied über den verjagten Winterkönig, das dazumal bei den päpstlichen Soldaten in Schwung ging. Und die Reitersmetze sang ihm kreischen darein: »Mit ihren langen Spießen haben sie mir das Herz zerrissen!«

Der Tröschel hingegen redete dem Küperlein zu: »Wenn es nottut, so spei getrost!« Und der Küperlein hub an zu würgen, und sein Magen überstürze sich.

»Der kotzt, als hätt er an der Speiwurz gerochen«, staunte der Fetz. »He, du Saushals, kotz mir mein hübsches Dirnlein nit an!«

Immer wüster, immer gieriger wurde die Spießgesellschaft.

»Einen gesottenen Hecht will ich!«, lallte der Küperlein, das grünlichfahle Gesicht erhebend. Der Schreiz drängte: »Mir einen gemästeten Gänsbauch!«, und der Gander wetterte: »Der Satan röst dich! Wirt, hurtig! Schenk mir einmal bayerisch ein!«

Da ergrimmte der Wirt. »Ihr sauft, bis ihr räudig werdet! Das Maul schoppt ihr euch, dass ihr nit ›Pfaff‹ sagen könnt! Einen ganzen Hirsch tätet ihr samt den Hörnern verschlünden! Dazu muss ich euch die Rössen mit Haber füllen. Und dafür krieg ich keinen Heller und keinen Dank und kein Vergeltsgott! Lieber säh ich den Wolf im Stall als euch in der Stube!«

Der Stechbeck schepperte mit dem Säbel. »Schnalz uns nit so an!« Und der Tröschel lachte kobolisch: »Ungeladene Gäst sitzen fest.« Der

Schreiz aber schlug den Wirt ins Gesicht. »Da hast du eine Faunze, die nimm als Zahlung!«

Der Weingeb taumelte zurück. Die grelle Wut zuckte ihm aus dem Auge.

Scherzend suchte der Tröschel einzulenken. »Wein her! Gibt es im Römischen Reich noch ein Wirtshaus, wo ich nix schuldig bin? Wer mir borgt, hat zu sorgen.«

Aber die Bauern waren schon hellauf. Die Schädel gesenkt wie die Stiere setzten sie an, die den gehassten Hirten in die Luft schleudern wollen. Das Maß war übergeronnen.

»Wollt ihr euch an uns reiben, ihr lutherischen Hundsbuben?«, forderte der Trump heraus und tat einen pfeifenden Luftstreich mit dem Schwert. »Geht es euch noch allweil zu gut? Wartet nur, wir werden euch noch mehr schinden und schatzen! Bis an den Bauch sollen unsre Gäule in euerm Hafer stehen! Unsre Hunde sollen mit euch aus einer Schüssel fressen! Die Schneid kaufen wir euch ab.«

Der Kristof Zeller reckte sich. »Ausfressen tut ihr uns! Wir haben bald nix mehr zu beißen. Der Teufel trag euch über die Donau weg!«

Darauf der Gander: »Friss dein eigenes Geschmeiß, Bauer!« Hämisch maß er den Zeller von den Schuhen bis hinauf zu dem Jodelhut. Dann grölpste er ihm den sauren Atem in den Bart. »Woher hast du denn die spitzige Haube?«

»Willst du es wissen?«, trotzte der Zeller. »Der Steffel Fadinger hat sie mir aufs Hirn gedrückt.«

Tückisch langte der Reiter hin und schlug ihm den Hut vom Kopf.

»Ruh und Fried!«, zeterte der Wirt. »Und reiset mir aus dem Haus!«

Der Kristof Zeller heftete die wilden Gluderaugen auf den Beleidiger. So hatte er darein geglüht, wie er beim Einbruch der Passauer den wallonischen Reiter erwürgt hatte, der ihm die Leinwand von der Bleiche hatte rauben wollen. Und jetzt packte er den Soldaten an der Brust und warf ihn zu Boden.

Als hätte der blitzblaue Strahl dreingezackt, stand alles in Brand.

»Rührt euch nit! Ich leg euch kalt!«, drohte der Stechbeck die Bauern an.

Der Trump raffte sich auf, die Augen blutunterlaufen, lechzend: »Haut und Bein zerhau ich dir! Zu Fetzen zerhau ich dich!«

Ein Mann, todbleich, schnaubend vor Eile und Erregung, trat in die Tür und gellte: »Auf offener Straße haben die Soldaten dem Auringer seine Bäuerin nackt ausgezogen, blutnackt ausgezogen! Ein ehrbares Weib! Fünf kleine Kinder hat sie. Sie liegt jetzt wie tot auf der Straße. Ein Bettelweib hat ihr Fürtuch über sie gelegt. Dass man die Schand nit sieht!«

Das Haus toste. Stühle krachten nieder, Knüttel sausten, es klirrte, splitterte. Die Reiter, Leib an Leib mit den Angreifern, konnten die Waffen nicht gebrauchen. Der Stechbeck trat wie besessen mit den Füßen um sich; der Zeller packte ihn beim Sporn und riss ihn nieder. Der Wirt setzte sein Stichmesser dem Schreiz ins Gesicht. Eine Axt zischte: Blutend sank einer zurück. Die Soldatendirne kreischte zur Tür hinaus. Blut floss in den verschütteten Wein, in das Gespei.

Keuchende Ringer, Geheul der Verletzten, Hilfeschreie. Der Küperlein kniete in einer roten Lache und winselte: »Bringt mich nit um!«

Nur wenige Reiter schlugen sich durch. Die Rösser ließen sie im Stall zurück, die nackte Haut zu retten. Sie konnten vom guten Glück reden.

Denn donauher sprengte einer seinen Gaul auf Leben und Sterben. Vor dem Wirtshaus hielt er. Vom feimenden Tier herab ächzte er: »Nachbarn, – drüberhalb der Donau – ist es losgegangen! – Zu Lembach – auf der Kirchweih! Raufend sind wir worden! Mit dem Hauptmann Tannazel seinen Knechten. Ein Ross haben sie uns weggenommen. Da haben wir dreingehaut. Sechs von ihnen sind hin. Und alles ist aufrührig. Wie Zunder fange es. Drunter und drüber geht es!«

Ein Schauder flog die Leute an.

Der Zeller wies in die Stube hinein. »Da, schau, Bot!«

Vier Dragoner lagen drin erschlagen.

Der Bettelmann hockte neben der Leiche des Trump, den Evangelitaler hatte er sich wieder genommen. »Unrecht Gut«, kicherte er, »das grünt nit lang.«

Mit aufgerissenem Maul, den Schädel klaffend zerhackt, lag der Schreiz; noch stockte ihm das Blut nicht, es rann ihm in den Mund hinein. Der Stechbeck hatte den eigenen Säbel in der Brust. Der Küperlein war im trunkenen Elend hingefahren.

»Bauern!«, schrie jetzt der Kristof Zeller. »Enterhalb der Donau brennt das Land. Und jetzt schlagt das Feuer auch bei uns aus dem Dach. Die Soldaten liegen auf uns. Was sie treiben, ist gegen Gott und gegen alles Recht. Das Mark saufen sie uns aus dem Bein. Sie melken uns wie die Küh, bis aufs Blut! Sie pressen uns hinten und vorn. Und das lautere Wort Gottes wollen sie uns nehmen. Das schlagt dem Fass den Boden aus! Gewalt muss sich gegen Gewalt stemmen! Den Herbersdorf, den Leutschinder, müssen wir aus dem Land räumen mit seinen Knechten! Der Bauer muss sich bäumen! Es hilft nix anders.«

Der Krieg stieg auf, schwarz und unablenkbar wie ein Gewitter.

In selber Nacht zuckten wilde Feuer auf den Bergen des Hausrucks und jenseits in dem rauen Landviertel, das die Mühl durchrinnt. Und es war ein Sausen in den dunklen Lüften.

Verschlossener und trotziger denn je starrten die finstern Wälder. Und die unschuldige Erde träumte von dem Blut ihrer Kinder, das sie jetzt trinken sollte.

10.

Über Höhen und Hügel, durch Tiefen und Täler ritt der Student Kasparus.

Der Mai hatte über die Gefilde den Blumenmantel gespreitet. Die Birken waren in lichtes Laub gekleidet, die Buchen standen frisch und von einer fast goldhellen Zartheit des Grüns neben den ernsten Tannen. Und in den birkenjungen Hainen lustbarten die beredten Vögel, unablässig jauchzte der Kuckuck, der holdselige Widerstreit der Amseln und Finken erhob sich, über der urschönen Welt hing der Himmelsruf der Lerche.

Nur die Menschen dieses Landes waren stumm und traurig.

Aber wohin der Student drang, fuhren sie auf aus ihrer dumpfen, gedrückten Ruhe und griffen nach wehrlichem Gerät. Und hinter ihm her begannen die Glocken aufrührerisch zu heulen, schlug die Empörung wie Springfeuer von Dorf zu Dorf.

Auf einer Höhe ließ er sein Rösslein verschnaufen. Es war ein kraftvoll junges Tier, wunderlich stach die weißgoldene, krause Mähne ab von dem braunen, spiegelnden Leib. Ein freundlicher Schein ging von dem Tier aus. Seine Augen waren lieb, und wenn er wieherte, war es, als lache ein junges Mädchen.

Der Reiter schaute tief ins Land hinein, das in mailich wirrer, süßer Buntheit vor ihm gebreitet lag, so auensonnig und wieder von hohen Wäldern verschattet, eine tausendfarbene, freudenüberblühte Welt mit wehenden Wiesen, zärtlich wellendem Korn und furchigen Ackerstücken. In der durchsichtigen Luft waren die Fernen nahe. Da ruhten inmitten der lieblich verworrenen, waldbeschopften Hügel und Berge und Gehölze reiche Ebenen.

Und der schauende Mann wusste hier die Herrlichkeit der Wasser in kristallenen Seen offenbar und das Gelände genetzt von behänden Bächen, von grünen und braunklaren Flüssen und all dies Strömen zugewandt der gewaltigen Herzader Donau.

Und dieser Erde angeschmiegt war das Heim der Menschen, spähende Dorftürme, einsame Gehöfte, trauliche Häusergruppen, und überall sichtbar die schaffende Hand des Siedlers: die Felder mit breiten Bäumen und dichten Stauden umschrankt und Zäune und wieder Zäune.

Dort, wo der leise Dunst über der Stromrinne hing, blühte das Aschacher Land, das die Traube im Wappen führte. Und gen Aufgang die Eisenhämmer der steyrischen Burggrafschaft, und im Mittag lagerte das stolze Berggut des Salzes, und hoch und starr und überweltlich türmten sich die einsamen Berge Gottes, eine Stätte gewaltiger Formen, eine grauenhaft große Öde, wo kein Mensch wohnen darf.

Ein Gefühl strömender Liebe drang aus dem Herzen des Kasparus und legte sich auf den Mai, auf die auf einmal unsagbar bang gewordene Schönheit dieser Landschaft. O dieses liebsame Land, das da in himmelsentsunkenem Frieden gottgeruhsam in sich selber schwelgte, es hatte Feuer gefangen! In diese Dörfer und Einschichten, in die Mühlen und Schmieden, über diese Wässerlein voll huschender Grundeln, auf allen Straßen und Steigen bis zum fernblauenden Böhmerwald, bis zum Absturz der Alpen jagten jetzt die Boten, die Menschen aufzurufen zum schrecklichen Kampf.

Der Bote Kasparus schrak auf aus seinen Betrachtungen und spornte das grasende Ross aus dem Behagen.

Mit wundervoll düsterem Strahlenspiel ging die Sonne zu Tal. Den Reiter deuchte es, sie sei von einem feurigen Ring umflammt, und mittendrin stecke ein rotes Schwert, und er wusste nicht, ob dies nur eine Blendung seiner kühnen Augen sei, die in das wild glühende Licht zu schauen gewagt hatten.

Pflugräder knarrten. Im Zwielicht noch ackerte ein Bauer. Schwer war sein Schritt nach langem Tagwerk. Sein Weib leitete die Ochsen. Am Rain kauerte ein Knabe und zählte die aufsteigenden Sterne.

Kasparus ritt heran. »Der Bauer ist auf!«, rief er. »Das Land steht lichterloh. Du musst mit für den Glauben!«

Der Ackermann hielt inne. Er streckte den gebückten Rücken und stand hoch und gerade. Er schaute in das letzte Abendfeuer, das in den Wolken verglomm. »Ist es schon so weit? Mir ist, ich hör schon lang ein weites, wildes Geläut. Oder singt mir das Ohr?«

»An der Donau laufen sie zusamm, das Mühlviertel ist ein Ameisenhaufen, der Hausruck rührt sich. Bewehr dich, Bauer!«, forderte der Student. »Auf dass du nit um deine Seligkeit gebracht wirst!«

Der am Pflug stand unbehilflich. »Ich hab keine Waffen.«

»Nimm mit, was du in Stall und Stadel findest! Ergreif, was du handhaben kannst! Eine Drischel! Einen Prügel! Nimm die Sengst und mäh drein!«

»Das gibt eine rote Mahd«, staunte der Bauer.

Den Pflug ließ er fahren. »He, Weib!«, gebot er rau.

Da trat sie an den Pflug. Und der Bub, der wie ein neugierig Häslein aus den Blumen gelauscht hatte, er sprang heran und nahm die Geißel, das Vieh zu treiben.

»Bäuerin«, sagte der Mann, »die eisernen Hosen zieh ich an. Ich muss helfen raufen. Das Unkraut muss aus dem Acker.«

Sie antwortete: »Geh zu! Du wirst gebraucht.«

Er blickte sie lange an. Doch sie schien seiner nimmer zu achten, sie drückte die Schar in die Krume und ging wie ein Mann mit weiten Schritten über die sich öffnende Erde.

Der Bauer deutete gegen das Tal. »Zuerst treib ich die Nachbarn auf.«

»Jede Feuerstelle stellt einen Streiter«, sagte der Student. »Und heut Nacht noch gegen die Donau zu, gegen Sankt Aiden! Wo der Fadinger daheim ist, dort stoßt ihr zu dem gemeinsamen Haufen. Es muss sein!«

»Es muss sein!«, stieß der Bauer durch die Zähne.

Weiter sprengte der Student. Bald tönten hastige, drängende Glockenschläge hinter ihm.

Er wandte sich im Sattel. Auf dem Hügel ging, schwarz und riesenhaft gestellt gegen das letzte Verleuchten des Himmels, das ackernde Weib.

Aus manchem Gehöft traten die Männer schon gerüstet, ehe der Ansager noch gepocht hatte, und es war, ein aufrührerischer Engel sei ihm vorausgeflogen, das Aufgebot zu verkünden.

Der Schmied packte den Hammer, der Holzknecht die Axt, der Wurzelbrecher auf der Rodung sein Hebeisen. Die inwendige Glut gloste ihnen aus den Augen. »Den letzten Blutstropfen müssen wir zusetzen!«, sagten sie.

Es bedurfte keiner Kunst, das bedrängte Volk aufzurütteln. Es war wie ein hochgeschwelltes Wasser, das unruhig hinter seinen Schleusen harrt. Es war wie Pulver vor der Zündschnur.

In tiefer Nacht ritt Kasparus mit einer Leuchte durchs winklige Gebirg. Die Fackel scheuchte die Schatten am Wege hin und her, enthüllte Geheimnisse, die sich wieder in ihre Dunkelheit zurückzogen, wenn sie weitereilte, weiße Wände ließ sie aufgrellen und Bäche erglühen, sie leuchtete Baumkronen an und Friedhofsmauern und belebte unheimlich die starre Nacht.

Unter den flüchtigen Rosshufen funkten die Steine. Rau wob der Rauch der Fackel um den Boten. In seinen Adern braute es. Ihm war: die Flamme in der Linken, müsse er fortan den Herbersdorf suchen bis in der Hölle letzten Schlund, das Leid seines Volkes zu rächen.

An einem einöden Hof hielt er. Nichts erwiderte hier seinem ungestümen Aufgebot. Kein Hund schlug an, keine Stimme fragte. Das Haus war wie tot.

Der Student dröhnte an die Wand, ans Fenster, an die Tür. »Die Bauernschaft hat sich erhoben! Bauer, komm mit! Ein Schwert muss das andere hemmen.«

Die kleinen, vergitterten Fenster stierten düster. Kein Atemzug regte sich in diesem Haus.

»Mit musst du, ob es dir lieb oder leid ist!«, brüllte Kasparus. »Was meldest du dich nit? Hältst du es gar mit dem Grafen? Ewige Schand soll dich treffen! Einen Pfahl lass ich dir vors Tor schlagen! Die Nachbarn sollen dich anspeien! Der Einzige bist du, der sich duckt! Du bist kein rechter Bauer!«

Irgendwo äffte ein Gehölz die Drohung nach. Der Mond stieg spät aus seinem Nest, sein Licht schauerte hin über den Kobenauser Wald.

»Bäuerin, einen Hundskerl hast du zum Mann!«, tobte der Auftreiber. »Jag ihn aus deinem Bett! Heraus, oder ich zünd den Hof an!«

Als er in tollem Ernst das Windlicht zum Strohdach emporhielt, tat sich das Tor auf.

Wie aus der Totentruhe gestiegen, stand ein Weib da, weiß wie Kalk, die Augen fern und irr. Das Spiel der Fackel widerglänzte in ihrem langen, schwarzwirren Haar, das gleich einem Mantel sie deckte.

Sie redete eintönig wie mit längst verstorbener Stimme: »Ein Preiner zu Hausham schreist du nimmer wach. Und such ihn nit bei mir im Bett, Reiter! Such ihn droben im grünen Baum! Dort hängt mein Bauer. Horch, wie fein die Vögel pfeifen in der Linde!« Sie legte den Finger lauschend an die Lippe.

Hier überlebte ein Leib die Seele.

Das Ross prallte vor der Geisterhaften zurück, als wittere es den Wahnwitz. Und Kasparus erkannte das Land.

Hin ritt er auf den Bühel, wo sie kohlschwarz vor den Gestirnen ragte mit starrem, verknorrtem Geäst, mit bangem Laub, verfemt und verflucht, die Linde von Hausham.

Die Luft war todruhig, kaum dass sich ein Halm regte im Gras, und dennoch sauste es im Baum, als irrten drin die Seelen der Gemordeten.

Schwer lag die Nacht. Ein unheimlicher Vogel meckerte. Jenseits des Waldes hellte es sich düster: die Feuerzeichen der Empörer.

Mit wildem Herzschlag hielt Kasparus unter dem Baum. Er streifte an ein klirrendes Eisen. Eine rostige Kette baumelte aus den Ästen nieder. Der Henker hatte sie vergessen. Der Student riss sie herab und schleuderte sie von sich.

Nach Norden äugte er mit trotzigem Blick: Den Heiland sah er schreiten in Bauernwams und Jodelhut und gerüstet mit bäuerlicher Waffe. Und sah ihn mit gewaltigem Tritt treten über die Donau.

11.

Am Tag der Auffahrt Christi kroch ein rasselnder Eisenwurm gen den Hausruck. Der Herbersdorf mit seinem Volk. Von Eferding kam er her, wo er die Nachtherberg genommen.

In schwarzem Feldharnisch und Sturmhaube ritt er, in der Hand eine aus Riemen geflochtene Hundspeitsche, verbissen in seinem Grimm und wie die dunkelbraune Wolke drohend, die droben über den Himmel glitt. Eine Dogge umspürte unruhig sein Ross.

Ihn begleiteten sein Vetter, der Obrist Walkun von Herbersdorf, hernach der Rektor der Linzer Jesuiten, Pater Melchior Mayer, und der Hauptmann Bartholomäus Tannazel.

Das Streifenfähnlein wehte. Die Söldner fraßen den Staub, der unter ihrem Gleichschritt stieg, und kürzten sich mit grobem Lied den Weg.

»Und wenn ihr kommt vors Bauernhaus,
Müsst ihr die Öhrlein spitzen!
Du rennst hinein, ich bleib heraus,
Schau, wo die Hennen sitzen.
Eier und Käs und Gäns und Speck,
Wir nehmen Küh und Rösser weg,
Die Sau mitsamt den Zitzen.«

Wenn die Fußknechte schwiegen, pfiff die Schwegel hell zu ihrem Marsch, und der Trommler rührte lustig die weißblaue Rautentrommel. Das plumpe Gewehr geschultert, am Bandelier die Auflegegabel, das hirschbeinerne Pulverhorn und die Zündkrautflasche, schritten schwerfällig die Musketiere daher. Hinter ihnen die Schützen mit leichteren Röhren und kurzen Halbschwertern, mit Messinghorn und baumelndem Pulverbeutel. Die Feldwebel ließen ihre Hellebarden glitzern.

Ein Fähnlein Krobate, struppiges Polackenvolk, schwärmten auf behänden Rössern links und rechts aus in die nahen Schachen und Wälder. Sie stocherten mit den Lanzen in hohle Bäume und ins Gestrüpp.

Mitten im Heerzug rollte das grobe Geschütz, drei scharfe Dirndeln, »der Bauernfeind«, »der Weckmichnit« und »die wilde Magd«, je von vier derben, von Bauern berittenen Ackergäulen gezogen. Dahinter fuhren Wagen und Pulver, Lunten und Kugeln für die Musketiere und für das Geschütz und hernach Wagen, mit Wein und Brot reichlich beladen, dem Volk Magen und Kehle zu letzen, denn der Graf wollte nicht, dass die Söldner in also gärenden Tagen das Land ringsum plünderten.

Die Rösser trotteten im Gesträng, Räder dröhnten, Achsen knarrten, und die kutschierenden Bauern trabten mürrisch nebenher und fluchten mit den Gäulen.

Der Graf führte mit der Hetzpeitsche einen knallenden Hieb gegen den Hausruck. »Die Ungebührnis stell ich ab. Sie zünden den Krieg an, ich will ihn löschen. Der Bauer soll mich nit narren! Bös Blut ist im Land. Ich zapf es ab.«

Sein Blick, der wie eine zeitige Tollkirsche gleißte, flog zurück. Hinter der Waffenschar kam der Henker gefahren, den Karren gefüllt mit Ketten und Stricken und die rohen, bloßarmigen Gehilfen um sich.

»Den Bundschuh stecken sie an den Spieß«, grollte der Statthalter. »Sie rotten sich landverderblich zusammen, die Höfe zünden sie denen an, die nit mittun wollen. Sie kennen mich noch allweil nit.«

»Ein gütlich Wort fruchtet nit bei den Dickschädeln«, knurrte der Obrist Walkun von Herbersdorf, »wir müssen scharf vorgehen. Sie möchten uns am liebsten den Hals abstechen.«

Der Jesuit nickte. »Der Aufruhr muss niedergetreten werden, sonst schlägt er nach Böhmen, nach der Oberpfalz und über die Enns hinüber. Und darf man schließlich den bayerischen Bauern trauen? Die Bauern sind überall gleich, halten alle zusammen.«

Der Graf sann in sich hinein. »Gar geil ist die luthrische Saat aufgeschossen. Es ist eine schwierige Sach, dies ketzerische Land zu zügeln.«

»Und zu bekehren!«, mahnte der Pater.

Er betrachtete seine schmalen, blassen Hände. »Wir müssen das Land bekehren«, sagte er leise und fest. »Das Volk soll selig werden. Mit harten Schlägen müssen wir sie zu ihrem Heil zwingen. Ihrer Kinder Seelen werden es uns danken.«

»Schier wollt ich, ich wär solcher Dinge überhoben«, seufzte der Graf. »Viel Schuld liegt an uns selber und an den Schreibern und Tintenzettern in Wien. Und an unsern neuen Seelsorgern. Sie geben allzu viel Ärgernis, sind Vollsäufer, Balger und Greiner, sind roh und unbelehrt, können oft nit einmal die drei göttlichen Tugenden aufzählen. Zuchtlos sind sie, geizig, gewinnsüchtig. Sie tun, als wär unsre heilige Kirche aller sieben Todsünden Freihaus worden. Gott mag es bessern!«

»Wir werden taugsamere Priester finden«, antwortete der Mönch. »Die Hast dieser Zeitläufe muss es entschuldigen, dass wir manchen Missgriff getan und Buben bestellt haben, die sich keines ehrbaren priesterlichen Wandels bemühen. Doch wird die Kirchenzucht strenger werden. Lasst uns nur Zeit! Die Geistlichen werden ein reines Leben führen, gläubig und unterworfen dem Gebot der Königin Rom. Und die erneute Reinheit werden wir dem Luther danken. Sein frevles Werk hat uns Landsknechte Jesu erweckt, seine Hoffart zur Einkehr in uns selbst gerufen. Also dient auch, was feindlich und böse ist, der Größe unserer Kirche.«

»Aber der Kaiser sollt sich gedulden«, meinte der Herbersdorf. »Man kann nit Wunder wirken. Ich werd es büßen müssen.«

Der Jesuit widersprach: »Ihre kaiserliche Majestät ist zu saumselig.«

Der Graf schüttelte das behelmte Haupt. »Die Bekehrung hätt sollen nit also übereilt werden. Mild sollten wir sie angehen, nit so jäh und grausam!«

Der Mönch sah ihn groß an. »Und Ihr? Und die Haushamer Lind?«

»Damals hat mir der Kurfürst äußerste Strenge geheißen. Ja damals, ich fühl es, hab ich zu hart gerichtet. Aber heut ...!« Der Graf reckte sich steil und funkelte gen den Hausruck hinüber.

»Es steht uns nit zu, gegen den allerhöchsten Willen der kaiserlichen Majestät zu murren«, sprach der Jesuit mit leisem Vorwurf. »Doch wisst Ihr selbst, wie gefährlich die Stunde und wie ohne Säumnis zu handeln ist wider den gottlosen Haufen. Der Eiter frisst um sich.«

»Nit eher leg ich den Helm ab, bis die Bauern gestillt sind!«, rief der Statthalter heiser.

Der Obrist Walkun greinte: »Leid ist mir um meine redlichen Soldaten. Die schmutzigen, schweißfeuchten Bauern sind ritterlicher Begegnung nit wert.«

Der Hauptmann Tannazel deutete gegen den Wald. Krobaten brachen heraus und stießen mit den Lanzen einen Menschen vor sich her.

Der Gefangene trat heran, ein streitbarer Bauernkerl, strobelhaarig, gelbbärtig, mit verschmitztem Lächeln, gewaffnet mit einem handfesten, knotigen Stecken, wie man ihn sonst gegen bissige Einödhunde gebraucht.

»Bist wohl auch so ein schnöder Bote, der hin und her rennt, anzettelt und stille Leut in Aufruhr bringt?«, schnarrte der Graf ihn an.

Der Mann presste die Lippen aufeinander und stierte auf des Grafen Dogge nieder, die ihn zudringlich beschnüffelte.

Da holte der Herbersdorf aus und zog ihm die Peitsche über Wange und Ohr. »Kannst du nit reden?!«

Der Bauer empfing den beißenden Hieb. Keinen Schritt wich er zurück. Erst tat er, als wolle er den Stecken heben, doch ließ er ihn wieder sinken, von seiner Ohnmacht wissend. Ein roter Striem brannte in seinem Gesicht. Aber seine Augen höhnten. »Ihr zwingt mich, drum will ich reden«, sagt er. »Peuerbach ist übermächtig, raucht, brennt. Die Soldaten drin sind hin samt dem Leutnant. Geht nur nach Peuerbach! Die Bauern warten schon. Die Schlösser haben sie aufgesprengt, die Rüsttürme, das Aschacher Rathaus, aus den Gewölben haben sie die Waffen genommen. Mit Spießen und Musketen warten sie, alle geharnischt.«

»Wie viel sind ihrer?«

»Tausend und tausend und tausend!«, prahlte der Bauer. »Niemand kann sie zählen. Ganz schwarz ist alles vor lauter Bauern. Und allweil wieder treten neue dazu.«

»Und wo steht die Schafherd? Wo lauert sie auf uns?«, forschte der Obrist Walkun.

Der Gefangene zuckte die Achsel. »Ich bin gut bäurisch«, trotzte er.

Der Herbersdorf reckte den kurzen Hals aus der Krause. »He, du Lump, du weißt es! Du wirst ausreden!«

Der Mann lachte spöttisch auf. »Herr, deine Nase schmeckt es nit, und mein Maul sagt es nit.«

An der Straße stand weglagerisch und herausfordernd ein gespenstisch verschrobener Birnbaum. Der Henker lehnte daran.

»Züchtiger, bind den Kerl an den Baum! Dass einer weniger wird!«, befahl der Graf.

Der Bauer schauderte vor der nasenlosen, dürren Fratze des Freimanns zurück. »Hans Tod!«, lallte er.

Der Furchtbare grinste. »Du bist mein. Mein Wasengäu reicht bis Peuerbach. Sträub dich nit! Der Herrgott hat den Hals zum Henken geschaffen. Und ihr Bauern wollt ja oben hinaus!« Er wies ins Geäst hinauf.

Der Freimann tat flinke Arbeit.

Der Herbersdorf ritt fürbass. »Die Linzer Seiler müssen jetzt Tag und Nacht Stricke drehen«, knirschte er. »Es wächst mir zu wenig Hanf im Land.«

»Ihr redet schier wie der Luther, gräfliche Gnaden«, sagte der Jesuit mit verhülltem Lächeln. »Vor hundert Jahren hat er gegen die rottischen Bauern gebraust: ›Man soll sie zerschmeißen, würgen und stechen, heimlich und öffentlich, wer da kann, wie man einen tollen Hund totschlagen muss! Und bleibst du darüber tot, wohl dir, seligeren Tod kannst du nimmer überkommen!‹ Also hat der Luther gepredigt.«

Der Herbersdorf wurde fahl bis in den Mund hinein. »Hängen! Hängen!«, murmelte er. »Jeder Baum in Wald solle einen Bauern tragen, jeder Rabe Lüften einen ganzen kriegen! Die Vögel sollen diesen Sommer feist werden von Bauernspeck!«

»Sind ein verwogenes Volk«, meinte der Tannazel, »stürmen die Pfarrhöfe, saufen Fässer und Flaschen aus. Einer reißt den andern mit in den Krieg. ›Muss ich gehen musst du auch mit!‹, heißt es.«

Der Pater erzählte: »In Hartkirchen haben sie unsern Klostermaier mit einem Morgenstern erbärmlich gemordet, dazu sein Weib. Der Magd haben sie elf grausame Wunden geschlagen. Der Pfarrer ist davongekommen, hat sich im Kirchturm versteckt gehalten. Gewalt über die Rotte gegen die Diener Gottes!«

»Meine Knechte schwatzen seltsames Zeug«, lachte der Tannazel. »Weiß der Teufel, woher sie es nehmen, und ob es wahr ist. Es wird ja nirgends so viel gelogen wie im Krieg. Die Bauern sollen zu Hartkirchen einem Franziskaner das Zeug abgeschnitten haben. Er braucht es ja nit, haben sie gespottet.«

»Derlei bringt jeder Krieg«, sagte der Obrist Walkun. »Das gehört zur Weltordnung. Der Krieg tragt eiserne Schuh, und wohin er tritt, vergeht das Gras.«

Der Graf flammte auf: »Ihr Unwesen und böses Vorhaben werd ich dämpfen, den verübten Mutwillen ahnden. Sie sollen meiner denken! Bei Peuerbach stell ich sie. Ein roter Bach muss in die Donau schießen!« Und er keuchte, der Wut zu entrinnen, die ihn fast erwürgte: »Blut müssen sie rotzen!«

Dem Ross stieß er das Spornrad in den Bauch und jagte den Begleitern weit voraus, seinen schäumenden Mund zu verbergen.

Die Musketiere schauten des Grafen erregte, zerzackte Gebärden, und sie nickten einander zu.

»Den Bauern kommt es teuer zu stehen, dass sie raufen wollen«, meinte der Treffelsteiner. »Mit Strick, Rad, Schwert und Feuer wird er das wiedertäuferische Gesindel austilgen.«

»Das Blutbad lässt sich nimmer verhüten«, weissagte der Brandt. »Ein inländischer Krieg wird.«

Der Ringelmaier fragte: »Wer ist den Bauern ihr Hauptmann?«

»Der Stefan Fadinger führt ihren Krieg«, entgegnete der Döll. »Ein Kohlenbrenner soll er sein, ein gewester Soldat. Und einen wilden Bart hat er wie ein Bär.«

»Ein Huterer ist er«, behauptete der Limmer. »Er geht im Kettenhemd. Sein Gewehr hat sieben Läufe. Sein Schwager steht ihm bei, der Wirt bei Sankt Aiden. Der ist der größte Aufwiegler.«

Der Hirlmaier schlug an den Stechdegen. »Dem Kristof Zeller bin ich drei Zechen schuldig. Heut zahl ich.«

Aus den grasflutenden Wiesen sprang ein Hase. Er wusste in seinem verwirrten Hirnlein keinen Ausweg und rannte daher, die Löffel weit zurückgelegt und die Lichter voll glasiger Angst, den marschierenden Soldaten quer über den Weg.

Der Treffelsteiner spuckte aus. »Das ist ein übler Angang. Ich scheu, es geht schief.«

»Hab nit Sorg!«, tröstete der Brandt. »Die duckmausigen Bauern überrennen wir leicht. Wie weit du schaust, du siehst keinen. Sie sind wohl längst wieder auseinandergelaufen. Wie bei Frankenburg.«

Der Limmer schrie auf und wies in die Ferne. Hinter den Höhen rauchte es dick und schwarz auf und lag in faulen Schwaden in der Luft.

»Peuerbach!«, sagte einer.

Der Treffelsteiner wiegte bedenklich den Kopf. »Die Bauern geben sich nit so leicht. Blutig wird es zugehen. Aber mir geschieht nix: Ich trag ein Nothemd. Das schützt vor Geschoss, vor langem und kurzem Eisen, vor allem, was haut und sticht und die Haut aufreißt. In der Christnacht hat mir eine Jungfer das Hemd genäht.«

»Eine Jungfer?«, spottete der Hirlmaier.

»Sie ist rein wie der Schnee im hohen Gebirg«, beteuerte der Treffelsteiner. »Den Sommer noch führ ich sie heim. O wie lind, o wie weiß ist das Hemd! Heut trag ich es zum ersten Mal ...«

»Trau, schau, wem!«, murrte der Limmer. »Da hab ich jüngst einem fahrenden Mann, Sauswind heißt er, einen Passauer Segen abgekauft um gutes Geld. Der Zettel ist gegen alle stechenden Spieße geweiht gewesen, und ihr wisst, ich fürcht auf der ganzen Welt nix als einen spitzigen Spieß. Gestern reiß ich aus lauter Fürwitz den Brief auf, und da steht drin: ›Hundsfott, wehr dich!‹«

Da lachten die Musketiere und fingen an, von dem Landfahrer Sauswind zu erzählen, wie er zu Eferding mit einem Wirt gewettet, er springe höher als dessen Haus, und wie er so glorreich die Wette gewonnen, da ihm hernach das grundfeste Haus sein geringes Sprünglein nicht hatte nachtun können, und sie erzählten solcher Schalkstreiche mehr, wie sie dazumal von Mund zu Mund liefen.

Die Herren hielten indessen vor einer schlichten Kapelle. Darin war halb verwittert ein Andachtsbild: Unsere Liebe Frau in der Sonnen. Der Jesuit kniete davor und betete: »Sancta Maria, regina coeli, pugna pro nobis!« Dann erhob er sich, spreitete die hagern Arme und segnete die Heerschar.

Das Fußvolk klirrte ins Knie, die Reiter beugten die verwilderten Köpfe, bekreuzigten sich ungestüm und murrten, was sie sich in ihrem unsteten Leben von dem Vaterunser gemerkt hatten.

Begleitet von einigen Krobaten, ritt der Mönch gen Eferding zurück.

Der Obrist Walkun rief ihm fröhlich nach: »Verzeiht, es hat nit notgetan, dass Ihr das hohe Frauenzimmer im Himmel behelligt habt. Sie braucht sich nit herabzulassen aus ihrer Rosenglorie, soll nit mit den zarten Fräuleinfingern gegen die Bauern krallen. Wir werden schon allein mit den Tölpeln fertig.«

Auf einem Hügel wandte sich der Jesuit und schleuderte mit breiter, stolzer Gebärde nochmals seinen Segen dem weiterziehenden Heere nach.

Die Gegend war menschenleer. Nur ein einziger Mann war zu sehen, der senste im tiefen Gras. Der arbeitende, einsame Bauer schien wie die schwerfällige Seele dieses herben Landes.

Als er des Zuges innewart, hielt er in seiner Fron inne, zog den Wetzstein und schärfte sirrend die Sense.

»Was mähst du heut?«, rief ihm der Tannazel zu. »Weißt du nit, dass heut des Heilands Auffahrt ist? Bist du auch so ein eiskalter Lutherer?«

Der Senser lacht über den Zaun zurück: »Wollt ihr mit euern Waffen den Feiertag heiligen?«

Und er legte die Hand schirmend an die Brauen und lugte aus.

Da bemerkte der Tannazel, dem Blick des Mähers folgend, auf der Anhöhe, die hart vor Peuerbach lag und den Ort verdeckte, einen bewaffneten Haufen.

»Holla«, scherzte er, »dort lümmeln sie, die den Kuhschweif im Wappen führen!«

Dem Herbersdorf wurde rot vor den Augen. »Also da rottet sich die Brut! Vetter Walkun, wir lassen gleich unser Volk los!«

»Sollen wir nicht erst das Geschütz richten?«, fragte der Obrist.

»Nein!«, sagte der Graf schroff. »Mit einem Schlag zerspreng und zerschmeiß ich den armseligen Haufen!«

Er rief den Soldaten zu: »Den Fadinger fangt mir, den Bösewicht! Fangt ihn lebendig! Wie einen Hund will ich ihn am Strick hinter mir her zerren mein Lebtag! Bringt mir die Bauern her! Doppeljoche leg ich auf ihre Hälse; zu zwei und zwei lass ich sie gen den Galgen peitschen!«

»Schlagt sie tot!«, lachte der Obrist Walkun. »Es sind nur Bauern!«

Hinter jener Anhöhe, in einer sanften Senke, die an das Nussbaumer Holz rainte, wartete verborgen das Bauernheer.

»Ein feiner Ort!«, lachte der Jeronymus Urnehader, Kristofs Leutnant. »Da kann man auf den Fuchs passen.«

»Der Herbersdorf ist ein Sturmian«, entgegnete der Zeller. »Ich kenn ihn. Wie ein blinder Stier wird er daherbrausen, wird er uns in die Falle rennen.«

»Der Fadinger sollt bei uns sein!«, murmelte der Georg Egger. »Wo versäumt er sich denn?«

»Er ist noch unterhalb der Donau«, sagte der Zeller. »Dort sammelt er die Bauern. Aber wir getrauen uns heut allein gegen den Grafen.«

»Heut ist Christi Auffahrt«, sagte der Hans Günther. »Der Tag ist so heilig, dass man nit einmal einen Grashalm abrupfen darf. Aber wir dürfen heut nit feiern.« Er führte eine Axt im Gurt und die Rodehaue auf der Achsel, als zöge er aus, ein Wildnisland urbar zu machen und Unkraut auszutilgen und störendes Gewurz.

Auf einem breiten Baum, der führerhaft aus dem Gehölz hervorgetreten zu sein schien, stand der Student und rief mit hallender Stimme herab zu dem Heer, das drunten harrte, gestützt auf Spieße und Knüttel und Zweifäuster, die sie in den Erdgrund gestoßen.

»He, du arme Gemeind und Bauernschaft im Land ob der Enns, sag mir, was stehst du da gerüstet zu Mord und schrecklicher Tat? Was weilst du nit daheim bei Hof und Acker? Was watest du nit friedsam deines Viehes? Wie eine Räubersrotte lauerst du im Hinterhalt. He, was begehrst du?«

Da hob es sich zu ihm empor mit tausend und tausend zerquälten, zerrissenen Stirnen, mit mageren, knochigen Gesichtern, mit verworrenen Bärten, mit Munden, offen in Staunen und Erwartung, mit eifernden Augen, drin das Wagnis glomm und die Gier nach Rache.

Der Prediger auf dem Ast fuhr fort: »Mein Volk, ich will dir sagen, was dich aus Fron und Friede hat hergeführt in die freie Au. Luther, der gewaltige Held, hat uns freigemacht. Die Bibel hat er für uns alle aufgeschlagen. Und drin steht zu lesen, dass alle Christenmenschen frei sind und ein adlig, fürstlich Volk und dass alle Leut Brüder und Schwestern sind und Kinder Gottes. Und wie fromme Geschwister sollen wir einander lieben und einander helfen. Und überall soll der gute Wille daheim sein. Kein Zwang soll gelten. Keiner soll leben, der den Nächsten niederdrückt. Und den Barmherzigen ladet Gott zu sich in die Seligkeit.«

Da schimmerte die reisige Schar drunten in Sehnsucht nach einer milderen Welt, die ohne Überdrang der Mühsal, ohne die Willkür der Gewaltigen den armen Mann gütig umdämmere und nur in Liebe und schenkender Hilfe bestünde; da schwebte wie Maiengeleucht, angeweht von fremder Himmelsschwinge, über sie das ahnende Staunen, dass es so sein könnte.

Doch der auf dem Baum stieß zerstörend in den aufsteigenden Traum von Menschenglück die züngelnde Frage: »Nun aber redet, tun die, die das Heft führen im Land wie Brüder an uns?«

Und ein Mann stand drunten, den nackten Beidenhander auf der Schulter, und seine Stimme erhob sich, und es war, als öffne sich der Mund des ganzen getretenen, zerfleischten Volkes, und grell und heiser schrie er: »Kain und Abel!«

Das Heer regte sich, es rührte sich ein eisernes Halmenfeld. Die im Traum vergessenen Blicke sammelten sich und wurden hart im Wissen um die harte Welt.

Die Waffen wurden leise von Leben angeflogen, und hoch über den Köpfen bewegten sich die Morgensterne, die Kriegsflegel und die Weihwassersprengel mit den stacheligen Kugeln, die Sturmsensen, deren Klingen aufwärts zückten; Hellebarden, dran das räße Eisen gezackt haftete wie ein furchtbarer Falter; Gabeln, noch schmutzig vom Stall, dem sie eilig entnommen; Sicheln, an Stangen gebunden, und lange Stecken mit nägelbespickten Köpfen. In den groben Händen bebte das Gerät, das seiner friedlichen Bestimmung entrissen, zur Waffe sich gewandelt: Messer, Axt, Haushäcklein und Hammer, oder ungeschicktes, überwundenes Zeug, das weit über hundert Jahre in den Plunderkammern gerostet: Harnische, deren Form längst abgekommen, Ahlspieße, Katzbalger; Rüststücke, in verschollenen Schlachten zerbeult.

Und in die dumpfe Unruhe der Waffen fiel die brennende Rede. »In der Läufte von tausend Jahren ist des Heilands einfältig Wort zu Lug und Trug verzerrt worden. Der Luther hat dareingeleuchtet mit seiner hellen Fackel. Da sind unsern Vorfahrern die Augen aufgegangen über die Verderbnis des Glaubens. In ihrer treuherzigen Begehr nach Gott und angewidert von dem Treiben unwissender und böswilliger Pfaffen, haben sie sich der neuen Lehre zugekehrt, die das reine Wort des Heilands predigt und menschlichen Zusatz nit duldet und nit spitzfindiger Grübler Werk ist. Und deutsch ist ihnen fürder Christi Rede, Tat und Tod verkündet worden, und sie haben gebetet und gesungen in unserer alten, ehrwürdigen Sprache, die jeder Mensch kennt und jedes Kind versteht. Und diesen reinen, unverfälschten Glauben, den wollen sie uns aus der Seele reißen!«

Da seufzte es auf in der bäuerischen Schar, ein Murmeln dräute und schwoll und sank wie ein sterbender Sturm.

»Und weil wir nit lassen können von dem, was wir für recht und wahr halten, so überhäuft uns der Feind mit Schimpf, Drangsal und Leid. Unsre Prediger und Schulmeister haben sie unbarmherzig ins Elend geschafft, unsre Kirchen gesperrt und verboten, unsre Pfleger, Rentmeister und Schreiber abgesetzt und die Soldaten uns auf den Hals gehetzt, auf dass wir uns fügen und tun, was wider unser Gewissen ist. Und die Soldaten rauben und huren und prassen, schlagen auf offenem Weg unsre unschuldige Landsleute tot, schänden unsre ehrlichen Frauen und Jungfrauen und wüten ohne Zucht und Zaum. Und jetzt will uns die fremde Herrschaft um Ehr, Hab und Gut bringen, will und abstiften von Haus und Hof, dass wir Bettelleut werden! Wir seufzen, und keiner hört uns. Die Klage hat man uns für ewig verboten, den Schrei selbst des Schmerzes will man uns erdrosseln. Die hochmögenden Herren schweigen und lassen alles Unrecht zu. Der Kaiser rührt sich nit. Und der, der Ordnung schaffen sollt im Land, der das Recht fördern sollt und das Unrecht abtreiben, auf dem Schloss zu Linz, der Herbersdorf …!«

Ein Schrei brach aus tausend Hälsen, tobend, heulend, zückte in unermesslichem Hass gegen den, dessen Name da genannt worden. Ein Ungewitter von Flüchen brauste. »Der Bluthund! Erschlagen müssen wir ihn! Zerreißen! Zerfetzen!«

Wie ein scharfes Messer durchschnitt die Stimme des Kasparus das Getöse. »Siebzehn Männer hat er an dem Blutstag bei Hausham aufgehängt, gespießt, geschleift und verbrannt ihre Leichen! Ohne richterlich Urteil! Unschuldig!«

»Unschuldig!«, stöhnte, keuchte, brüllte das Heer.

»Unschuldig!«, brüllte der Wald zurück.

»Mit einem Würfel hat er die armen Leut spielen lassen um den Tod!«, schrie der Kasparus. »Zu aller Sterbensangst hat er noch den grausamsten, unmenschlichen Spott gesellt. Das darf die Menschheit nimmer vergessen bis zum Jüngsten Tag!«

Aufgerührt bis ins tiefste Blut, reckten die Bauern die blitzenden Beile, die knorrigen Prügel, die stachligen Kolben toddrohend empor, sie schüttelten die schweren Hiebschwerter, ließen die Mondsicheln an den Partinsanen funkeln und hoben die Büchsen, die sie aus Zeugtürmen und Gewölben geholt oder aus den Pratzen erschlagener Landsknecht gerissen hatten. Die Sonne stach mit toller Blendkraft aus den Eisen zurück.

»Der Graf haust, als wär kein Herrgott über ihm«, fuhr der Student fort. »In seinem Hochmut, in seiner prahlerischen Pracht schüttet er unser Blut aus, wie man ein Schaff schmutzigen Wasser ausgießt. Aber unser Blut ist kein Spülicht. Es ist Menschenblut! Und heut reitet er wieder daher mit seinen Henkern und will seine Hand mit unserm armen Blut waschen und uns mit schrecklicher Marter und mit Tod heimsuchen, wie er es getan hat an dem Lindenbaum.«

»Er soll kommen!«, schrien die Bauern. »Wir wollen ihm heimgeigen!«

Der Student beschwor mit seiner schmalen Hand den Sturm. »Bis jetzt haben wir alle Unbill ohne Widerred in uns hineingefressen. Es geht nimmer weiter. Mehr können wir nimmer verdauen. Jetzt wollen sie gar unser Gewissen vorschreiben, die großen Herren zu Linz und Wien und München. Aber das Gewisen ist nichts anderes als dem Herrgott seine Stimm in uns, die darf uns kein Mensch auf der Welt überschreien, und wär er auch der Kaiser. Und nit aus Fürwitz und bübischem Mutwillen, aus der äußersten Bedrängnis unsers Gewissens stehen wir auf. Gott soll es uns bezeugen!«

Eine Wolke schob sich über einen dunklen Bergzug. Es donnerte fern. Es war, der große Zeuge erwidre dem Prediger.

Ein Gesell in schäbigem, vielgeflicktem, doch mit goldenen Fäden durchsponnenem Mantel, lehnend an seinem Spieß, an dessen Spitze sein fransiger, mit einer Uhufeder schräg besteckter Spitzbubenhut wie ein Feldzeichen hing, der beugte sich zu seinem Nachbarn und grinste: »Donnert's im Mai, schreit der Bauer juchhei.«

Kasparus lauschte ins verrollende Gewölk. Einen alpenverflogenen Adler eräugte er. Er sah ihn hoch über sich kreisen und nahm das zum günstigen Zeichen.

»Wir wollen nichts Böses«, hub er wieder an. »Wir wollen nur frei beten dürfen nach unserm Willen. Das klare Wort Gottes wollen wir und einen einzigen Herrn über uns! Und frei wollen wir sein von dem Metzger Herbersdorf und seinen Schergen! Wir wollen eher Haus und Hof lassen« – die Finger hob er zum Schwur, und aus der Tiefe unter ihm wuchs ein Wald von Schwüren auf –, »Weib und Kind lassen, Leben und Leib, eh wir vom reinen Wort Gottes weichen! Und drum gehen wir mit freudigem und willigem Herzen ins freie Feld und wollen ritterlich streiten!«

Da strafften sich drunten die Leiber, die von langer, schwerer Fron gebeugt waren, von der dumpfsten Stirne sprang ein Strahl des Geistes zurück, und alle die Männer des Pfluges beseelten sich mit einer einzigen Seele, die groß und hell wurde wie noch nie in dem engen, schollengebundenen Dasein, die selig ahnte, dass hinter der blutigen Furt des Krieges und hinter der tosenden Schlacht ein befreites, unglaublich schönes Leben liege.

Der Student deutete steil über sich hinaus. »Der starke Gott schaut auf uns herunter. Den Leib wird er uns hüten und die Seele festigen. Wie kann ein Spieß uns stoßen, eine Kugel uns werfen, und wer kann uns widerstehen, da wir Gottes Willen vollführen?! Der Feind muss fliehen wie der Dunst vor dem Sturm. Gott lässt die bäuerliche Sach bestehen. Wir zweifeln nit daran. Gott ist über uns! Gott ist gewaltig! Sein ist die Kraft, die Macht und die Herrlichkeit!«

»Amen! Amen! Amen!«, rief das Volk. Und dann stand es steinern in seiner Ehrfurcht vor dem großen, gefürchteten Gott. Und ein wildes Schweigen wob in den Lüften.

Der Kristof Zeller entrollte eine Fahne. Vom Ross herab wies er sie den Streitern und las rau und heftig die Inschrift:

> Weil's gilt die Seel und auch das Blut,
> so gib uns Gott ein Heldenmut!
> Es muss sein!

Eine seltsame Unruhe entstand. Niemand wusste, wo ihr Quell war und was sich ereignet hatte.

Von der überhöhten Stegreifkanzel aus spähte Kasparus über die nahe Hügelwelle hinüber ins Tal. Er wies mit der Hand. »Dort drunten schreitet es heran, des Grafen Volk. Im Namen Gottes wollen sie uns erschlagen. Jetzt gilt es! Auf! Der Antichrist muss zuschanden werden, dass das lautere Licht sich breite und bleibe auch über unserm Land! Lasst uns dem Bösen wehren mit Kolben und Sengst, mit Spieß und Gabel! Drauf! Es muss sein!«

Und dumpf rollte die Menge den Wald an. »Es muss sein!«

Das Feldspiel hub an, Trommler und Pfeifer.

Das Heer des Grafen zog an der Hörlesmühle vorbei. Eine Talenge mit zierlichem Bach und fester Brücke empfing sie. Seitlings mündete in dieses Tal eine Mulde, die sich vom Nussbaumer Holz niederkrümmte.

Der Herbesdorf ließ die Knechte an sich vorüber marschieren. Sie prunkten in männlicher Haltung, mit verwegenen Augen, die Gesichter von roten Narben zerschnitten. Sie sangen spöttisch und hastigen Sieges gewiss:

> »Der Bauer steigt gar hahnengeil,
> Am Hut die Feder steht ihm steil,
> Wir wollen sie ihm nehmen!«

Der Hauptmann Tannazel hetzte: »Bauernfleisch gibt es heut zu fressen, Leut! Strickt euch die Ärmel zurück. Stecht sie ab!«

»Niederknien sollen sie vor mir und um Gnade flennen!«, fauchte der Graf.

Droben auf dem Hügel hielt die Bauernschar. »Hui her! Hui her!«, lockten sie die Soldaten.

Der Obrist Walkun sah sie in ihrem kläglich bunten Rüstzeug, unbeholfenem Plunder: Prügeln, Stangen, überlebten Waffen. »Das ist kein Heer«, sagte er mitleidig. »Das ist ein jämmerlich Häuflein. Gott erbarm sich ihrer!«

Am Fuß des Hügels stießen die Musketiere die Gabeln in den Grund, legten die Rohre drauf und schütteten das Pulver auf die Pfanne.

Die Schützen aber gingen vor. Ein geweihter Feldstein stand dort. Daran wetzten sie die Schwerter, sie zu feien.

Der Treffelsteiner war allen voran. Er habe es leicht mit seinem Nothemd, meinten die Kameraden. Über eine Hutweide rannte er aufwärts. Er watete durch grünen Hafer.

Da hob sich hinter einem Kranwitbusch ein Bauer, eine Feder vorn am Hut. »Willst du aus meinem Feld gehen!«, knirschte er den Soldaten an.

Der trotzte: »Du mit deiner Huifeder schreckst mich nit!«

»Die Feder steckt fest wie ein tännener Ast«, sagte der Bauer. »Wer sie nehmen will, muss den Tannbaum ausgraben!«

Mit einem heißen Sprung war er neben dem Feind, und ehe es sich versah, stieß ihm der Bauer die Mistgabel in den Bauch. Der Überraschte ließ sein Rohr fallen, stürzte hinüber und verdrehte wild die Augen. »Verflucht! – Das Hemd! – Meine Dirn – O weh!«

Jauchzend forderte droben der Haufe zum Kampf heraus. »Juchu, Seligmacher! Hui her!« Es sprang auch einer herfür, ein stattlicher, toller Bauernkerl, der Berndl geheißen, der gaukelte mit dem Säbel und lachte: »Nur her zu mir, ihr Büblein! Wollt ihr meine Praxen kosten?«

Die Soldaten aber spotteten: »Sind die Hund im Landel winnig worden? Ihr Stiegelhupfer, mit euern Zaunstecken vertreibt ihr uns nit!«

Die Lunten glommen. Der erste Schuss krachte und füllte dröhnend das Tal. Oben schlug einer schreiend hin. Die Bauern fuhren auseinander und zogen die Köpfe ein.

Derweil Schüsse und Qualm um den Hügel warben, drängte Fußvolk und Reiterei über die Brücke auf den verengten Talweg, an der Seitenmulde vorüber, singend, lachend, höhnend des verachteten Feindes.

Die Schützen pirschten sich empor. Doch die Büchsen der Hausruckbauern begrüßten sie. Diese Leute trafen den Hirsch im Sprung, den Vogel im Gewölk; sie fehlten heute nicht des langsam sich bewegenden Feindes.

»Nur zu, meine lieben Husshunde! Packt den Köter!«, reizte der Tannazel seinen Haufen.

Droben schnellte der Berndl empor. »Trommler, schlag an!«, befahl er.

Die alte Türkentrommel, darüber dem Gerücht nach das Fell eines Mönches gespannt war, begann zu bellen. In verwegenen Sprüngen, des Sturzes nicht achtend, jagten die Bauern den Hang herab gegen die Söldner.

Im Tal brach plötzlich ein fremdes Geheul aus. Es klang, als öffne sich die Hölle und entlasse brüllend ihre finsteren Geister.

Der Tannazel kehrte sich um.

Drunten aus der Mulde quoll eine unzählige Menge bewaffneter Bauern und stieß in die Flanke des gräflichen Heeres.

Der Tannazel pfiff durch die Zähne. »Pfui Teufel!«, brummte er. Er riss einen Passauer Zettel aus dem Sack, mit einem Zauber beschrieben, und schluckte ihn. Die Spieße sollten ihm kein Loch machen.

Seine Söldner begegneten dem besessenen Haufen, der wie schäumendes Wildwasser die Leute herabflutete.

Dem Herbersdorf, der drunten an der Brücke weilte, gefror das Blut, als er die Bauern aus dem Hinterhalt stoßen sah. Wie der Schatten einer finstern Wetterwolke kamen sie daher, Kernleute aus dem Hausruck, fast alle in schwarzen Hosen und schwarzem Wams und schwarzledernem Leibel, auf den Köpfen Jodelhüte mit spitzem Gupf und aufgebogener Krempe. Brüllend wie Stiere, kampfschnaubend und lüstern, erlittene Qualen blutig heimzuzahlen, in eifernder Glut, das fromme, wilde Werk der Befreiung zu vollbringen, drangen sie heran, ein endloser Zug, eine wirre, dräuende Wildnis von Stangen, Gabeln, Spießen, Nagelkolben, Drischeln, Sensen und Hacken, mit böse bellenden Trommeln und grellen Fahnen.

»Das Geschütz vor!«, schrie der Graf. »Schießt hinein in die Waldteufel!«

Doch jene Bauern, die die Donnerschlünde hatten führen müssen, durchhieben die Stränge, schirrten die Rösser aus den Geschützen, und da alles der anbrausenden Gefahr sich zukehrte, hinderte sie niemand daran.

»Was treibt ihr, ihr tückischen Buben?«, kreischte der Statthalter. Den nackten Degen in der Faust, sprengte er hin.

Zu spät. Die Fuhrleute schlugen blind auf die ledigen Rösser ein, ritten von hinnen und ließen die Falkonettlein unbewegsam und unbrauchbar zurück.

Der Graf biss sich in die Lippen, dass ihm davon das Blut in den Kinnbart rieselte und den Spitzenkragen befleckte.

Todverachtend, mit froher, heißer Kraft rannten die Bauern an. In der Enge des Kampfes waren die Rohre nicht zu benützen. Alle Ordnung der Schlacht war zerstört. Leib gegen Leib rauften sie in tosendem Wirbel. Da versagte Vorteil und Kunst der Feuerwaffe, da galt nur Hieb und Stich der kurzen Wehr. Und Nagelkolben trümmerten auf die Schädel, Flegel wetterten hin wie auf die Garben einer herbstlichen Tenne, Sensen fauchten und schnitten drein wie in reifes Gras, und wohin die Gabel stach, quoll es dreifach in jähem Rot auf. Wie ein Luchs in die Beute verbissen, hielt ein Heer das andere fest.

Dem Kristof Zeller wuchs die Kraft, ihm war, heute könne er einen Eichbaum aus dem Grund reißen. Den mannshohen, geflammten Zweifäuster schwang er in der einen Hand und ruderte sich mit furchtbaren Schwüngen in den Kern der Schlacht.

Ein Köhler, rußig das flatternde Haar, rußig Bart und Stirn und Wangen, von seinem Meiler im Nussbaumer Holz herab kam er, mit dem Schürbaum schlug er darein wie einer, der der Hölle entsprungen. Ächzend wälzte es sich vor ihm am Boden. »Das Sterben ist nit schwer«, rief er in grimmem Trost. »Bis jetzt hat es noch ein jeder ausgehalten.«

Dem Döll war das Schwert am Griff abgebrochen. Mit einem riesigen Mann rang er. Der warf ihn. Der kniete auf ihm. Der Soldat bettelte: »Ein Stoßgebet lass mir noch sagen! Ein Ablass ist dran gebunden – für sechstausend Jahr.«

»Fahr hin, wohin du gehörst!«, sagte der Bauer und tauchte ihm den Gnadgott in den Hals.

Des Fadingers ältester Sohn, ein Bursch, aufrecht wie ein Tännling, flachshell das Haar, stritt mit einem Schlagring. Das Getümmel um ihn litt nicht, dass er hätte sein Handbeil gebrauchen können. Und ein jeder Schlag traf ein Gesicht, und das ward zum grässlichen Blutfleck, drin Augen und Nase nimmer zu kennen waren. Bis einer der geblendeten Soldaten dem Burschen das Wolfsmesser ins Herz trieb. Da sank er, seine Lippen schürzten sich in wortlosem Trotz, und lautlos verschied er.

Mit den Äxten hackten die Bauern drein, als gälte es, einen Wald von den Wurzeln zu werfen. Die Landsknechte, ratlos und unerprobt solchem Gerät gegenüber, wehrten tölpisch ab mit ihren soldatischen Waffen. Eiserne Stechäpfel prasselten auf sie nieder, und es sichelte und senste und drosch und hagelte. »Es muss sein!«, keuchte der kämpfende Bauer. »Es muss sein!«, stöhnte der sterbende.

Rippen knirschen, Reuthacken krachten auf erzerne Hauben, Endende ächzten unter der Wucht der auf sie Tretenden. Grau und stickend hob sich der Staub. Eisen troff rot, aus dem Fleisch des Feindes zurückgezogen. Das wilde Werkzeug verschmähend, würgten sie mit bloßen Händen. Da schnarchten die Gedrosselten um den Atem, da bissen Versinkende in letztem Hass empor nach der Gurgel des Siegers. In der Beschränkung der Walstatt gab es kein Ausweichen.

Verwundete Menschen flüchteten in den Bach und trübten mit dem zerrissenen Geäder die klare Flut.

Ein nahes, hohes Kornfeld, das wie durch ein Wunder behütet noch unberührt stand, es wurde von dem Getös des Mordes geweckt und erschüttert und fing an, feierlich zu stäuben.

Mit brennendem Wort regte Kasparus sein Volk auf. »Und zerrisse der Feind wie einst Simson den Löwen, und wäre er stärker als der Recke Goliath, wer steht auf gen den, der in Gottes Heerhaufen streitet?«, rief er.

Fröhlich war er wie eine Lerche, die in der Gewitterwolke singt. Im wildesten Wirbel der Bauernschlacht jauchzte er wie toll. Gleich einem Tänzer schritt er. Unbekümmert um den tödlichen Reigen um sich, kniete er ins Gras und lösten daraus eine schöne Blume, die Gottes Wille nicht hatte zertreten lassen von den Fersen der Männer. Und dann focht er wieder wie rasend.

»Er ist ein Zauberer«, raunten die Landsknechte. Sie wichen vor ihm und nützten in abergläubischer Scheu seine Versunkenheit nicht aus.

Die Bayern hielten verbissen stand, ob ihnen auch ihre Donnerwaffen, ihre Flinten und Schirmschläge heute nichts frommten. Das Gefühl ihrer kriegerischen Ehre verbot es ihnen, dem unzünftigen Krieger zu weichen, trotzdem dass ihnen vor der übermenschlichen Wut und der wahnwitzigen Kampfesweisen der Bauern ein Grausen in die Knie schoss, als stritten sie nicht gegen Fleisch und Bein.

Die Krobaten kamen dem Fußvolk zu Hilfe.

Vor den feueräugigen, gebräunten Tieren wich der Bauer zurück, vor den bleichen Zähnen und den gehobenen Hufen, vor den zuckenden Lanzen, vor der fremdländischen Roheit dieser Gesicher mit den aufgestützten Nasen.

Doch der Kristof Zeller entriss seinem Nachbarn die Partisane und schlug Eisengezack in die Sehnen des Rosses. Es knickte ein, brach hin und deckte seinen Reiter.

Da wurden die bäuerischen Hellebardner des Vorteils inne, sie versehrten mit ihren Rossschindern die Tiere, sie klemmten mit dem Hakenspieß den Reitern das Genick, und diese krümmten sich verzweifelt in den Fangeisen und wurden aus den Sätteln gezerrt. Die herrenlosen Rösser irrten dahin, aus dem Getümmel zu finden, sie standen zitternd, ein schlimmes Schicksal witternd, oder verendeten schreiend.

Der Michel Eschelbacher schlug sich mit seinem Hammer einen Steig durch all das Ächzen und Fluchen, durch den Widerstand aufrechter und die letzte Abwehr gefällter, niedergetrampelter Feinde. Er malmte drein, dass das Feuer aus den Eisen stob, die ihm entgegengehalten wurden. »Wo ist der Graf?«, schrie er. »Wo ist der Bauernfresser?«

Da hub die Menge zu schreien an: »Wo ist er? Wegtun müssen wir ihn!«

Ein Fähnrich ließ sein Fähnlein flattern, ließ es sinken. »Her damit!«, lachte der Hans Günther. »Meine Bäuerin soll sich ein Fürtuch daraus machen.«

Die Bauern drangen vor. »Alle erschlagen!«, tobten sie. »Kein Bein darf davonkommen! Stecht alles nieder, was noch auf den Füßen steht!«

»Dort ist der Graf!«, gellte einer. »Von Hausham her kenn ich ihn. Der auf dem Ross! Der mit dem gelben Gesicht! Der mit der Schärpe! Der an der Brücke!«

»Fangt ihn!«, lechzten die Bauern. Ihr Hass vergaß der Soldaten, er galt nur mehr dem Führer.

Der Graf erkannte die Gewalt der Bauern. Ihr Haufe kam daher, ein rasender Hengst, der mit ehernen Zähnen sein Gezäum zermalmt hat. Hier fruchtete kein Widerstand mehr.

Scheuen Blickes löste sich schon hie und da ein Landsknecht aus dem Kampf. Noch war der Weg zurück gen Eferding frei. Die Feldwebel stießen mit den Hellebarden die Ausreißer in das Gewühl zurück. Aber es wurden ihrer immer mehr.

»Geschmeiß!«, zischte der Graf. Mit funkelnder Fuchtel, mit vorgehaltener Faustbüchse warf er sich der wankenden Mannschaft entgegen. »Über die Klinge lass ich euch springen!«

In wilder Woge flutete es auf einmal heran: das Entsetzen im Antlitz, in irrsinniger Furcht um das Leben keine Rücksicht mehr kennend, schamvergessen, ehrevergessen – das geschlagene Heer.

Der Herbersdorf sah die Woge nahen, er fühlte, wie sie ihn mitschwemmen musste, wie es kein Halten mehr gab, keinen Befehl, keinen Gehorsam. Sein Gesicht wurde todwächsern, das Hirn wirbelte ihm, die Wut drohte, sein Auge zu zerreißen.

Vor der engen Brücke staute sich das Gewirr der Fliehenden. Die letzte Fahne ging unter, die Rautentrommeln schwiegen, zerfetzt, zerbrochen. Aus dem Knäuel der Gezwängten, Niedergestoßenen stieg wüster Jammer auf. Die Bauern metzgerten drein in das gekeilte Getümmel. Immer gieriger wurden ihre Schreie. »Lasst den Grafen nit aus! Hin muss er werden! Wir müssen ihn kriegen, sonst bringt er uns alle noch um!«

Die Dogge des Statthalters grollte, als verstünde sie, dass diese Drohung auf ihren Herrn zielte. Dem wurde es dumpf um den Sinn. Schweiß trat ihm aus der Haut, und doch waren seine Hände, als er sie gedankenlos befühlte, wie Eis. Das Herz schauderte ihm unter dem Harnisch.

Ein Landsknecht stürzte vor ihm. »Reißt aus, Herr!«, rief er. »Es gilt Euern Kragen!«

»Vetter Adam, halt aus! Du Schinder, du Henkersbub, halt aus!« Mitten im Wirrwarr schrie es ein Riese mit blutunterlaufenen Augen, mit rotem Hammer: der Fleisch gewordene Hass!

Da ward der Herbersdorf zum ersten Mal in seinem stolzen Leben feig. Ehe ihn die anbrausende Woge fassen konnte, warf er den Hengst herum und floh.

»Fangt den Teufelsvogel!«, kreischte es hinter ihm her. »Erschlagt ihn!«

Das siegreiche Heer jauchzte und hollahuite. Ein Trompeter blies den Fliehenden zum Schimpf den »Armen Judas«, den man sonst den Armesündern singt, die rücklings auf die Leiter steigen müssen, den Hals in den Strick zu schmiegen.

Wild nahm der Graf das Ross zwischen die Sporen. Denen durfte er nicht in die Gewalt fallen! Und die Feste Linz musste er seinem Fürsten retten.

Mutterseelenallein jagte er die Straße gen Eferding zurück. Sein Ross gab alle Kraft her, es rannte flinker als ein Hirsch im grünen Wald. Die Dogge folgte in gestreckten Sprüngen.

Am Weg hockte ein altes Weib. »Gelt, das Leder ist dir heiß worden?«, krächzte sie. »Schabab, Graf! Und salz dem Ross die Rippen, dass du davonkommst!«

Er konnte die Schmach nicht rächen. Nur fort! Hinter ihm lechzte die Rache. Sein Sporn troff. Er ritt wie um seine Seligkeit.

Die Alte kniete in den Staub hin und drückte einen Nagel in die Fährte seines Rosses, nach düsterm Aberglauben dessen Lauf zu lähmen.

Auf der Wiese neben der Straße wartete der Mäher, die Faust um den Gransen der Sense. Mit langen, gespenstischen Sätzen kam er gesprungen, den Grafen zu stellen. Der kühne Hund fuhr auf ihn los. Mit einem Hieb senste er ihn nieder.

»Gib dich, Adam!«, grüßte er.

»Du oder ich!«, keuchte der Herbersdorf. Die Pistole riss er aus dem Sattelhalter und brannte sie ab.

Der Schnitter taumelte.

Am Weg ragte ein hohes Holzkreuz, dran hängte er die Sense.

Dann wankte er auf die Wiese zurück, die Hände gegen die Brust gepresst, den warmen Quell dort zu halten. Er ließ sich ins Gras hin. Die Hände sanken ihm von der Brust und gaben den roten Brunnen frei. Seine Erde düngend, endete er.

Der Statthalter jagte an den Bäumen vorbei, daran er heute die Bauern hatte knüpfen lassen, die ihm in den Wurf geraten. Sie grinste ihm entgegen, sie schienen sich nach ihm umzudrehen. Griesgrämlich krähend flog davon zuweilen ein gestörter Rabe auf.

Die Gegend war wie ausgestorben. Nur ein kärgliches Männlein begegnete dem Herbersdorf. »Kommst du heim von der blutigen Kirchweih?«, kicherte es. »Ja, man soll nit juchhe schreien, eh man über den Zaun ist.«

Vor Waizenkirchen brach der Hengst zusammen. »Luder, verreck!«, fluchte der Graf und arbeitete sich unter den zerspornten, zuckenden Flanken herfür.

Rossgetrappel näherte sich. War ihm der Tod so hart an den Fersen? Er zog sein Eisen. Lebendig sollten sie ihn nicht fangen!

Der Henker Hans Georg Schrattenbach war es. Er schlotterte, als habe ihn ein Geist gedräut. »All mein hübsches Martergerät ist verloren!«, klagte er.

»Sitz ab von dem Klepper!«, befahl der Graf.

»Die Mähre trägt Euch nit, gräfliche Gnaden. Ihr seid zu schwer.«

Der Herbersdorf funkelte den Freimann an. Da ließ dieser ihm das dürre Rösslein und lief der Donau zu, sich zu retten.

Aus Angst und auch aus Scham über sein schändliches Tier wagte der Graf nicht, durch Waizenkirchen zu fliehen. Er ritt um den Ort herum.

Als er die Straße wieder erreichte, holten ihn flüchtende Krobaten ein. Müd und beschädigt kamen sie daher. Ein reiterloser Gaul hatte sich ihnen angeschlossen.

Des Freimanns Klepper wieherte, als sie an einem Gehängten vorübersprengten. Der Graf züchtigte es in ausbrechender Wut mit dem Kolben seiner Faustbüchse. »Höhnst du mich auch, du Schindersvieh?!«

Es überschlug sich und röchelte.

Ein Krobat bot dem Herbersdorf das ledige Ross. »Schnell, Herr! Sie sind hinter uns her.«

Vor den Toren der Stadt Linz verendete in Schaum und Blut das dritte Ross.

Zur selben Zeit war der Jesuit hier angelangt. In kühler Ruhe sah er dem Statthalter zu, wie er mit beschmutzter Stirn, mit wirrer Glut im Blick sich von dem gefallenen Tier trennte.

»O Schand, o Schand!«, bebte der Graf. »Der Bauer hat mich übertölpelt. Mit der Mistgabel hat er mich besiegt! Kümmerlich bin ich mit dem Leben davon. Meine Ehr ist dahin. Wie ertrag ich es?!«

»Fasst Euch!«, mahnte der Mönch.

»Wie ein Wolf hat mich der Zeller angesprungen«, zeterte der Herbersdorf. Die gelben Wangensäcke schlotterten ihm und hingen ihm heute tief. »In manch hartem Gemetzel bin ich gestanden, aber solch gräulichen Angriff hab ich noch nie gesehen. Lieber kämpf ich mit Türken und Heiden als mit solch ergrimmtem Volk.«

Der Jesuit erwiderte: »Ihr habt jetzt Linz zu halten!«

»O dieses Linz!«, klagte der Graf. »Wir haben die Stadt katholisch gemacht, sie ist dennoch ein meineidig, stockluterisch Nest geblieben.

Es ist alles nur Verstellung und Heuchelei drin, und jeder hofft, dass seine Lutherei wieder grüne. Keinem um mich kann ich trauen. Das Land trägt nix als Schelme. Ich kann die Stadt nit halten! Nix zu fressen, nix zu schießen, keine Soldaten! Schier mein ganzes Volk ist vor Peuerbach geblieben. Und die Bauern rücken an! Alles ist verloren!«

Der Jesuit sagte ohne jede äußere Bewegung: »Mögen die Ketzer jauchzen! Der Baum wächst nicht in den Himmel, wir schleifen schon die Axt.«

»Alles ist hin!«, beharrte verzweifelt der Graf. »Der dänische König will einfallen und der Mannsfelder, England, Holland, Frankreich, Brandenburg, Sachsen, alles wider uns! Der Türk wird den Frieden nit halten. Tillys Heer ist matt in Kampf und Seuchen und Hunger. Und der Wallenstein, der ist noch nit erprobt. Oh, alles ist wider uns!«

»Die Saat der Hölle strotzt«, sagte der Pater. »Wir fürchten uns nicht. Wenn wir die Bauern jetzt nicht überwinden können, so werden wir mit ihnen verhandeln. Wir halten sie hin.«

»Wie konnte Gott mich, seinen treuen Streiter, so in die Schand sinken lassen?!«, klagte der Graf. »Wie kann er die täppischen Waffen der Bauern mit solcher Glorie kränzen?!«

Der Jesuit entgegnete: »Gott dient dem Bösen um des Guten willen. Und unser eigenes Schicksal ist unwichtig und darf nicht bekümmern. Um den Triumph der wahren Kirche aber bange niemand! Verfolge sie: Sie blüht! Stoß sie hin: Sie erhebt sich! Drück sie zu Boden: Sie wächst! Unterwirf sie: Sie siegt!«

Wie ein gejagtes Wild das Feld begehrt, flohen Landsknecht und Reiter aus dem Tal, darüber ihr Unstern geschillert. Sie bückten sich ins hohe Korn, duckten hinter das Laub der Stauden, rannten lechzend. Waffen und hemmendes Gewand schleuderten sie von sich, alle Wege waren voll eisernem Gerät.

Die Bauern sprengten sie über Zäune, Gatter und Stieglein, durch Buschwerk und Bäche. Aus dem Gestrüpp scheuchten sie die Versteckten und erschlugen alle, derer sie habhaft wurden. Rote Fährten führten verräterisch durch die Wiesen, als hätten angeschossene Hirsche schweißend sich geflüchtet.

In einem Gehölz rasteten vier entronnene Knechte, versehrt und müde. Einer hielt eine Kristophorustaler in Händen und küsste ihn. »Nothelfer«, betete er, »ich bitt dich, schaff mich auf deiner starken

Achsel lind über den Tod hinweg! Heiliger Kristof, trag mich schnell durchs Fegfeuer und halt mich hoch, dass – die Flamme – mich – nit –!« Er dehnte sich seufzend und vollendete das Gebet nimmer.

»Jetzt müssen es die armen Seelen zu End beten«, flüsterte einer der Kameraden.

Sie sannen über die Schlacht nach.

»Es ist keine Schand, dass wir davongelaufen sind«, meinte der eine. »Dreingetümmelt haben die Bauern wie der ledige Teufel. Man kann ihnen nit wehren mit Schuss und Schwert. Gefeit sind sie gen alles Eisen, das seit des Heilands Tod geschmiedet worden, gen alles Blei, das seither gegossen worden ist.«

Der andere sagte: »Sonderlich der schwärmerische Kerl, der sie mit seiner Red hat beherzt gemacht, der ist hart wie der hürnern Seifried. Nur am Nabel ist er offen, dort kannst du ihn wund machen. Dreimal hab ich in den Kerl hineingestoßen, aber er ist so fest gestanden wie ein luthrischer Turm.«

Der dritte erzählte: »Ich hab einen Bauern schießen wollen. Da schreit er mir ins Rohr hinein: ›Rax, krax, sprax!‹ Und der Schuss ist mir stillgestanden, hat nit Feuer, nit Flamme gegeben.«

»Es sind schrecklich wilde Leut«, hub der erste wieder an. »All unser Mut, Fleiß, Geschick und Lust nutzt nix. Sie können mehr als Birn braten. Mit dem Hokuspokus haben sie es zu tun.«

Sie bekreuzigten die Leiche des Gefährten, schütteten ein wenig Erde darauf und schleppten sich weiter.

Auf der Walstatt lagen die erschlagenen Soldaten in grauser Menge. Sie lagen auf den Bäuchen in aufgewühltem Grund oder mit offenen Mäulern entstellt gen Himmel zahnend, die Waffen umkrampfend, in verrenkter, letzter Gebärde der Abwehr.

Die Sieger gingen über das Feld, sie wählten sich die Waffen der Toten und rangen die Musketen aus den ersteiften Händen.

»Eine grausame Zahl haben wir umgebracht!«, staune der Hans Günther. »Jetzt ist die Höll voll, es geht keiner mehr hinein.«

Der Tobias Köberl stützte das stoppelige Kinn auf seine Gabel. »Wir haben ausgemistet«, klügelte er. »Auf der ganzen Welt lebt jetzt kein Soldat mehr.«

Des Henkers Karren hatten sie erbeutet. Da sahen sie rätselhaftes Marterzeug, Stricke und Haken fürsorglich vorbereitet. In einem

Trichter fanden sie ein Knöchlein liegen. Einer sagte schaudernd: »Das ist der Würfel von Hausham. Ich kenn ihn. Hab damit spielen müssen.«

»Gott sei gelobt, dass wir die Oberhand gewonnen haben!«, lachte der Michel Eschelbacher. »In Peuerbach müssten wir sonst uns selber den lichten Galgen zimmern.«

Sie fanden die Trosswagen beladen mit Pulver und Kugeln, mit Wein und Fraß. Hurtig zapften sie die Fässer an, zechten und lärmten, prangten mit erbeuteten Wehren und frohlockten, dass sie solch glückhaften Sieg errungen und dass alles wie am Schnürlein gegangen.

Und ungeheuer lebte die Freude auf, als ein großer Bauernhaufe von der Donau her eilte, voran der Fadinger auf schwerem Pflugross, wehende Federn am Hut.

Der Kristof Zeller ritt ihm entgegen, das Schwert hatte er mit Scharten geziert, und seine Wunden funkelten wie Rosen. »Schwager«, lachte er, »das Glück rennt uns zu!«

Der Fadinger atmete hoch auf. Er schaute über das Leichental. »Der Graf wird an den Tanz denken«, sagte er. »Ja, Nachbarn, unsre Zeit ist kommen. Der Schall geht, dass der Türk auf ist und der Däne anruckt. Wir stehen nit einschichtig da.«

»Der Krieg ist gar, juchhe und hellauf!«, jubelte der Zeller. »Jetzt werden wir die Jesuiter stäubern und den Herrn Grafen aus dem Land kuranzen!«

»Oha!«, murrte der Georg Egger. »Ein Kuckuck bringt keinen Mai. Und das Glück ist ein Rad. Jetzt steigt der Bauer in die Höh, ein anderes Mal ein anderer.«

Da ergrimmte der Zeller und stieß ihm die Faust ins Gesicht. »Spreuzest du uns wieder einmal in unsere Freud? Da nimm das für deine übeln Sprüchlein!«

»Gib Fried, Schwager!«, mahnte der Fadinger.

Mit stillem, ernstem Gesicht schritt er die lange Reihe der toten Bauern ab, die man aus dem Gewirr der Leichen gelöst und auf eine Wiese gebettet hatte. Er grüßte die Männer, die in der vollen Kraft gebrochen wurden.

Als er dem schmalen, trotzigen Gesicht seines Buben begegnete, den der bittere Todesmann so bald angegriffen hatte, da wankte der starke Mann. Aber er bezwang sich und sagte zu den Nachbarn: »Der schönste Tod ist der Jähtod. Meinen Vater hat beim Dreschen der

Schlag getroffen.« Und den Hans Günther bat er: »Schaff den Buben heim zu seiner Mutter!«

Aus seinem verhaltenen Leid raffte er sich auf. »Gott ist sichtbar mit uns!«, sprach er fest. »Ihm allein die Ehr!«

Von der Verfolgung des Statthalters zurückkehrend, jagte der Student auf einem Krobatenrösslein daher. »Auf, Fadinger!«, glühte er. »Der Schreck ist dem Grafen ins Mark gefahren. Auf gen Linz! Das Schloss müssen wir umwerfen, den Grafen fangen! Keinen Augenblick dürfen wir versäumen!«

»Rast dich aus, Kasparus!«, erwiderte der Fadinger. »Iss und trink! Dein Gesicht ist verfallen.«

Der Zeller brachte ihm ein volles Glas dar. »Begieß dir die Nase! Ist dem Herrn Grafen sein Tischwein! Der rinnt heut in den unrechten Schlund.«

Kasparus stieß den Wein zurück. »Wer redet vom Saufen?«, rief er rau. »Wir sollten schon längst auf dem Weg nach Linz sein, mit dem Grafen zugleich in die Stadt dringen, ihn nit zu Atem kommen lassen! Dann erst sind wir die Meister im Land. Der Herbersdorf kann Linz nit halten: Die Stadtmauern sind verwahrlost, und seine Knechte sind verspreut nach allen Seiten. Warten wir nit ab, bis er Hilfe kriegt!«

»Wir müssen schnell zugreifen!«, nickte der Berndl. »Bis zum Kornschnitt sollten wir fertig sein.«

Dem Kristof Zeller brannten die Wangen. Trunken von Sieg und Wein prahlte er: »Bis zum Kornschnitt sind wir zehnmal fertig!«

Aber der Student rüttelte den Fadinger, als wolle er einen Träumer wecken. »Um Gottes willen, fackelt nit lang! Lasst blasen, lasst trommeln, auf nach Linz!«

Mürrisch wies der Zeller auf das Leichenfeld. »Haben wir dir heut etwan zu wenig geschaffen, du Grünschnabel? Des Grafen Macht haben wir zuschanden gebracht. Jetzt wollen wir einen Tag lang still liegen.«

Der Bauer ist etwas unendlich Langsames. Entschluss und Tat brauchen bei ihm Weile wie sein bedächtiges Tagwerk, wie Schritt und Wurf der Aussaat, wie das Geschäft des Ackerns und der Mahd.

Und so begütigte der Fadinger den Studenten, der nach Entscheidung fieberte: »Zeit lassen! Nur nit zu grün abbrechen! Eh wir den Grafen in Linz angehen, müssen wir zunächst die Traunbauern auftreiben, und nachher müssen wir der evangelischen Bürgerschaft die Waffen in die Hand geben. Und mit dem Kaiser müssen wir auch zuerst reden. Er wird ein gnädiges Einsehen haben.«

»Hat euch alle der Satan verblendet?«, raste Kasparus auf. Den Degen riss er heraus und zückte ihn gegen den Feldhauptmann. »Seid ihr ein christlich Heer? Besaufen wollt ihr euch! Zu Säuen seid ihr worden!«

Der Berndl fiel ihm in den Arm und staute den Schlag.

»Hirntobig ist er worden«, murrte der Zeller.

Der Fadinger sah den Studenten mit einem großen, trauervollen Blick an.

Da warf dieser den Degen weit von sich. Und sein Auge gleißte seltsam auf, hintüber stürzte er, schlug mit gekrampften Fäusten um sich, als ränge er mit einem unsichtbaren Widersacher, und schäumte und zuckte.

12.

Ohne Schwertstreich hatte sich der Stefan Fadinger des Schlosses Orth bemeistert, des wehrhaften Hauses des Statthalters, das auf einer Klippe aus dem See wuchs, Vorwacht für die Stadt Gmunden.

Der Bauern Feldhauptmann schritt einsam durch die verlassenen Räume. Sein Auge, bäuerlicher Armut gewohnt, scheute zurück vor dem erschütternden Reichtum, der sich in schimmerndem Erz, in edelm Stein und Glas, in köstlich geformtem Holz äußerte.

Die hochlehnigen Stühle waren mit Teppichen bedeckt. Schwere Teppiche verhüllten Estrich und Wand, und wundersames Bildwerk war darein gewoben: Hirschhatz und Hochzeit und ritterliche Lust. Eschene Schränke, geschmückt mit gedrehten Säulen, waren mit den Bildern auftauchender Donauminnen abenteuerlich bemalt. Aus dem Zierrat stierhaft breiter Tische lächelten schöne, vollbrüstige Weiber, grinste grässliches Höllenvolk. Und eine Truhe, blinkblank mit verzinnten Schlössern und kunstreichen Beschlägen versehen, trug in verwirrender Schnitzerei das Bild eines fremdseeischen Fisches, der eine göttlich üppige Frau räuberisch entführte. Und um solch heidnisch schwelgerische Darstellung ritten nackt Englein auf reichen Fruchtgehängen.

An den Mauern der Gänge blitzten artig und furchtbar geordnete Waffengruppen, drohten die mächtigen Geweihe der Hirsche und

Steinböcke. Hängende Elchshörner, mit zartroten Kerzen besteckt, dienten allerwegen als Leuchter.

Der Fadinger schob einen samtenen Vorhang zurück und trat wie im Traum in einen fraulich feinen Raum.

Auf dem Betpult zu Füßen des Martergottes lag geöffnet ein edles Andachtsbuch. Vor einer Stunde noch hatte die Gräfin drin geblättert, ehe sie die Nähe des feindlichen Haufens erfuhr, die sie dann zu überstürzter Flucht trieb.

Ein hoher Spiegel befand sich in diesem Zimmer, den Rahmen mit Perlmutter und Schildpatt flimmernd eingelegt, darin Wolken und Geflamm lebten. Und der Spiegel war klarer als die Luft nach niedergegangenem Gewitter und seliger als eine sanfte Seefläche, und ein Licht brach daraus wie aus rätselhaftem Brunnen.

Der Bauer trat zu dem köstlichen Gerät hin und schaute drin sein Bild so scharf und lebensvoll wie noch nie im Leben und sah sich zum ersten Mal in seiner vollen Manneslänge vor sich stehen: den mächtigen, etwas schwerfälligen Leib, den verwilderte Bart, die breite, wetterbraune, zerfurchte Stirn mit den herben, lotrechten Falten über der Nasenwurzel, und unter den zottigen Brauen die schweren, stillen Augen.

»So schaust du aus, Fadinger!«, flüsterte er sich an, und es schauerte ihn vor dem finsteren Mann.

Und jäh fühlte er, dass er in den Glanz dieses Glases nicht passe, und er trat schüchtern davon zurück, dass sein Abbild drin verlösche.

Neben dem Spiegel ragte, die Wand in ihrer ganzen Höhe bedeckend, gewaltig und schwungvoll ein Prunkgemälde, und der Bauer zog unwillkürlich den Hut vor dem Helden, der da mit flatternder Binde vor einem Hintergrund von blitzender Schlacht und Kampfgewölk daherbrauste auf adeligem Renner und feuerigernsten Auges niederherrschte, schier wie Gottes oberster Streitengel anzuschauen, glänzend in Erz und Gewalt.

Der Fadinger wusste, dass es des Grafen Stiefsohn war, der Pappenheim, der da auf dem fürstlichen Bild prangte. »Gott lasse dich dein sieghaft Schwert nur für das Gute heben!«, sprach er den hohen Kriegsmann an.

In eine Kupferplatte getrieben war das Evaspiel im Paradies: die teuflische Eidechse ins Geäst verkrallt, verunstaltet durch leere, ekel hängende Brüste und ein gekröntes, gräuliches Menschenhaupt, das aus scheußlichem Maul den Apfel bot. »Herr, führ uns nit in Versuchung!«, stammelte der Fadinger, betroffen von solch wilder Kunst.

Und neben dem Apfelbaum im Bild standen Ross und Rind in trauriger Haltung, als ahnten sie, dass der Friede im Herrgottsgärtlein nun bald vorbei sei und sie dienen müsste zwischen Dorn und Distel, müde gesellt dem verfluchten Menschen. Denn schon hielt das Weib Eva den weichen Arm lüstern gegen den Rachen des Wurmes, und ihr graute nicht.

Der Bauernobrist starrte das Weib an, das die Lende wohl geschützt hatte unter dem Niederfall ihres dichten Haares. »Eva, von dir kommt all das Bauernelend her«, seufzte er.

Und plötzlich überfiel ihn hier in der Pracht dieser Welt ein Heißhunger nach seinem armen, schlichten Gehöft im Hausruck, er sehnte sich auf einmal herzlich heim nach dem dunklen Gebälk seiner Stube, nach dem herben, dürftigen Hausrat drin, nach dem Gestampf seines Rosses im Stall, nach dem Schnauben der Kühe, nach der Feldbuche, darunter er so oft aus irdenem Mäherkrug getrunken im schwülen Sommer.

Hastig tat er ein Fenster auf, in dessen farbigem Glas Jahrzahl und Wappen derer von Herbersdorf glühte, und er atmete auf nach dem erstickenden Prunk, der ihm unheimlich war.

Abendlich wallte draußen der grüne See. In dem ungeheuer abstürzenden Traunstein und seinen graublau zackenden Felsgenossen empörte sich die Erde gegen den Himmel.

Eingebrannt in das farbige Fenster stand eine Schrift. Der Fadinger buchstabierte sich mühselig durch ihre Verkräuselung, bis ihm der Reim geläufig war:

Gott allein die Ehr!
Von ihm kumbt alles her.

Er besann sich staunend. Fast mit dem nämlichen Wort hatte er selber jüngst, als bei Peuerbach der Graf den Hut und die Feder drauf im Stich gelassen, die Ehre des Sieges dem zugewiesen, dem sie der Todfeind hier gab in dem Spruch über dem hoffärtigen Wappen.

Ei, glaubt der Herbersdorf etwan auch recht zu tun und Gott zu dienen mit seinen wilden Taten? Und drückt er das Volk nur darum so tief in Blut und Elend, um Gottes Ansehen zu erhöhen? Und vermeint er, in dem einen wahren Glauben zu leben, darin allein Gott sich will feiern lassen?

Schmerzenden Hirnes hing der Bauer solch gärenden, mehr gefühlten als klar geformten Gedanken nach und suchte sich hineinzustellen in das Gewissen des Leib- und Seelenfeindes, den er aus dem Land treiben wollte.

Er schüttelte das Haupt. Nein und tausendmal nein! Und sei es auch wie immer: Kein Mensch darf sich vermessen, mit grober Faust in die Seele des Nächsten zu stoßen und zu stören, was Gott heilig drin blühen lässt! Es ist ein ewig Recht der Menschen: das freie Gewissen!

Wie aus einem Bann erwacht, reckte sich der Obristhauptmann. Seine Sinne öffneten sich wieder der Welt.

Im Schloss ging es jetzt drunter und drüber, treppauf und treppab polterte es, Türen krachten zu, das Gejohl eingedrungener Männer hallte in den Gewölben.

Der Fadinger sah, wie ein plumper Bauernknecht in das feine Frauengemach stolperte. Auf dem Tisch lag ein welsches Dolchmesser, Laub, Baum und gehörntes Flötenteuflein war in unendlich zarter Kunst in den elfenbeinernen Griff geschnitzt. Dies Gerät taugte gar zu keinem Gebrauch und nur um seiner Schönheit willen auf der Welt sein. Der Knecht tappte danach, und in der ungeschlachten Pranke zerbrach der edle Griff.

Menschen kamen in das Gemach und trugen Kleinode, deren Sinn und Zweck sie nicht verstanden und vor deren Schöne sie weder Ehrfurcht noch Scheu fühlten, und zerschellten sie. Andere führten Wehren, die sie von den Mauern gerissen. Geräusche der Zerstörung erschollen aus allen Teilen des Schlosses.

Einer aber huschte in das Zimmer herein und stieß sein Messer in eines der schwerumrahmten, dämmernden, ritterlichen Bilder.

»Was treibst du da?«, herrschte der Fadinger ihn an.

»Die Herren erstech ich, denen die goldene Ketten bis an den Bauch herunterhängen«, lachte der Gesell und wischte sich die Nase am Ärmel.

Er stellte sich vor den wunderklaren Spiegel und schnitt wie in Hass gegen das vornehme Gerät eine Fratze hinein, hernach splitterte sein Messer in die keusche Fläche und verstümmelte und verdarb sie.

»Du Diebskrobat!«, schrie der Fadinger auf. »Was hat dir das unschuldige Glas getan?« Er holte aus und schlug mit unbarmherzigem Schlag den Mann zu Boden.

»He, Steffel, du treibst es ja wie der Graf selber!«, riefen die Bauern.

Er deutete auf die Tür. »Ihr alle schaut, dass ihr mit gutem Wind aus dem Schloss kommt!«

»Oho«, lehnten sie sich auf, »erst wollen wir die Mauern zerschleifen und dem Aderlasser sein Haus bis auf den Grund verheeren!«

Der Obristhauptmann deutete auf den, den er gezüchtigt hatte. »Jeder soll sich danach richten! Hütet euch vor Schaden!« Mit den schweren Augen dunkelte er sie an. »Zwang und Drang wollen wir aus dem Land schaffen, aber nit den Leuten die Häuser verwüsten und Spiegel und Bilder zerstechen, die niemand beleidigen. Ich will mein Heer nit verderben lassen! Mit meiner ganzen Kraft will ich das verhindern.«

Mit dem Schwert trieb er die Murrenden durch die Gänge und zum Tor hinaus. Seinem feurigen Zorn widerstanden sie nicht.

Auf der Brücke, die vom Schloss über den See landwärts sich spannte, stand er einsam, ein Wächter des Hauses seines Feindes, die Waffe gezückt gegen den Willen des eigenen Heeres.

Es war Abend worden. Erregt geiferte der See an der Klippe empor. Gewölk schob sich hin an zerklüfteten Wänden.

So finster wie jetzt dieser See, gegürtet von abgründigem Gefels, so nachtfinster war es in der Seele des Wächters auf der Brücke. Schwer fühlte er die Verantwortung auf sich ruhen. Die Sorge hämmerte an seiner Stirn.

Er schnob in die Nacht: Feuergeruch hatte ihn berührt.

Da züngelte es schon aus dem Dach des Seeschlosses. Die Rachefackel für den Mord zu Frankenburg flackerte.

Leidenschaftlich nahm der See das Brandbild auf und ward zum Glutbecken.

Vom Gestade her scholl wildfreudiges Geheul.

»Ich hab mit euch nix mehr zu tun!«, stöhnte der Fadinger. Und er fasste sein Schwert, bog es an das Knie, es zu brechen.

Aber das mächtige Eisen war seinem Grimm gewachsen.

Ohnmächtig ließ er ab. Er erkannte, dass das Schicksal, das ihn ergriffen, gewaltiger war als er.

13.

Die bäurische Heerschar lagerte auf der Welser Heide.

Da ging es bunt und laut durcheinander. Ein Lärm und ein Klopfen scholl wie in einem Schmiedgässlein.

Der Michel Eschelbacher hämmerte an den Waffen, wetzte die Spieße und beschlug die Rösser.

Rüstwagen überall und Geschütze, die sie aus Wels mitgenommen, Schwerter in die Erde gepflanzt, Stangenwaffen aneinander gelehnt, grasende Gäule, geräuschvolles Volk.

Feuer zuckten unter den an Ketten hängenden Feldkesseln, Schlachtvieh brüllte, am Spieß brieten gewaltige Stücke Fleisch. Die Männer schlampten saure Suppen, andere würgten an einem Trumm Brot oder aßen gebratene Traunhechte.

Da wurde um ein beinernes Pulverhorn gefeilscht, daran ein messingenes Gämsböckel befestigt war, die vier zierlichen Beine aneinander gestellt und mit stolzen krummen Hörnlein. »Es ist nix Feineres auf der Welt als eine Gams!«, sagte einer.

Eine Scheibstätte hatten sie errichtet. Der mittlere Kegel trug auf dem Kopf zwei schiefe Schlangenaugen, einen spitzen Bart und ein grässliches Maul gemalt mit fletschenden Eberzähnen. »Der Graf!«, jauchzten die Kegelscheiber.

Andere lungerten im Heidekraut, krause Falten in die Stirn gekerbt, als sei Erntetag und ein Wetter braue auf. Wieder andere waren guter Dinge und ließen die Vögel sorgen.

Der Sauswind, ein Schelm, der mit dem Gaukelsack durchs Land fuhr, schnitzte an einem Gabelstecken, den Lauf eines erbeuteten Rohres darauf zu legen, und hatte eine lachende Gemeinde um sich geschart, die sich an seinen Schnurrpfeifereien und blauen Enten höchlich ergötzte und an den Zotenrätseln, die sie mit ihrem langsamen Geist nicht aufknüpfen konnten.

Er fuhr einen jungen Lümmel an, der da mit offenem Mund und vorgerecktem Hals horchte: »Bist du aus Kopfing, Bub? He, haben sie dir schon die Klauen abgezwickt? Was weißt du Mostschädel vom Krieg?! Aber ich bin schon in der ganzen Welt mit dem Spieß herumschalanzt! In Lisboa hab ich gestritten, wo der Mond nit untergeht. In Spanien bin ich zum Ritter geschlagen worden in der goldenen

Kapelle, wo der Nabel des heiligen Onofrius bestattet ist. Mit dem Mannsfelder hab ich Pilsen genommen, zu Ross bin ich dort auf einer Leiter über die Mauer geritten. In dem Treffen zwischen Dürrnstauden und Fuxbaum hab ich zwanzig Türken erwürgt, hab ihre Leichen mitten im feindlichen Heer um mich aufgeschichtet und mich drin wie in einer Burg verteidigt.«

»Und hat der Kaiser dir das gelohnt?«, fragte einer.

»Mit seiner Frau hab ich ein Glas Wein trinken dürfen auf ihrem ehrenfesten Schloss«, brüstete sich der Sauswind. »Erst hat sie getrunken, dann ich. Rainsal ist der beste Saft auf Erden.«

Ein stämmiges Weib, das ihrem Mann ein Körblein Käse und Brot ins Lager nachtrug, versäumte sich an der prahlerischen Märe. Sie fragte: »Ei, sag mir, wie ist die Kaiserin angezogen gewesen?«

»Daherkommen ist sie, eine goldene Trauben von Perlen sind ihr im Ohr gehangen. Die Finger hab ich ihr gebusst: die haben nach Rosenessig gerochen. Und ein zartes Würstlein hat sie mir fürgesetzt, mit gehackter Papageienleber gefüllt.«

Das junge Weib lachte: »Du Fideigunkes, dich könnt man brauchen zur Kurzweil!«

»Soll ich dir die Weil vertreiben?«, zwinkerte er sie an und tappte nach ihr.

Kreischend entfloh sie.

»Grüß mir deinen Bauern!«, rief er ihr nach. »Und hals ihn recht fest! Bei Peuerbach haben sie ihm den Kropf aufgestochen, er ist jetzt frei lieblich anzuschauen.«

Hernach stieß der Lügenmeister einen Burschen an, der trübselig neben ihm im Gras lag. »He, Tobiesel, was lachst du nit, wenn ich meinen blauen Nebel fliegen lass?« Er lüftete sein fransig Hütlein, drin schräg die Uhufeder stak, und scheltend schwirrte ein Spatz darunter herfür.

Doch der Tobiesel freute sich nicht an der lustigen Gaukelei. Er hub an zu erzählen, was sein Herz bekümmerte. »In der Raunacht sind wir daheim gesessen, haben ›Hütel heben‹ gespielt. Und wie die Stalldirn das Hütel hebt vom Tisch, liegt drunter ein Kamm. Richtig wahr, tags drauf hat sie Läus gekriegt. Unser Knecht hebt das zweite Hütel, da hat er ein Bündel drunter gefunden, und wahrhaftig hat er zu Lichtmess sein Bündel geschnürt und ist davon. Die Schwester greift unter das dritte Hütel und hält einen Schlüssel in der Hand:

Jetzt ist sie verheiratet und Bäuerin auf dem Huebmergut. So ist alles richtig eingetroffen. Nur bei mir steht es noch aus.«

»Was hat denn das Hütel dir versprochen?«

»Wie ich es heb, mein eigenes Hütel ist es gewesen, da ist drunter nix gelegen«, seufzte der Bursch. »Und das bedeutet den Tod.«

»Fürcht dich nit!«, tröstete der Sauswind. »Der Student hat einen Zaubersegen gerufen über unsern Haufen: Jetzt greift uns kein Eisen mehr an, und die Kugeln werden lind an unsrer Haut.«

»Woher ist denn der Kasparus?«, fragte einer. »Er schaut gar nit bäurisch drein. Oft glaub ich, er ist uns ganz fremd.«

Da erzählte der Sauswind mit weicher, dämmernder Stimme: »Allnächtlich ist eine Donaufrau aus dem Wasser gestiegen, den feuchten Leib hat sie wärmen wollen an einem Menschen. Da ist sie zu einem jungen Bauern gekommen.«

Er hielt inne und sang leise, als wäre er der Liebste des Wasserweibes:

»Mir graut vor deinem eisigen Blut,
Und bin dir doch vom Herzen gut!«

Und der Erzähler hub die Sage wieder an und endete sie: »Allweil, wann der Mond in der Fülle gestanden ist, ist die Geistin zu der Wiege geschlichen, hat ihr Kindlein angeschaut mit ihren grünen Augen und hat ihm die Brust gegeben. Und einmal hat sie sich dabei verspätet bis zum Hahnenschrei. Am andern Tag ist ein wilder, schwarzer Blutfleck auf der Donau gelegen, ist aber nit davongeschwommen, sondern wie eine Insel gestanden im ziehenden Wasser. Die Donaufrau ist nimmer kommen zu ihrem Kasperlein.«

»Gelt du lügst schon wieder?«, fragte der traurige Tobiesel.

Der Landfahrer zuckte die Achsel, legte sich auf den Rücken und lugte in die liebliche Sommerbläue empor.

»Ja, ja, wir müssen bei Gott um ein hübsches Wetter anhalten«, meinte der Hans Piringer nachdenklich. »Zum Krieg gehört ein blauer Himmel wie zur Heumahd.«

Der Sauswind nickte: »Der Krieg ist ein Sensengeschäft.«

»Die Sonne glänzt, der Wind streicht frisch«, murrte der Simon Staucher. »Warum fallen wir nit gleich über Linz her? Erst trommeln sie uns Bauern in aller Eil zusamm, und hernach lassen sie uns auf der faulen Haut liegen. Und wär so viel zu schaffen daheim!«

»Ja, weißt du, Simon, unsere Obristen haben zuerst einen Brief schreiben müssen an den Kaiser nach Wien hinter«, sagte der Piringer.

Der Staucher staunte. »Ja, kann man denn so weit schreiben?«

»Mich ziemt, Nachbar, du bist auch von Helpersedt, dort wo der Bock auf den Hörnern geht«, stichelte der Sauswind.

»Wenn es nach meinem Willen ginge«, eiferte der Wolf Hochroiter, »müssten wir morgen schon das Linzer Schloss mit Rauch gegen den Himmel schicken und den Grafen henken, drei Ellen höher als seine Schreiber. Dann wär der Krieg gar.«

»Ich bau auf den Fadinger«, sagte der Lorenz Kroiß, »der wird alle zum rechten End bringen!«

An einem altzerrissenen Eichbaum lehnte einsam der Obristhauptmann der Bauern. Sein breitkrempiger Filzhut mit den weißen Federn lag am Rasen. Voll Behagen graste sein derbes Pinzgauer Ross.

Er schob sich das schlichte, ergrauende Haar aus der Stirn und verträumte sich über das bunte Gewirr des Lagers hinaus über die karge Heide, über die Stadt, die ihm die Tore aufgetan, über den grün klaren Fluss bis zu den Mauern des Gebirges.

Wie still ging doch der Wolken Schatten über die schwanken Ähren! Wie friedvoll ihm das Gras zu Füßen! Droben im Laub rief die Meise.

Der Bauernführer hob das abgewitterte Gesicht. Was mochte ihm der Vogel wollen? Ach, niemand auf der Welt führt Krieg, nur der Mensch!

Der Fadinger sah um sich die Scharen rasten und lärmen, die Tausende, die seinem Gebot sich beugten, die er aufgeschürt hatte wie einen Feuerofen.

Den Bauern aus dem breiten, stolzen Gehöft, den Tagwerker aus der armen Sölde, den Hirten vom Tratfeld, den Weber vom Stuhl, den Kohlenbrenner von seiner rauchenden Reute, Triftknechte und Holzhacker, die die Wälder schwenden und die Riesen bauen an den Berglehnen; aus Weilern und Dörfern hatte er sie genommen, vom Mühlviertel her, wo die Tannen im Granit wurzeln, und aus den dunklen Gehölzen des Hausrucks. Da waren alle Straßen voll anziehenden Volkes: Gesellen, die vom Hammer kamen und aus dämmrigen Schmieden grobschlächtig sehnig, verwegen, in den Augen ein Gespräch wie Widerschein der Glut ihres täglichen Werkes; staubige Knappen aus den Mühlen der Talgründe; Fischer von den Gestaden der flossenreichen, hastigen Flüsse; Schiffsknechte, die von ihren Zillen davongelaufen waren. Aus Einöden kamen sie, wo der Mensch im Denken langsamer ist und man ihm alles zweimal sagen muss wie in einer Mühle. Aus den Städten kamen sie, wo die Stirn heller war und der Blick klug.

Diese Menschen alle hatte er aus dem Frieden ihres Tagwerkes gezwungen mit seinem Ruf, diese alle musste er in Gefahr und Verderben führen.

Er schaute die Schrunden und Klüfte seiner Hände an, seine zerrissene, verhornte Haut. Vor lauter Plage war sie so hässlich worden, von den tausend harten Verrichtungen, die der Boden verlangt, bevor er gibt. Sein Lebtag hatte der Fadinger die Erde betreut, lautlos, unbekannt in der Mühsal des Bauern, die die Welt nicht hoch einschätzt.

Sein herber Mund bebte.

Jetzt aber führt er an der Seite den drohenden Flamberg, jetzt trägt er unter dem Rock die Pfaid aus Eisendraht. Jetzt steht er trotzig drin mitten in der eisernen Seuche. Seinen Namen kennt der Kaiser. Sein Name ist gepriesen und verflucht.

Den wilden, sorglichen Aufruhr musste er leiten und verantworten, irdisch und jenseitig Heil der Massen um ihn, Glück und Not eines ganzen Volkes war in seine Hand gelegt, und er war doch nur ein geringer, einfältiger Bauer.

Er starrte in sich selber hinein. »Warum bist du so jäh gehoben worden aus deinem kleinen Leben?«, flüsterte er. »Wohin, Fadinger? Wohin?«

Seine Brust schnob mächtig auf. Seine Stirn vertrotzte sich. »Gott trägt mich«, murmelte er.

Was kümmert ihn Gewesenes und Künftiges? Sein Gewissen hatte ihn aufgerufen, und nun, da das Schicksal sich löste wie donnernde Felsmassen vom Gebirg, nun wollte er treu und aufrecht stehen. Sein Wort sollte nicht wanken. Es musste so sein!

Der Heiland selber hat einst gerufen, der mildeste der Menschen, er sei nicht gekommen, den Frieden zu bringen, sondern das Schwert. Und so wird auch der Fadinger die Waffe voraustragen seinem Heer, nicht um des springenden Blutes, nicht um der Rache und Vergeltung willen, sondern frommen Mutes ein Amt verwesend, das getretene Volk zu erheben und das gefesselte Gewissen zu befreien.

Er griff ins Eichenlaub empor und brach ein Reis ab.

Seine Pläne bauten sich ihm wie Bilder im Gehirn auf. Die Bauern der Burggrafschaft Steyr sollten aufgetrieben werden, die Stege verwacht, die Furten verwahrt, die Klausen und Pässe gegen Bayern versperrt und verlegt mit Ketten, Blockwerk und Gebälk, der Donaustrom geschlossen werden, dass der Kurfürst nicht hereinkönne, seinem Statthalter zu helfen. Die Rotten der Aufständischen aber mussten an dicke Wälder angelehnt werden und auf Berghöhen lauern, dass sie in harter Wucht niederstoßen und die Bedrücker zertrampeln konnten. Und war Land und Gebirg frei von den fremden Soldaten, dann sollte der Bauer mit dem Knüttel ans Linzer Schlosstor schlagen, dann ...

Klingende Feldmusik störte den Fadinger auf. Die im Gras Lungernden erhoben sich neugierig, die an ihren Waffen Bessernden ließen ab in ihrem Fleiß, und jeglicher dehnte den Hals zu gaffen.

Ein greises, triefäugiges, zerrupftes Weib schwenkte ein Fähnlein, darauf ein grüner Tannenbaum, ein springender Hirsch und ein schnellender Fisch gestickt waren. Ihr folgten Trommler und Schwegelpfeifer und hernach ein hagerer Mensch in grünem Wams und grünen Hosen und mit roten und weißen Federn am Hut. Dahinter drängte sich eine kleine Rotte, anhänglich dem grünen Mann und bewaffnet, Männer und Weiber, und sie sangen ein geringes Lied, das gegen die Mächtigen im Reich sich kehrte.

»Wir reiten ihre Rösser
Und sind in Ehren gern
Im Land über Städte und Schlösser
Allsammentlich Freiherrn.«

Die sonderbare Wallfahrt hielt vor dem Feldobristen, und als die schrille Pfeife und die mürrische Trommel verstummten, plärrte die Alte aus zahnlosem Mund ein Spottgebet: »Papst, du bist voll der Ungnad, der Teufel ist mit dir, du bist vermaledeit unter den Pfaffen!«

Unmutig zuckte die feine, fast unbärtige Oberlippe des Fadinger. »Was soll der Unfug? Ist das Geschrei nit schon groß genug in dem christlichen Feldlager?«

Der Grasgrüne tat die Augen überweit auf, stieß die Arme wider den Himmel und begann mit schneidender, übeltönender Stimme:

»Brüder und Schwestern! Überwunden sind der Teufel und seine Abzucht. Seine falsche Kunst ist zerronnen. Drei Rösser hat er zu Tod geritten, auf des Freimanns Gaul ist er entwischt!

Wer aber bin ich, der da zu euch redet? Gott hat mich emporgerissen aus der Finsternis meiner Sinne. Über die Donau bin ich gegangen wie über eine Wiese, und Er hat mich nit versinken lassen in den Wellen und trocken erhalten meinen Fuß. Er hat mich ausgeschickt, seinen Willen zu künden euch allen und sonderlich dir, Feldobrister des erwählten Volkes, dass du sein Richtbeil werdest und sein Brandlicht.

Und ich sage euch, was Er begehrt, der mich Unwürdigen zu seinem Mundloch gemacht und zu seiner Zunge. Gott will: Kein Herr soll fürder sein und kein Haupt. Denn er ist alleinig der Herr. Und alle sind wir gleich, ob Kaiser, Graf, Bauer oder Knecht. Alles ist gleich und einer wie der andere, keiner mehr, keiner minder, keiner besser, keiner geringer!«

Und der Grüne wies auf die Bilder des Fähnleins und kreischte: »Wald, Wild, Fisch, Gott hat sie für alle geschaffen! Also soll forthin frei sein Holz und Weide, Brunn und Wildbret, Vogelfang und Fischnutz. Die Berge sind voller Gämsen, die Wälder voller Hirsche – sollen nur die Herren sie schießen dürfen? Die rinnenden und stehenden Wasser wimmeln von Fischen, und ihr dürft keine Gräte daraus nehmen, den bittern Hunger zu büßen! In tausend Bäumen steht das Holz im Wald, und es sinkt und vermodert, und ohne der Herren Gnade dürft ihr kein Zweiglein davon brechen und müsset in all der Fülle frieren im harten Winter! Brüder und Schwestern, wie leben wir? Wahrhaftig, eine Wildsau lebt besser!

Und nit Zins, nit Zehent, nit Steuer, nit Zoll, nit Scharwerk, nix soll mehr gelten! Und keine Obrigkeit soll mehr sein. Alle Obrigkeit ist teuflische Gewalt, und niemand schuldet ihr Gehorsam. Der römische Uhu, des Satans Pfennigmeister, und der wütend Kaiser zu Wien, ihre Macht sei abgetan! Sie alle rauben uns aus, sind erpicht auf den Säckel des armen Mannes, Kaiser und Graf, Pfaff und Mönch, Papst und Luther!«

Ein drohendes Lächeln schnitt sich in das Gesicht Fadingers. »Ei, guter Freund, du hast dir wohl schon in Linz die Häuser ausgesucht, die du dir nehmen willst?«, höhnte er.

Der Eiferer ließ sich nicht irren. »Die Herren und Prälaten rupfen ihre Gänslein, der arme Schwartenhans kaut an dem Daum. Aber es muss so weit kommen, dass die reichen Schelme mit uns teilen!«

Der Anhang des Predigers ward unruhig. Einer grollte: »Die Herren sollen ackern und hacken wie wir Bauern! Jeder soll arbeiten mit der Hand!«

»Dem Kaiser soll man den goldnen Hut nehmen, den Kirchen die Kleinoder!«, zeterte die Fahnenträgerin.

»Alle sollen alles haben oder nix!«, schrie der Prediger. »Ausbrennen soll man die Klöster, schleifen die adligen Schlösser, alle Türme umstoßen! Es sollen nur noch Dörfer und Einöden auf der Welt sein!«

Da horchte das Armeleutheer auf, sie fassten ihre Waffen grimmer in aufgeschürter Begehr.

Der Fadinger aber trat hart an den Grünen heran. »Du grasgrüner Narr! Du Zwölfbot des Teufels! Keuch zu mit dem ledigen und unnützen Gesindel, das sich zu dir geschlagen hat! Schau dich um! Lauter umherschweifende Leut stehen hinter dir. He, du möchtest gar alle Ordnung gäh umwerfen und Mord und Feuer setzen an ihre Stell und deine Blutsuppe dran kochen?!«

»Fadinger, bist du ein Moab, ein Achab, dass du wider den Herrgott löckest?«, fuhr der Prediger auf. »Weißt du es besser, so widerred mir! Nackt kommt der Mensch zur Welt, und ohne zeitlich Gut fährt er wieder dahin. Sag an, hat Gott dem Menschen ein Eigen bestimmt oder nit? Und ist es drum nit ein arges Unrecht, dass die Reichen und Großen mit Geld und Gütern begabt sind?!«

»Und du, toller Kopf«, unterbrach ihn der Fadinger grob, »sag mir, wie willst du das ausführen, was dein voller Hals da schreit? Was tust du mit denen, die dir widerstreben?«

»Erschlagen lass ich sie!«, brüllte der Eiferer.

»Du fauler Träumer!«, grollte der Bauernhauptmann. »Sei still und fahr dahin mit deinen bösen Buben! Und lass sich ja nit auf dem fahlen Ross ertappen! In mir irrst du dich. Ich will nit, dass Gewalt geschieht an dem, der Friede will und Friede gibt. Wir wollen unser reines Gewissen, Ruh im Land und unser täglich Brot. Mehr nit!«

Vor dem feurigen Auge des Fadinger drückte sich der wilde Schwärmer, gesenkten Fähnleins und ohne Sang und Klang zog er mit seinem Anhang ab, und dieses Ereignis wurde sofort verwischt durch eine neue, leidenschaftliche Erregung, die das Lager plötzlich aufwühlte.

In vollem Spornstreich kam des Fadinger Feldschreiber daher. »Der Herbersdorf schickt einen Boten!«, stammelte er.

»Ist der Graf schon zaghaft worden?«, frohlockte der Obristenhauptmann. »Langt ihm das Wasser schon bis an den Bart?«

Herr Sigmar von Schlüsselberg, des Statthalters Gesandter, ritt blass, doch gelassen durch das Gewühl der erzürnten Bauern, die böse Worte ausgaben, die Fäuste nach ihm reckten und die Knüttel hoben, als wäre er selber der verhasste Graf und gar nicht der Freund, der solcher Eigenschaften wegen von dem Herbersdorf gebraucht wurde.

»Wir wollen ihn nit hören!«, tobte der Haufe. »Lasst den Sigmar nit ins Lager! Einen Brief trägt er. Zerreißt ihm den Brief!«

Der Wolf Weingartmayr und der Michel Maier legten sich schließlich ins Mittel. Sie rissen mit ihren massigen Leibern und rücksichtslosen Ellbogen eine breite Furche in das Getümmel und schrien: »Hören müssen wir den Sigmar! Der Herbersdorf wird uns nit vergiften. Wir können nachher tun und lassen, was wir wollen.«

Unter der Eiche hatte sich der Kriegsrat versammelt, Männer in finstrer Neugier, der Wiellinger, der Tobias Angersholzer, der Berndl.

»Herr Sigmar, was führt Euch her aus Linz?«, hub der Fadinger an. »Grollt dem Vetter Adam schon der Bauch vor Hunger? Lässt er uns schön grüßen? Gelt, Herr, Ihr wundert Euch über unsre große Kriegsschar? Der Herrgott hat nimmer länger zuschauen können, hat uns aufgerufen.«

Der adelige Mann erwiderte: »Dass ich mich hab als Boten brauchen lassen, ist mir sauer genug gefallen. Doch bin ich gegangen um der Not unseres evangelischen Glaubens will und weil mir an euch und um das Landel gelegen ist, das grausam verwüstet wird, wenn der Krieg weitergeht. Bei Gott, um eurer Wohlfahrt willen steh ich da. Hört mich ohne Verdruss! Und ob ihr auch von dem Statthalter nichts annehmen wollt, am mindesten einen guten Rat ...«

Die Bauern rings zuckten auf wie unter dem Hieb einer Geißel. »Wir trauen ihm nit! Der Mordmann will uns zugrund richten! Seinen Rat soll er sich daheim lassen! Wir selber kommen nach Linz und werden mit ihm reden!«

Herr Sigmar ließ den Sturm verbrausen. Dann sagte er: »Der Statthalter lässt euch sagen, der unschuldigen Kindlein in Linz sollt ihr gedenken und die Zufuhr dahin nit hindern und die Mühlen nit sperren. Er vermahnt euch, ihr sollt euch stillhalten und allsamt heimgehen. Alles soll verziehen werden, was geschehen ist, nichts soll geahndet werden. Er will euer Blut nicht.«

»Ja, dass sein Freimann hernach wieder ein leichtes Spiel mit unsern Hälsen hätt!«, hohnlachten sie. »So dumm ist der Bauer nit!«

»Wir wollen heimgehen und den Spieß hinlegen«, sagte der Fadinger, »aber erst muss der letzte Soldat aus dem Land sein, erst muss uns der Kaiser mit Brief und Siegel bestätigen, dass wir unserm Herrgott dienen können, wie es uns gefällt.«

»Verhandeln wir nit!«, brannte der Achaz Wiellinger auf. »Der Herbersdorf soll sich selber vor uns einfinden da in freier Au auf der Heide vor Wels, mit seinen Knechten und Schreibern soll er kommen, ohne Waffen und Wehr soll er sich uns gegenüberstellen!«

»Wiellinger, das kannst du nur von einem Narren begehren«, antwortete der Sigmar.

»Nit mehr verhandeln!«, lärmte die drängende Menge ringsum. »Hinhalten will man uns! Lug und Trug ist alles!«

Der Berndel überschrie sie alle. »Unsere Kraft ist noch frisch und heiß. Warten wir nit ab, bis sie auskühlt! Reisen wir heut noch gen Linz! Wenn Linz fällt, fängt die evangelische Nachbarschaft in Böhmen und Unterösterreich und überall Feuer. Es brandelt ja allerwegen. Wir wissen es.«

Herr Sigmar schüttelte die nussbraunen Locken. »Peuerbach macht euch hochmütig, ihr Leut. Aber groß Glück hält selten Farb. Und Pferschbaum und Bauerngewalt, die wachsen geschwind, vergehen bald. Das ist ein erfahrner Reim. Glaubt ihr, der Graf rennt gleich vor euch davon? Je wilder ihr ihn angeht, desto trotziger wird er euch antworten. Ich kenn ihn. Und beispringen werden sie ihm, der Bayer wird den Tilly loslassen und der Kaiser den Wallenstein. Die zwölf groben Apostel werden die Donau herunterschwimmen und euch das Evangeli predigen, dass euch graust.«

»Das schreckt uns nit«, lächelte der Fadinger. »Der Herrgott wird die Hand halten zwischen uns und dem schrecklichen Geschütz. Und der Kaiser wird uns verschonen. Mit ihm führen wir nit Krieg.«

Der Sigmar warnte: »Vögel ruft euch der Graf ins Land, die singen gar grell!«

»Wir sperren ihnen die Schnäbel«, entgegnete der Bauernfeldherr. »Sag dem Grafen, bei Peuerbach unterm Gras schlafen siebenhundert Soldaten. Herr Sigmar, Euch dank ich für den guten Willen. Aber der Graf jagt uns nit ins Bockshorn. Unser Harnisch ist Gott.«

»Wir haben genug Waffen«, prahlte der Tobias Angerholzer. »Unsere Mühlen müssen Pulver mahlen.«

»Euer bisslein Pulver habt ihr bald verschossen!«, zürnte der Gesandte. »Ihr könnt nicht Saliter sieden. Ihr werdet bald kein Blei, keine Lunten mehr haben. Ihr Narren, womit wollt ihr denn Krieg führen? Mit der Drischel und dem Prügel kommt ihr nicht auf gegen ein gewaffnet Heer. O ich beschwör euch, soll denn das Land verderben und eine Brandstatt werden? Bevor das viele Blut so grausam unnütz verrinnt, merkt auf, was euch der Herbersdorf anbietet! Ihm ist es ernst. Nehmt seinen guten Willen an! Durch alle eure Gewalt bringt ihr es nicht so weit wie durch kluge, einsichtige Verhandlung.«

»Sagt es kurz, was will uns der Graf?«, sprach der Fadinger.

»Dem Kaiser will er schreiben. Euern Beschwerden soll abgeholfen werden, das Besatzungsgeld soll euch zum halben Teil erlassen, und keiner von uns soll fortan in seinem Gewissen bedrängt werden. Der verlorenen kaiserlichen Gnade will er euch wieder fähig machen.«

»Des Kaisers Gnad? Der verlornen Gnad? Wir haben sie nie besessen«, lachte der Berndl.

»Recht süß fährt uns der Graf um den Bart!«, rief der Wiellinger. »Hüten wir uns!«

»Den Vetter Adam kennen wir!«, lärmten die Männer. »Er ist schuld an allem. Katholisch will er uns machen, der Fuchs!«

»Verscherzt nur, was man euch jetzt noch bietet!«, rief Herr Sigmar betrübt. »Hinzwischen wird euer Korn gelb und müd und wartet der Sichel. Ihr aber dürft es nit schneiden. Ihr müsst stehen und Blutarbeit verrichten!«

Ob dieses Wortes blieb der Schrei des Widerspruches, der Hohn des sich mächtig fühlenden Bauern aus. Die Herzen schraken auf und flogen weit zurück zur gewohnten Scholle, und die gerüsteten Männer hörten den Hahn daheim krähen und den Brunnen klingen, sie ahnten den Duft des reifen Getreides und sahen es gilben und sich neigen mit wundersam gesegneter Ähre.

Und der Fadinger, wild überrumpelt in seiner Bauernseele, tastete leise nach denen, die gleichen Wunsches waren wie er. »Der Kaiser! Freilich könnt uns der Kaiser helfen!«

Die tiefe Verehrung dieses Namens lebte in den Bauern, etwas strahlend Fernes, Hohes, Göttliches fast war ihnen der Kaiser. Ihre Munde, die in diesen Tagen mit dreistem Schimpf alles streiften, was herrschend über ihnen stand, sie blieben in Scheu geschlossen.

»Wir wollen nix als Gerechtigkeit«, stammelte der Fadinger. »Der Kaiser wird sie uns nit weigern. In Wien müssen wir ihm unsere Schmerzen auftischen. Und wenn er uns sein Wort gibt, hernach ist alles gut.«

Nur der Wiellinger murrte: »Wie kann uns der Kaiser helfen? Er hat nix mehr dreinzureden, seit er uns verpfändet hat. Ja, verpfändet, verschachert hat er uns mit Leib und Seel wie ein Rindlein Vieh, wie einen Acker hat er uns lebendige Menschen fremder Gewalt verpfändet!«

Eingebung und Wille glitten wie der Abschein strahlender Flügel über die Stirn des Fadinger. »Wir müssen das Pfand auslösen!«, rief er.

Herr Sigmar staunte. »Wie meinst du das?«

»Zwei Herren haben wir, und das ist unser Unglück«, sagte der Bauer. »Und dem müssen wir abhelfen. Wir gehen zum Kaiser. Und wenn er in seinem Ärger auch nit gleich uns hört, so wollen wir die Kaiserin bitten, dass unser guter Glaube uns belassen wird. Wir aber, Bauern, wir wollen uns plagen und rackern ohne Rast Tag um Tag, dass wir das Geld aufbringen, das der Kaiser dem Bauern schuldig ist. Dann wollen wir das Landel aufkaufen und es der Kaiserin hinlegen: ›Da nimm dir es, edle Frau!‹ So wird alles gut werden. Und wir und unsere Kinder können in Frieden auf unseren Felder arbeiten und der Menschheit das Brot schaffen.«

Da flammte es wunderbar über die Gesichter, die rau waren vom Streifen durch den Wind. Ob die Bauern auch, trunken von dem Glück bei Peuerbach, nichts anders erwarteten als immer nur Sieg, so rann doch mächtig in ihrem Blut das Heimweh nach den wiesenstillen Gründen, nach den gesegneten, dampfenden Kornfeldern, nach vertrautem Tagwerk und ruhevollem Abendgang über den betreuen Besitz. Hier die Unrast des wandernden Kampfes, das Leben heimfern und losgetrennt von der wartenden Scholle; dort die helle Gnade des Kaisers, das tröstliche Lächeln einer hohen, gütigen Frau, das sich über das neugeschenkte Land neigt, und über alles hoch und wertvoll der freie Glaube.

Die bäuerlichen Kriegsräte seufzten auf, das reisige Volk ringsum hielt den Atem im Hals an. Und endlich sagte der Fadinger zögernd: »Wenn ihr es für gut haltet ... Das Heu wär bald zu schneiden. So täten wir es nit ungern versuchen und zeigen, dass wir nit mutwillig das Blut versprengen wollen. Wir wollen derweil nix Feindseliges tun, und auch der Graf soll uns nit behelligen.«

Da war es, als löse sich ein harter Zauber. Ein froher Atem wehte durch die Welt. Die Kriegsräte nickten versonnen. »Gütlich wollen wir es versuchen!«, scholl es aus der Menge.

Der Fadinger strahlte. »Herr Sigmar«, sagte er, »Euch danken wir es, wenn Fried und Wohlfahrt wieder einkehren und wir mit unserm Herrgott wieder reden dürfen wie von alters her!«

»Wer wär froher als ich?«, erwiderte Herr Sigmar. Seine gütigen Augen schimmerten, freudig rötete sich sein edles, fast frauenhaft feines Antlitz.

Und der Bauer, bezwungen von dem leiblichen Adel, von der würdigen und anmutigen Gebärde des Edelmannes, griff unbeholfen nach seiner Hand. »Herr, Ihr seid um vieles beharrlicher und stiller und besser als ich. Seht, ich könnt nit so in aller Güte besser als Ihr. Ich bin ein geringer, hilfloser Mann. Sigmar, Ihr solltet mein Schwert da nehmen, Ihr solltet das evangelische Heer führen! Ich – kann es nit.«

Erschrocken vor dem jähen Angebot, wich Sigmar zurück. »Was fällt dir ein!«, sagte er betreten. »Das geht nicht.«

»Tretet Ihr an meine Stell!«, drängt der Bauer. »Wer soll denn uns gemeine Leut führen, wenn es nit der Edle tut? Ich will hinter Euch stehen und Euern Willen vollbringen und Euch schützen mit meinem Leib.«

»Fadinger«, flüsterte leise der Edelmann, »ich bin nicht so groß, wie du glaubst. Und den Amt kann ich nicht nehmen, mir – graut davor!«

Der Fadinger schaute ihn an mit langem, bitterem Blick. Dann senkte er ergeben den Kopf.

Aber durch das Lager rauschte die Freude. »Jetzt wird alles gut«, lachte einer dem andern zu. »Der Krieg ist aus, der Glaube bleibt uns!«

Ein Bauer mit schlohweißem Haar dankte Herrn Sigmar. »Knien möchte ich vor dir und mein Lebtag nimmer von den Knien aufstehen!

Wie ein guter Engel bist du zu uns kommen. Mit aufgehobenen Händen will ich für dich beten bis zu meiner letzten Stund!«

Sie fassten die Hände des edeln Herrn, umarmten und grüßten ihn in der Bedrängnis ihrer Seelen wie den Heilbringer. Der Fadinger aber nötigte ihn in den Sattel seines Rosses und führte ihn also durch das jauchzende Heer.

14.

Ungestüm trommelte es an das Tor des Klosters Schlägl. »Propst, tu auf! Der Bauer ist da.«

Der Hofricher spähte durchs Lugloch. Draußen auf der Brücke waren bewaffnete Kerle, einer auf einem Gaul. Menschen und Ross stampften ungeduldig. Mit dem Spieß stießen sie ins Tor, dass es schütterte. Die Brücke bebte. »Es hilft nix, aufmachen müsst ihr!«, schrien sie.

Der Hofrichter öffnete das Türlein, das in das mächtige Tor geschnitten war, und trat auf die Brücke hinaus. Und er redete beherrscht gegen die Waffen, die nach ihm zielten: »Dies Haus ist gastlich. Es tut sich jedem redlichen Wanderer auf. Ihr hättet linder pochen mögen!«

Ein junger Bursch trat auf ihn zu, in den Händen ein gespanntes Rohr, und es war ihm anzumerken, dass er mit solch gefährlicher Wehr noch nicht lange umging. Er setzte sie dem Hofrichter an die Brust, dass dieser das kühle Eisen durch das Hemd hindurch spürte. »Die Obrigkeit soll herauskommen, nit du!«, herrschte der junge Mensch ihn an. »Wir sind der bevollmächtigte Ausschuss.«

Der Hofrichter entgegnete: »Schuhknecht Aichinger aus Sarleinsbach, du hast doch erst im verwichenen Irtag im Kloster da die Schuh geflickt und solltest wissen, dass seit dem Tod des hochwürdigen Herrn Prälaten unser Stift noch kein Haupt hat und dass ich von der römisch-kaiserlichen Hoheit neben den Verweser gesetzt bin, das Klostergut zu verwalten. Was begehrst du demnach von der Obrigkeit, Flickschuster?«

Der Aichinger senkte das Gewehr, rückte den Jodelhut und drehte, verwirrt von der umfänglichen Rede des Hofrichters, den Hals nach dem Reiter. Der nickte ihm unwillig zu.

Da schwoll ihm wieder der Kamm. »Dass du es weißt, Hofrichter, der Zacharias Wolf schickt mich her, unser Hauptmann, ob ihr euch wehren wollt oder nit?«

Der Verwalter tat verwundert. »Wie sollen wir uns wehren? Es vergreift sich doch keiner an uns!«

Jetzt riss dem Reiter die Geduld. »Willst du uns verspotten, du üppiger Mann? Zusagen sollen die Klosterherren uns, ob sie es mit uns Bauern halten oder nit; ob sie Leib und Leben mit uns wagen und all das leisten wollen, was uns die Schlösser und die Städte Steyr und Wels und Gmunden schon bewilligt haben?«

Der Hofrichter sah den Reiter steif an. »Bist du auch dabei bei der Hetz, David Spatt? Wo hast du reiten lernen? Auf dem Backtrog, he? Nun, so sag deinem Hauptmann, ich lass ihn grüßen, und er soll in Markt Aigen über Nacht bleiben. Und was die andern Örter ihm erlauben und zugestehen, das wird auch unser Stift tun.«

»Der Kuckuck schänd dich!«, fluchte der David Spatt. »Tu das Tor auf! Sonst setzen wir dem Kloster ein pechernes Jungfernkränzel auf und keiner kommt uns lebendig heraus!«

»Lass mich die Sach überschlafen!«, sagte der Hofrichter, und flugs sprang er in den Torturm zurück, schlug das Türlein zu und verriegelte es.

Von Markt Aigen her kam mit Schüssen und Geschrei, gerüstet und heiß erregt, ein bäuerlicher Haufe.

Sie fanden vor dem Kloster drei volle Fässer stehen. Da war einer in dem Volk, aus Etschland stammte er, vormals ein welscher Straßenlaurer, Spinell ließ er sich heißen. Er trug ein Richtbeil mit sich, von dem Henker in Verona entliehen, wir er erzählte. Dieser Spinell schnüffelte an den Fässern und grinste: »Wein! Gutes Tränklein! Bei uns daheim mischt man übeln Gästen Gift drein.«

Augenblicks schrie der Hauptmann Zacharias Wolf: »Nit trinken, Leut! Etwan haben uns die Mönch den Wein versalzen.«

Und schon weitete ein tolles Gerücht die übelhaften Flügel. »Vergiften wollen sie uns! Zerreißt die Böswichter!« Die Stangen trieben sie in die Fässer. Rot sprang der Wein heraus!

Sie warfen sich ans Tor, teufelten dran, heulten: »Giftmörder, heraus!«

Die Flügel kreischten auseinander. Der alte Wärtel lag auf den Knien, das graue Haar in der Zugluft.

Der Bäcker David Spatt stürzte zuerst hinein, packte den Alten an der knorrigen Kehle und zog den Säbel. »Wo sind die Vergifter? Abtun wollen wir sie!«

»Bei allen Martern unsers Herrgotts«, ächzte der Wärtel, »niemand hat euch Gift zugerüstet! Nit wahr ist es! Mit rotem Wein hat man euch beschwichtigen wollen. Und die Herren sind heut in aller Früh gen Böhmen verreist. Und der Hofrichter ist jetzt mit drei Brüdern davon, hinten durchs Türlein über den Graben. Kehrt um, liebe Leut, es ist kein Seel mehr daheim!«

Sie zerrten ihn in den Klosterhof, brüllten und schossen, dass der Donner von den Mauern zurücksprang.

Auf einmal rauschte aus der Kirche ein gewaltiges, herrlich volles Orgelspiel in den wilden Lärm. Es gewitterte in Kraft und Süße und brach aus in strahlendes Blühen wie ein maibesessener Apfelbaum.

Die Bauern verstummten vor der gottgeweihten, feierlich sich bäumenden Musik, geistergriffen standen sie und entzückt und lauschten.

Aber der heisere Ruf des Bäckers Spatt brach in die Andacht. »Wer sitzt da droben im Orgelstuhl? Pförtner, du hast gelogen!«

»Der Bruder Orthold ist es«, sagte der Torwart. »Heut früh hat er sich versteckt, da er mit den andern hätte flüchten sollen. Von der Orgel will er nit weg. Er schlägt sie so schön, als ob der Heilige Geist über ihm flügeln tät. Tut ihm nix! Er ist nit recht im Hirn.«

Sie drangen in die Kirche. Drin glühten die goldenen Altäre, an den geweihten Wänden funkelten die Heiligen Jungfrauen, die Frohboten, Nothelfer und Martersleute.

Staunend verhielten die Bauern den Atem. Hier wob ein Gott, wenn auch nicht der Ihre. In berauschtem Prunk glomm sein Raum, die Schar seiner entrückten Heiligen, das Bild der Gottesmutter am Waldschlag.

Wie ein weltvergessener Zauber saß droben an der Orgel der Mönch. Er schöpfte eine strombrausende Wirrnis von Tönen aus seiner irren Seele, dämpfte sie zur sanften Wonne waldwiesenfroher Schalmeien, zur Träumerei, wie sie im Maienlaub spinnt, darin nur selten ein wildnisverlorener Vogel aufspricht, und ließ den Gesang des Werkes wieder schwellen, bis es toste gleich einer Schlacht zwischen zwei rasenden Herren, zwischen Gott und Teufel.

Gebannt von der unheimlichen Pracht des Spieles, zogen sich die Bauern aus der Kirche zurück und überließen sie der wogenden Fülle und den leuchtenden Heiligen. Beruhigter schritten sie nun durch die Gänge, lugten in die verlassenen Zellen, horchten an versperrten Türen und starrten verständnislos die stolze Bücherei an.

Inzwischen ließen sich der David Spatt und der Spinell im Refektorium den Mittag schmecken, der eben für die Brüder aufgetragen worden war, ehe sie flohen. Der Torwärtel musste den beiden aufwarten.

»Halt, Pförtner«, rief der Spatt, »weis uns den Keller! Wir wollen fröhlich sein! Aschauer Wein, Freistädter Bier, das wollen wir saufen! Nit allweil den rauen Most!«

Der Sommer war heiß und die Kehlen dürr und staubig. Und so polterten die Bauern in die Gewölbe hinunter, wo der Wein gelagert war, und rollten die Fässer herauf an den Tag. Sie lehnten die Waffen an die Mauern, flugs waren Bitschen und Becher da, und es hub ein scharfes Zechen an. Eilig tranken sie in den Groll hinein, den sie über das Stift hegten, das in seinem Besitz das Luthertum streng zu Boden gehalten hatte.

»Die Pröbste zu Unsrer Lieben Frauen Schlag haben übel an uns getan«, sagte der Bartelme Saumnber, ein Kleinbäuerlein aus Aigen, und trieb mit festem Hieb den Spund ins Fass. »Ich und der Georg Poxrucker sind in Eisen gesessen, weil wir ehrlich lutherisch gelebt haben. Wir haben nachgegeben, dass unsere Weiber und Kinder nit im Elend verschmachten. Aber inwendig sind wir treu blieben.«

»Die Zeiten sind anders worden«, lachte der Poxrucker. »Propst Wenzel, du bist dahin, und ich trink deinen Wein! Ja, Männer, im feuchten Verlies sind wir gelegen, an die Wand gekettet, und die Asseln sind uns über das Gesicht gekrochen!«

»Vom Erdboden sollt man das Nest wegbrennen!«, fuhr der Spatt auf, glutrot und trunken.

Der Spinell hob die glotzende Eulenfratze und horchte. Und es waren noch viele unbesonnene und schweifende Leute da, herrenlos, unbehaustes Volk, man wusste nicht, wie sie ins Land gekommen, Abenteurer und Beutemacher, die nichts zu verlieren hatten, und auch bayerische Überläufer hatten sich zu den Aufständischen gesellt, weil sie hier Raub und Plünderung hofften, ein trunkenes Leben und grenzenlose, äußerste Freiheit.

Der Spinell kratzte sich in seinem blauschwarzen Schopf und schielte zu denen hin, die er eins wusste mit einem gierigen Herzen.

»Wir verschonen unsere Widersacher zu viel. In die reichen Schlösser sollten wir einbrechen, in die Städte und uns dort gütlich tun!«

Der David Spatt ballte die Faust. Ein Türkis blitzte dran, in einen goldenen Ring gefasst. »Sollen wir das Stift stehen lassen, dass sich der Feind wieder einnistet, wenn wir weiterreisen?«

Solche Reden hetzten das racheverlangende Blut der Bauern auf und erregten die finstern Triebe der Habenichtse, fanden Beifall und zornbrennende Blicke, verflatterten aber wieder, ohne zu zünden, in dem betäubenden Lärm und Rühmen und Schelten der Säufer.

Der Simon Laus krächzte: »So hoch müssen wir es noch bringen, dass jeder Bauernbub einen Schimmel zu reiten hat!«

»Sollt nur ich euer Hauptmann sein!«, pfauste der Pirmin Pfoser. »Gen Rom möcht ich euch weisen übers Gebirg. Müsst hernach der Bauer Papst werden!«

»Wo ist denn der Kristof Zeller, unser Feldobrist?«, schrie der Michel Weinberger. »Nach Linz soll er uns schleunig führen!«

Der Weber Hundinger erwiderte: »Der Zeller muss erst die böhmischen Steige zuriegeln, muss Schanzen und Verhaue bauen und das Mühlviertel auftreiben. Er hat nit Zeit zum Saufen wie wir.«

»Er soll nur auftreiben!«, rief der Jakob Fleischhacker. »Aus allen Luken und Löchern kriechen die Bauern herfür. Hätt' nimmer gemeint, dass wir unser gar so viel auf der Welt sind!«

»Jetzt haben wir die Oberhand! Jetzt werden wir es ihnen zeigen!«, prahlte der Pirmin Pfoser. »Die Welt soll davon reden!«

»Das geistliche Gut sollten wir nehmen und unter uns verteilen!«, lärmte der Abraham Plöderl. »Wer nit da ist, kriegt nix. Ich will Prälat werden, mir den Bart abnehmen lassen und hinten die Platte scheren!«

Sie soffen und würfelten und schlugen Herz, Schelle, Eichel und Gras auf die geleerten Fässer, und von den übermütigen und jähen Trünken und dem kräftigen Wein überwältigt, huben sie, toll und voll, ihre Lieder an.

»Nachbarn, seid lustig,
Dass keiner mehr trauert!
Der Teufel ist tot,
Die Höll wird vermauert.«

»Der geistliche Narr soll uns ein Schnaderhüpfel orgeln!«, begehrte der Simon Laus. »Und die Glocken soll man dazu läuten!«

»Die Schlägler Glocken haben ein feines Geläut«, lachte der Plöderl. »Singt die eine: ›Trag her, Bauer!‹ Singt die andere: ›Werd nit voll!‹ Singt die dritte: ›Nimmer gnug!‹«

Plötzlich aber verschollen Gelächter und Getöse, eine wilde Stille brach ein, worein nur das gewaltige Spiel des Orglers brauste wie ein verzauberter Stromfall.

Zwei Menschen wurden in den Klosterhof geführt, zerfetzt und zerhadert, mit langem, verahrlostem Haar, die unbeschnittenen Bärte verfilzt und schmutzig von genossener Nahrung, die Spur höchster Entbehrungen in den fahlen, schmalen Gesichtern.

»Im Keller hab ich sie gefunden!«, rief der Wenzel Brendl, die taumelnden Elendbrüder stützend. »Wegen ihres Glaubens hat man sie in eiserne Ringe gelegt!«

Trunken von der frischen, starken, lange vermissten freien Luft wankten die Erlösten in das Licht. Der eine lehnte sich kraftlos an die Wand, verhüllte das Gesicht und schluchzte. Der andere lallte etwas Unverständliches, Sinnloses.

Der Bartelme Saumber zog dem Weinenden die Hand von den Augen. »Bist du nit der Sigmund Fischer?«, staunte er. »Du lebst noch?«

»Ich glaub, ich bin es«, stammelte der Mann, »ich weiß es nimmer genau.«

Der Hauptmann Zacharias Wolf drängte sich durch die Gaffer. »Wie lang bist du im Turm gelegen?«

»Lang! Lang! Ich weiß nimmer, wie lang«, seufzte der Mann. »Das Licht tut mir weh. Bitt euch, leiht mir einen Spiegel! Ich weiß nimmer, wie mein Gesicht ausschaut.«

Da meldete sich die Wut in ohrenzerreißendem Geschrei. »Die Schinder!«, tobte der Schwarm. »Ausrotten muss man sie! Die Schädel ihnen in Blut waschen!«

Der Spinell lugte aus seinen kohlschwarzen Augen heraus wie ein Geier. Seine Hand krallte einen krummen Griff ins Leere. Die wunderlich gemischte Gemeinschaft rings sprang auf, in redlichem Hass teils und teils unter der Larve der vergeltenden Rache.

»Schlagt alles zusamm!«, dröhnte der Spatt. »Die Glocken schmeißt aus dem Turm! Schmeißt die Türme hin! Reißt die Orgel weg!«

»Nehmt! Steckt ein! Fresst!«, hetzte der Spinell. »Ein jeder ist heut kostfrei.«

Er rannte voraus. Mit dem Richtbeil schlug er eine versperrte Tür auf.

Die Räume füllten sich mit knirschendem Volk. Allerorten splitterte und krachte es. Glas klirrte. Eisenbänder wurden von den Türen gerissen. Böse Schwüre schollen.

Zuerst wurde die Rüstkammer erbrochen. Die Bauern nahmen das Waffenzeug heraus, das gegen die Türken hätte gehoben werden sollen; Harnische, Musketen, Sättel und Riemenwerk rissen sie an sich und ließen ihre Prügel und schlechten Spieße dort liegen.

In den Zimmern des verstorbenen Propstes zerfetzten sie die dort aufbewahrten Zinsbücher, rissen die Freibriefe aus Schubladen und Almern und warfen sie zum Fenster hinaus. Die köstlichen Öfen wurden zertrümmert, Schuhe knarrten im Schutt der feinen Kacheln.

In der Küche, in Zellen und Gewölben frönten sie der Vernichtung. Truhen wurden aufgehackt, schneeweiße Leinwand und Tafeltücher herausgezerrt, beschmutzt und weggeworfen. In den Gängen lag wüst hingestreut zinnernes Geschirr, kirchliches und weltliches Gerät, zertreten, geschändet, darunter oft ein Ding voll edler Schönheit.

In der Bücherei standen Rücken an Rücken die schweren, weisen Bücher, in edles Leder oder in Elfenbein gebunden und mit oft wunderbaren Deckeln versehen, lateinische Werke, Rechtsbücher, Marterergeschichten, Pergamente, zu Bologna bemalt und beschrieben.

Hier lebte sich die Wut des unbelesenen Mannes am ärgsten aus, der in dem Buch seinen stärksten Feind wittert und dessen über die Jahrtausende tragende Beredsamkeit als bösen Zauber scheut. Mit Messern und Spießen stachen die Bauern drein. Bis an den Knien wateten sie in den zerstörten Büchern. »Ein ganzes Zweieimerfass voll Lutherbücher haben die Soldaten aus unserm Ort weggeführt«, rief ein Haslacher. »Jetzt zahl ich es den römischen Teufelsschwarten heim!«

Zuweilen brach einer die kostbaren Beschläge, Spangen und Buckeln los, oder blätterte einer mit unerfahrenem Finger in den ehrwürdigen Pergamenten, und wenn ihn ein seltsames Bild anglänzte mit einem Heiligen in buntem, hellem Gewand und mit einem goldenen Schein statt des Hutes, mit süßen, landfremden Blüten, prächtig befiederten Vögeln und rätselhaft tiefäugigen, beprankltem Getier, da riss er wohl das Bildlein heraus, steckte es sich an den Wams oder unter die Hutschnur und wütete nach solcher Rast in neu erwachtem Grimm weiter.

In den Sakristeien und in der Katharinenkapelle aber hausten die lüsternen Genossen des Spinell, rafften das silberne und vergoldete Gerät zusammen, brachen die Perlen aus den Monstranzen und verteilten murrend und stechenden Neid im Auge das Geschmeide unter sich, stritten auch hin und wieder um einen der vornehmen Steine, die sie aus ihren Fassungen geklemmt.

Eine Wallfahrt ergoss sich in die Kirche, die von den Stangen geholten Fahnen wie Mäntel um die Schultern, in grünseidene, rotdamastene und schwarzsamtene Messgewänder gehüllt. Der Spinell stolzierte unter einem Traghimmel, das schwarzkrause Haar mit einen perlengestickten Insel gekrönt, in goldenem Mantel, die goldbrokatene Stola über dem schmalen, schmutzigen Genick, in der Hand einen kleinodsprühenden Krummstab. Mit gespreizten Fingern segnete er die trunkene Bruderschaft.

Indes floss der Orgelspiel am Chor droben selig weiter, und der Mönche saß umblüht und vergessen in seiner Kunst, die ihm Gelage, Plünderung und Zerstörung verhüllte.

Die Gesellen setzten sich in die Chorstühle, derweil der Spinell am Altar seinen Unfug übte und allerlei welsche Flüche sang. Schließlich nahm er einen Kelch aus dem Sakramentshäuschen und schnüffelte dran. »Ei, wie viel Herrgötter seid ich da drin? Soll ich euch alle fressen?« – Er goss die geweihten Gotteslaiblein zur Erde.

Da schauderte es die andern vor solchem Frevel, und ein graues Bäuerlein kam mit gezückter Hellebarde daher und gebot ihm: »Du schändlicher Bub, gleich klaubst du die Brötlein wieder zusamm!« Aber der Welsche entwischte.

Das Gotteshaus füllte sich immer mehr, und die weintollen Männer wussten nimmer, was sie taten. Mit den Spießen stießen sie den Taufstein um, dass das Weihwasser herausfloss; die seligen Bilder stürzten sie von den Simsen, die Altäre zertrümmerten sie. Sie schrien: »Knochen und Haar und Holzgötzen wollen wir nit anbeten!« Mit der Axt köpfte einer die Muttergottes, ein Bild voll zartfraulicher Lieblichkeit. »Das ist Abgötterei!«, zeterte er.

Am Chor droben stießen sie den Bruder Orthold von der Orgel. »Narr, nimm dir ein Weib!«, schrie ihn der David Spatt an. Des Torwächters Enkelkind, das die Bälge bedient hatte, floh weinend und versteckte sich unter der Turmstiege.

Gehäuse und Windwerk und Pfeifen, das ganze hochherrliche Orgelgerüst wankte und zerbrach unter den furchtbaren Beilhieben.

»Anzünden! Alles anzünden!«, keuchte der Spatt.

Da scholl ein posaunenstarker, herrischer Schrei durch die Kirche. Der Kristof Zeller, der Obristhauptmann des Mühl- und Machlandviertels, stand im Tor.

Mit einem einzigen Blick umfasste er den bübischen Irrsinn. Das war nicht die fromme, gläubige Heldengemeinde, die kämpfen und sterben wollte für das misshandelte Gewissen eines Volkes, das war die grauenvolle Geselligkeit der Wölfe, die auf Raub und Fraß zielte.

»Was treibt ihr da?«, schrie er.

»Anbrennen wollen wir das Nest«, grinsten die Betrunkenen. »Feuer drein werfen!«

Einer bot ihm ein silbernes Weihrauchschifflein. »Da nimm, brauchst es nit zu kaufen!«

Der Kristof Zeller trat vor. Er hielt unter schwankenden, leer hängenden Kettlein, davon die Ampel gerissen war. Mitten in das Getümmel schrie er: »Ihr ruchlosen Leut, seid ihr das christlich evangelische Heer?! Merkt auf! Weh dem, der mir mit Feuer fuchteln will!«

»Gottsdreck, friss uns nur nit!«, entgegnete mürrisch der Spatt. Aus seinem nassen Bart stank der Wein. »Wir wollen halt auch einmal in Braus leben!«

»Geplündert und gestohlen habt ihr unsinnigen, blinden Leut und ärger gewüstet als Räuber!«, zürnte der Obristhauptmann. »Dem Herrgott sein Brot habt ihr aus dem Schrein gerissen! Kein Wunder, wenn die Päpstler von uns sagen, dass wir mit dem Heiland unsre Hund füttern!«

Er deutete auf den Spinell, der einen prallen Sack vorbeischleppte. »Da, nehmt der welschen Dohle den Raub ab!«

Keiner gehorchte, keiner legt Hand an. Da riss der Zeller selber dem Spinell den Sack von der Achsel. Getriebenes Silbergerät, dem frommen Zweck des Messopfers geweiht, rollte zerquetscht und zertrümmert heraus und darunter auch ein flimmerndes Perlenkrönlein, wohl einem Liebfrauenhaupt entrissen.

Der Feldobrist rief: »Wir wo eine gute Sach verfochten, stracks findet sich arges Gesindel dazu und hängt sich dran und schändet sie! Ist nit unser erstes Kriegsgebot, dass wir uns im Zaun halten und dastehen als redliche Leut?! Brot und Rüstzeug dürfen wir nehmen, das brauchen wir. Und nach dem Krieg wird jeder entschädigt, dem wir etwas haben nehmen müssen. Aber was nit in der Notdurft des Krieges liegt, danach dürfen wir keinen Finger strecken. Merkt es: Wer raubt, soll gehenkt werden!«

Aber in dem Haufen gärte dumpfer Unwille. »Hört, wie er den großen Hansen spielt!«, murrten sie. »Den Dünkel sollten wir ihm abkaufen!«

Mit grober Sohle die Perlen auf dem Estrich zermalmend, trat der Pirmin Pfoser dem Zeller an den Leib und prahlte: »Was Geier plauderst du da? Dem Tannazel hab ich eine Wunde gehaut quer übers Maul. Jetzt möcht ich dich erschlagen!«

Da rief der Zeller: »Zacharias Wolf, führ deine Leut aus dem Kloster! Vor Aigen auf dem Anger lässt du einen Galgen bauen. Den Strickbuben da«, er wies auf den Spinell, »den hängst du mir zuerst dran! Er soll den Leumund des Bauernhaufens nimmer schädigen! Schnell mit ihm und mit andern seines Gelichters dem Strick zu!«

»Schaut her, der große Dieb will dem kleinen einen Galgen zimmern!«, höhnte meuterisch der Spatt.

»Bäck, ich renn dir den Grind ein!«, drohte der Zeller.

»Greif mich an!«, forderte der Spatt ihn heraus. »Wir wollen sehen, wer die Leut auf seiner Seite hat!«

Er sah hochmütig auf den Bäcker herab. »Mit einem Finger stoß ich dich um, Spatt. Und deine heillosen Gesellen sollt man in einen Saustall sperren!«

Da drangen die Berauschten auf ihren Obristen ein, die Rohre hielten sie ihm vor dem Kopf. »Barz dich nit so! Du bist auf demselben Mist gewachsen wie wir!«, lärmten sie. »Schmeißt ihm den Schädel ab! Der Hohlwanger, der Verräter will eine eignen Leut henken lassen! Wir dulden das nit!«

»Vertragt euch!«, schrie der Weber Hunbinger. »Wollt ihr Bauern einand die Augen ausbeißen?«

Sie hörten ihn nicht. Sie packten den Zeller beim Hals. Irgendwo ward eine Faustbüchse abgebrannt. Immer wilder wurde der Wirbel.

Mit wuchtigem Schwung hieb der Spinell dem Feldobristen hinterrücks eine Hellebarde auf den Schädel. Da taumelte der starke Mann, da ward es stockfinster in seinem Hirn. Und er schlug ohnmächtig auf das Pflaster nieder.

»Greift den Spinell!«, brüllte der Zacharias Wolf.

Der Welsche war nimmer zu finden.

Droben in der Wüstnis des zertrümmerten Orgelwerkes kauerte der irre Mönch, weinte leise und griff vergeblich in die entseelten Tasten.

15.

Dunkel stieg die Feste Linz in die Nacht. Die Donau sauste, die edle Flut. Der Bauernring war um die Stadt gespannt.

Hinter den Mauern war es unruhig. Sie wussten drin, dass anderntags der Feind stürmen wolle. »Schildwacht, gib acht!«, mahnten einander die Wächter auf den Wehrgängen.

Der Fadinger stand mit Kasparus auf freiem Feld und lauschte den Rufern. Ihn schauderte. »Wie kalt die Nacht ist!«, sorgte er. »Es wird doch dem Korn daheim nit schaden!«

Er griff sich an die Stirn, als besänne er sich. »Bin schon wieder bekümmert um das nichtig Gut der Welt!«, flüsterte er. »Und steh doch jetzt da mit meiner Kriegsschar vor dem stolzen Schloss. Und gegen den Kaiser!«

»Bist du schuld dran?«, sagte der Student. »Der Kaiser und die Kaiserin haben unsre Boten nit einmal vorgelassen. Unsre Klagen haben sie nit hören wollen. Wir haben in Wien nix zu hoffen. In Güte hast du alles versucht, Fadinger. Aber der Kaiser tut nur, was ihm seine Tellerlecker raten. Und die Jesuiter singen ihm die Ohren voll.«

»Ich hab meine Bauern nimmer zurückhalten können im Ebelsberger Lager«, seufzte der Fadinger. »Sie sind unwillig geworden, die Geduld hat sie verlassen. Und die schweren Wettergüsse Tag für Tag! Und ein Dach über uns!«

Der Student grollte: »Eitel Spiegelfechterei hat der Kaiser mit uns getrieben. Hätten wir uns nit hinhalten lassen, wir säßen schon längst in Linz.«

Traurig erwiderte der Feldhauptmann: »Sie stehen zu hoch über uns, sie verachten den Bauern. Und wir haben doch der hohen Frau das Land zu Füßen legen wollen und haben getraut und gebaut, sie wird unser gutwillig Herz erkennen. Und nit einmal angehört hat sie unsere demütige Begehr. O wir sind ein armes, verwaistes Volk!«

»Eine Antwort lässt uns der Kaiser dennoch zukommen«, sagte in schneidendem Spott Kasparus. »Treu und väterlich mahnt er uns, wir sollen hübsch ruhig sein und uns ducken und, was uns wehtut, dem Herbersdorf beichten.«

»Der Kaiser ist zu uns wie die Stiefmutter im Märchen«, klagte der Fadinger. »Sie kämmt das Kind mit eisernem Kamm, bis ihm das Blut in den Hals rinnt.«

»Was kümmert den Kaiser unsere Mühsal, unser geplagtes Leben!«, sagte der Student. »Er lässt uns verderben. Seine einzige Furcht ist, unsere Seelen könnten im Luthertum ersticken, und er müsst beim Jüngsten Gericht drüber Rechenschaft legen.«

»Tät er sich doch um andre Sachen scheren!«, brauste der Fadinger. Sie schwiegen lange und sahen rings die Wachtfeuer brennen wie fiebrig ruhlose Augen, und als sie des müde waren, blickten sie hinauf in die funkelnde, bodenlose Tiefe des Weltenraumes.

Und der Fadinger bat: »Kasparus, zeig mir den Kriegsstern! Ich bin da droben nit bewandert, hab mein Lebtag nur zur Erd niederschauen müssen und nit Zeit gefunden für das, was über mir ist.«

Der Student wies steil empor. »Der dort ist es, der so trüb feurizt.«

»Wie finster glüht er!«, sann der Bauer. »Es ist ein fürnehmer Stern. Eine zornige Kraft geht von ihm her. Der Herrgott hätt ihn nit sollen über uns setzen.«

Kasparus deutete auf den Nordstern. »Der aber ist die Angel. Darum reisen alle andern Gestirne im Ring Tag und Nacht.«

»Das dreht sich wie eine ewige Rossmühl«, nickte der Hauptmann. »Etwan sitzt Gott auf selbigem Stern und schaut herunter auf unser rotblutig Werk.«

»Das weiß ich nit«, sagte der Student. »Aber drin in der finstern Stadt vor uns schaut jetzt wohl einer hinauf mit seinen edeln Schaugläsern, und mit dem Sternspiegel fängt er alles auf, was droben fremd und wie ein Geheimnis glänzt, und er misst die Wege droben und ihre Zeiten und deutet sie aus.«

Der Bauer horchte auf. »Und wer ist denn das?«

»Das ist der Johannes Kepler, der höchste Meister in der Gestirnkunst, vormals zu Prag des Kaisers Rudolf Sternwärtel. Er ist aber größer als ein Kaiser, er ist ein ewiger Mann.«

»Mir ist leid um ihn, dass er drin in Linz hungern muss«, sagte der Fadinger. »Ich hab gehört, dass die Bäcker drin schon winzige Hungerbrötchen feilhalten. Ich möchte dem Sternenmann gern ein Gutes tun, wenn ich könnt.«

»Ihn hungert nit, Fadinger. Er merkt nit viel vom Streit der kleinen Welt. Er lebt woanders. Er lebt hoch über uns.«

»Aber wie nutzt er der Welt, wenn er so weit weg davon ist?«

»Er lehrt uns dem Herrgott seine Schrift lesen, die droben steht. Und jetzt soll er ein Buch schreiben über die Harmonei der Welt.«

»Die Harmonei? Das Wort versteh ich nit.«

»Droben die Sterne laufen in klarer Ordnung ihre Straßen, keiner stört den andern. Und ob auch jeder den eigenen Weg geht, so ist doch droben alles in einer wunderbaren Eintracht miteinander verbunden und zu vergleichen mit einem riesigen Uhrwerk. Und diese Eintracht ist die Harmonei. Und also heißt man auch einen schönen Zusammenschall von Tönen, der uns das Herz erfreut und heilig macht. Und in uralter Zeit haben die Weisen geglaubt, dass die Sterne selig erklingen in ihrem gemessenen Glück.«

Der Fadinger versank in den Überglanz des Himmels. »Da droben ist leicht die selige Ordnung halten. Es sind keine Menschen oben.«

Er kehrte sich zur verfinsterten Erde zurück. Der Wind fuhr auf. Ein Käuzlein klagte: »Tod! Tod!«

Aber dann lächelte er träumerisch. »Und haben wir Linz genommen und ist hernach der Krieg aus, und haben wir unsern Glauben herzhaft bewahrt, so wollen wir auch Ordnung ins Land bringen. Die Möser wollen wir trocknen, besseres Korn säen, stolzeres Vieh aufzügeln. Wenn der Krieg aus ist. Aber wer kann von sich sagen, dass er die schwere Zeit überdauert?«

»Der Johannes Kepler wüsst schon, wie sich Krieg und Schicksal wendet. Er liest in den Sternen, was bevorsteht.«

»So wollt ich ihn fragen, ob das lautere Wort Gottes bestehen wird oder nit«, sagte der Fadinger. »Doch was frommt uns seine Wissenschaft?! Gestritten muss dennoch werden!«

»Glaubst du, Steffel Fadinger, dass wir den Feind überwinden?«, raunte der Student. »Wir sind nit von der eisernen Zunft, sind nit kundige Kriegsleut.«

Der Obristhauptmann erwiderte ihm nicht. Es war, er habe sich in den Rätseln außerirdischer Gebiete vergessen. »Der Kepler«, murmelte er, und ein fremder Geist sprach in ihm auf, »er sucht mit dem Zauberglas seinen Herrgott. Ich wollt, er tät ihn finden.« Und erfragte jäh: »Weiß der Kepler, wie viel Stern droben sind?«

Der Student sagte: »Das weiß niemand. Es sind ihrer so viel als Tropfen in der Donau und noch viel mehr und nit zu ermessen da. Und jeder Stern ist eine Welt, ähnlich der unsern da. Und unsere Erde ist nur ein winzig Stäublein, das unter den unzähligen andern Welten im leeren Urgrund hangt und kreist.«

Der Bauer prallte zurück vor diesem Wort. »Du spaßest. Du redest irr. Du lügst.« Und er drängte: »Sag, so wär unsere Erd da, darum die Sterne tanzen, nit in der Mitte der ganzen Welt?«

Kasparus schüttelte in lächelndem Ernst das Haupt und grüßte wortlos empor, wo die Ewigkeit trostvoll und bedrückend zugleich sich öffnete, und das All und seine Seele erfassten und durchdrangen sich.

Dem Fadinger aber war, als donnerte etwas zusammen. Die ehernen Knie wurden ihm plötzlich kraftlos. »O weh!«, rief er. »Wenn das wahr ist, dann sind wir Menschen ganz verloren und vergessen. Wie kann hernach der Herrgott unsere kleinwinzige Erd und unser Freud und Kümmernis drauf wichtig nehmen? Und Krieg und Leben und Tod ist dann nichtig und alles, was wir treiben!«

Zum ersten Mal im Leben ahnte er Unendlichkeit und Ewigkeit in ihrer tödlichen Vermählung, und das hohle Nichts schmetterte ihn nieder. Und wiederum war ihm, als ob er, hängend zwischen Flügeln, die Menschheit und ihr Werk drunten in entlegener Tiefe schaute: belanglos, wertlos, ohne Sinn, wie sich das Irdische drunten in dem ungeheuern, uferlosen All entwickle und löse.

Ach, was ist der Mensch? Was ein Volk? Es geht unter als ein Nichts in Raum und Zeit! Und was hilft es, dass wir unsere armselige irdische Klugheit kehren wider das Verhängnis, das donnernd aus den Fäusten des Ewigen fällt?!

»Fadinger«, tröstete der Student, »und dennoch dürfen wir unser Los nit nehmen, wie es uns auferlegt wird! Draufschlagen müssen wir wie der Schmied auf das Eisen. Und merk auf: Die Welt wächst aus dem Gedanken: ›Ich will leben!‹«

Der Bauer stammelte: »Ich find mich – nimmer zurecht.«

»Fadinger, der Mensch hat etwas, was ihn groß macht über alle Grenzen hinaus, sodass er alle Gestirne und alle Räume droben und alles, was nimmer zu messen und zu zählen ist, in sich tragen kann. Das ist seine Seele. Gott selber hat sie uns in den Leib gegossen, und wir müssen sie hüten als seinen lebendigen Atem in uns, und was Frommes drin wächst, ist göttlich und wert, dass wir uns drum wehren und es schützen bis zum Tod.«

Der Bauer rang qualvoll, die Worte des andern zu durchgründen. »Was ist denn so kostbar in unserer Seel? Dem Luther seine Lehr? Die Freiheit? Die Wahrheit?«

»Das alles kommt als Äußerstes nit infrage.«

»So sag, Kasparus, was ist das Beste, was der Mensch hat?«

»Die Sehnsucht!«

»Ich versteh dich nit«, murmelte der Fadinger trostlos.

Kasparus umschlang in scheuer Zärtlichkeit den Nacken des Freundes und sagte: »Und dennoch lebt es in dir feierlich und schön.«

Jähe Glut wischte über den Himmel und nahm die Nacht aus ihrem Frieden. Es war, ein zorniger Unstern habe sich von seiner Wurzel losgerissen und fege mit brennendem Pfauenschweif dahin.

»Der Himmel bricht ein!«, rief der Fadinger. Die Stille der Nacht barst, Donnerschlünde spien, krachend und glühend zuckte es durch die Düsternis und spiegelte sich in murrendem Widerhall und im Strom.

»Der Graf schießt!«, rief der Student. »Er traut sich! Pechkränze! Gegen das Urfahr!«

Mitten in der Donau schlug es zackig empor. Feuer war auf die hölzerne Brücke geworfen worden, die an das Nordufer führte, wo in dem Orte Urfahr die Sturmhaufen aus dem Mühlkreis und dem Machland bereitstanden. Die Mitteljoche und das Schlagtor drüber brannten hoch in die Nacht.

In Linz jauchzten die Soldaten. Jenhalb der Donau scholl das verworrene Geschrei der aus der Ruhe geschreckten Haufen. Lichter liefen hin und her, Fackeln irrten.

Aber auch im Heerlager von Linz hatte sich der blinde Schreck erhoben. Schlaftrunken taumelten die Bauern auf, tappten nach den Waffen und wähnten, der Herbersdorf habe sie überrumpelt und wäre schon mitten unter ihnen. Ein Trommler zeterte: »Lärm! Lärm! Ich find meine Trommel nit!« Zu schwarzem Getümmel geballt, unwissend, aus welchem Dunkel die Gefahr ziele, drängten, stießen und quetschten sie sich scheltend und fluchend und verletzten sich an den eigenen Waffen.

Der Fadinger trat ihnen entgegen. Mit einem Windlicht schlug er auf die Flüchtigen ein und brachte sie zum Stehen. »Reibt euch die Augen!«, schrie er. »Wollt ihr davonrennen wie die Berghasen? Der Graf hat die Brücke angezündet. Was nutzt es ihm? Morgen kommen die Nachbarn auf Plätten und Zillen herüber und packen das Schloss von der Donau her. Morgen sitzen wir in Linz.«

Da löste sich das Wirrwarr. Schweigend schlichen die Bauern zurück zu ihren Liegerstätten, und die auf der Wacht standen, schauten den Flammen zu, die in stiller Ruhe an der Brücke fraßen.

16.

Heerrauch schleierte die Höhen ein. Die Erde war voll verhüllten Feuers, und sie erlöste sich davon in den tausend Flammen der Blumen. Schon senkte sommerlich schwer sich die Ähre. Und in den Lüften lauschte es, als müssten von den Gehöften her die Dengelhämmer läuten.

Aber die Bauern lagen vor Linz und bauten Verhaue und Schanzwerke und zimmerten Leitern für den Sturm. Und wenn sich ein Landsknecht auf der Mauer zeigte, so neckten sie ihn mit räßen Schimpfreden.

»He, bindet mit uns an!«, schrie der Michel Eschelbacher hinauf. »Wie wir Bauern kommen sind, habt ihn uns von den Türmen die Blutfahnen entgegen geschwenkt. Und heut schanzen wir schon den vierten Tag euch vor der Nasen, und ihr habt nit einen einzigen Schuss gegen uns gelöst!«

»Wetz dir nur die Gosche!«, erwiderte der Soldat aus der Schießscharte herab. »Euch werden die Augen bald tropfen.«

Der Sauswind fragte hinauf: »Sättigt das Rossfleisch? Nagt nur eure Klepper bis zu den Hufeisen ab! Und wenn euch Hurenkerlen durste, ich schenk euch ein!« Und spottweise ließ er das Wasser in sein Pulverhorn.

Der Knecht droben zerrte zornig an seinem langen Ratzenbart. »Feucht nur das Pulver, du Steivogel! Vergeud es! Ihr habt nur eine einzige Pulvermühl im Land mit vier armseligen Stößeln. Ihr werdet euch bald verschossen haben!«

Der Sauswind ließ sich nicht übertrumpfen. »Mangelt es euch schon an Kugeln? Seid ihr so schlecht versorgt? So schick ich euch ein Schock durch die Luft! Du kommst etwan auch von Peuerbach hergelaufen, Vetter?«

»Prahl zu!«, sagte der Soldat verdrossen. »Es wird sich weisen, wer den bessern Magen hat. Und Schelmenglück führt zum Strick.«

»Schmeißt uns den Herbersdorf heraus, sonst geht es euch schlecht!«, drohte der Schmied.

Der Sauswind gierte: »Komm herab, du zartes Gräflein! Mit den Hellebarden wollen wir dir den Bart schaben.«

»Den Grafen kriegt ihr nit lebendig!«, rief der Landsknecht. »Seinen Keller hat er mit Sprengwerk angefüllt. Und sollt es der Teufel zulassen, dass ihr die Stadt überwältigt, so sprengt er sich mitsamt seinem Schloss in den Himmel. Er ist ein edler Soldat. Die Seligkeit ist ihm gewiss.«

»Glück auf zur Himmelfahrt!«, lachte der Sauswind.

Aus einem Fenster des Landhauses, drin die landesfürstlichen Kanzleien waren und die Stände zu tagen pflegten in friedlichen Zeiten, lauerten zwei Musketiere, ein junger Gesell und ein finsterer Graukopf mit zwei dicken Schnauzbärten, einem unter der Nase und einem über den stechenden Augen, wo die andern Leute die Brauen tragen. Vormals war er ein Steinbockjäger gewesen, ein Wildschütz aus dem Salzburgischen. Die Kameraden scheuten den verwegenen, kalten Kerl, um den allerlei böses Gerücht witterte, und wollten mit ihm nicht viel zu schaffen haben. Es hieß, seine Hand ziele so sicher, dass er auf hundert Schritte weit einem eine Haselnuss zwischen den Zähnen herausschießen könne.

»Heut hab ich das Abendmahl genommen und den Teufel dabei angerufen«, murmelte er. »Heut treff ich!«

»Du kommst nit zum Schuss, Daniel«, sagte der andere. »Der Graf duldet es nit, dass wir auf die Bauern anlegen. Er will sie nit reizen. Und so dürfen sie uns ungestraft schimpfen und schänden. Das vergällt einem ehrlichen Soldaten den ganzen Krieg.«

»Heut schieß ich, Lipp«, beharrte der Daniel. »Ich hab schon wochenlang nimmer den Finger aufs Zünglein gelegt. Ich halt es nimmer aus!«

Jenseits der Mauer grölten schanzende Bauern:

»Heunt in der Nacht ist der Adam verreckt,
Hat ihn der Satan auf die Scheibtruhel g'legt.«

Der graue Steinbockschütz hob lüstern das Gewehr. »Einen hol ich heut vom Ross! Gestern hat er um dieselbe Zeit da draußen an dem Graben vorüber gesprengt. Der kommt mir gelegsam.«
»Dein Schuss nutzt nix«, meinte der Lipp. »Die Bauernhäut sind wie mit eisernen Platten beschlagen. Am Tag nach Peuerbach haben sie unsre Musketenkugeln aus ihren Hosen und Schuhen herfürgeholt.«
»Das will ich sehen, ob der gefroren ist, auf den ich anhalte!«, knurrte der Daniel. »Wenn es so weit ist, Lipp, nimmst du das Ross und ich den Mann!«

Der Obristenhauptmann Stefan Fadinger umritt mit seinem Leibschützen, dem jungen Egger, schon seit aller Frühe die Stadt. Vom Galgenberg kam er her, wo er die Schanzen besichtigt hatte und die Geschütze, die die Mäuler gegen das Schloss reckten, und nun sprengte er hart an dem Graben vorbei und spähte die Mauer ab, die schwachen Stellen daran zu finden.

Der Herbersdorf hatte die Zeit seit dem Scharmützel vor Peuerbach wohl zu nützen verstanden. Neue Schanzen hatte er errichten und die schadhaften Mauern bessern lassen, die Tore waren neu mit Eisen gepanzert oder zugeschüttet, in dem Graben lagen Nägel und tückisch gestachelte Fußangeln.

Der Fadinger nagte unmutig an den Lippen. »Er hat den Fuchsbau gut befestigt, derweil wir im Land herumgestreunt sind und uns von den Federfuchsern haben narren und gängeln lassen! Aber verbollwerk dich noch einmal so fest. Graf, das Gericht findet dich doch!«

Er kehrte sich zu seinem Schützen. »Sei getrost, Bub! Heut legen wir die Leitern an. Hörst du den Sauswind blasen? Der prophezeit uns gut.«

In schneidigen Tönen blies der Trompeter sein Lied, und es wehte frisch und herausfordernd gege die spröde Stadt.

»Ist mir ein feins brauns Maidlein
Gefallen in den Sinn,

Ich hoff, ich wollt heut bei ihr sein
In ihrer Kammer drin.«

Ein schanzendes Bäuerlein lehnte müd und versorgt an seiner Schaufel.

»Druckt dich das Heimweh nach der Sengst, Michel Kastner?«, fragte der Fadinger. »Halt aus! Wenn das Grummet geschnitten wird, bist du längst schon zuhaus.«

Der Bauer faltete die Hände über den Schaufelstiel und seufzte: »Wenn der Graf sterben tät, was der Herrgott schaff, hernach wär Fried. Aber der Herrgott, ha, auf den Wolken liegt er in seiner Seligkeit und schaut uns zu, wie wir da herunt strodeln und strampeln!«

»Schaufel zu, Michel!«, sagte der Fadinger. »Der Herrgott schlaft nit. Und es wird alles so ausgehen, wie er es haben will. Das muss unser Trost sein.«

Und wie er sein Ross weiter treiben wollte, da schrie plötzlich einer von der Mauer herunter, barsch und herrisch: »He, bist du der Fadinger, der Bauern ihr Weisel und Allergottsobrist?«

Von der Zingelmauer sah ein hochfahrendes, aufgeschwemmtes, kränkelndes Gesicht herab, behelmt und mit weißem Spitzenkragen unter dem feisten Kinn.

»He, und bist du der Herbersdorf, der uns Bauern fressen möchte?«, entgegnete der Fadinger.

Graf und Bauer starrten sich in tödlichem Hass an.

Dem Statthalter gleißten die Augen. »Also so schaust du aus, du Erzrebell?!«

»Also so schaust du aus, du mutwilliger Mörder!«, widerhallte der Bauer. »Dein falsches Herz sticht dir aus den Augen. Du bist der, der uns aus dem Land schaffen will! Du bist der, der uns um alles bringen will, was uns lieb ist! Unser Gewissen willst du ertreten, unsern Glauben ausrotten! Es wir dir nit gelingen!«

»Du Stocknarr, du toller Schopf, was maßest du dir an?!«, grollte der Graf. »Du begehrst auf gen den Lauf der Welt, du willst mit dem Kurfürsten raufen! Willst gar dem Kaiser die Krone nehmen? Ja, wenn der Bauer aufs Ross kommt, kein Teufel erreitet ihn!«

»Ich tu, was recht ist«, begehrte der Fadinger auf. »Der Mensch ist da, dass er seinem Nachbarn hilft. Alle Tugend richtet sich auf den Nachbarn und die Gemeind. Ich will nur helfen. Und dem Kaiser vergönn ich seine Kron. Dem Erzhaus Österreich bin ich ergeben, ich gehör ihm an. Mit ihm führ ich den Krieg nit. Aber du hast in unserm Land nix zu tun, du loser Mann!«

»Du erzgrobianischer Kerl, so redest du mit mir?!«, schnarchte der Graf. »Mit Recht steh ich dem Land vor! Meinem durchlauchtigen Herrn ist es verpfändet. Und dass ihr euerm Glauben absagen müsst, das hab nit ich verursacht. Der Kaiser will es haben!«

Der Fadinger stellte sich straff in die Steigbügel. Wie ein flammendes Schlachtschwert war er. »Du, Graf, hast das Gräuelwerk angefangen. Du hasst uns, wie der Abtrünner den hassen muss, der treu blieben ist. Du darfst dir alle Schuld beimessen. Du willst uns das heilige Wort rauben. Unser Fleisch willst du fressen, unser Blut saufen! Du Feind Gottes!«

»Feim mich nit so an!«, rief der Graf heiser. »Mit der Hundspeitsche leucht ich dir heim! Du willst mir die Tore einschlagen, die Mauern zerreißen! Meine Soldaten willst du mir schändlich verlocken, dass sie mich in deine Hände spielen! Versuch es und lass deinen unsinnigen Haufen die Leitern legen an mein Schloss! Ich will dir aufwarten!«

»Graf, deine Stärke bricht ab! Hinter dir steht Gott nit. Wie ein blutfleckiger Metzger hast du in Frankenburg mit uns gehaust! Wasch dich mit der ganzen Donau! Sie wäscht dich nit rein von dem unschuldigen Blut, das du versprengt hast!«

»Hab ich unrecht getan«, polterte der Herbersdorf, »so soll ich gleich ärschlings in die Höll fahren! Aber dich, Fadinger, warn ich. Deine Anschläge und Träume fliegen übers Gewölk hinaus. Bleib im Tal, dann fällst du nit! Dein Glück wird bald vergehen. Dein Anhang wird dich sauber im Stich lassen. Zuschanden wird das Bauernwerk!«

»Dich bieg ich noch unter die Achseln!«, schrie der Fadinger.

»Es wird so mancher das Weiße im Auge über sich drehen!«, drohte der Graf. »Lasst euch den Narren schneiden! Ihr wisst nit, wie dumm ihr seid, ihr verdorbnen Leut!«

Der Bauer lachte grimmig. »Du heulst wie der Hund hinterm Gatter.«

»Ihr habe noch ein anderes Gelüst als das freie Gewissen«, höhnte der Herbersdorf. »Aber ich will euch den Beißkorb anlegen! Überwürdig seid ihr alle des Strickes. Voraus du verschlagener Schelm da drunten!«

Dem Fadinger schoss das grobe Bauernblut ins Hirn. Das breite Schwert zog er und bäumte es gegen den Statthalter, als wolle er seine Sache mit dem Eisen verfechten. »Ich bin kein Schelm!«, brüllte er, dass es von den Mauern gellte. »Mir ist die Wahrheit begegnet! Aber du? Deine Ehr ist voller Scharten. Du hast allen Gnad versprochen, die sich bei der Linde einfinden. Dein Wort hast du gebrochen, deinen Adel hast du verloren! Ja, dreh dich nur um nach deinen Schergen! Dort droben im Fenster lauern zwei. Wie ein Schelm tust du an uns! Ein Lügenknecht bist du!«

Mit verzerrtem Mund schrie der Graf zu den Musketieren hinauf: »Bürstet ihn weg!«

Ein Donner schlug gegen den Fadinger. Abwehrend hielt er sein Schwert vor sich. Seine Sinne stockten. Ihm schwindelte. Die Waffe entsank ihm. Das Ross brach zusammen.

Bauern kamen gerannt. Sie zogen den Feldobristen unter dem blutenden Tier hervor.

»Schadhaft – bin ich – worden«, ächzte er.

Gewaltig erwachte jetzt die Feste aus ihrer Trägheit. Musketenfeuer blitzte, Kanonen kleschten, Kugeln schlugen ein.

Die Bauern bahrten den Verwundeten auf ihre langen Spieße und trugen ihn hastig aus der Gefahr. Sie trugen ihn über ein zertretenes Feld, in dessen Verwüstung nur noch ein wilder Mohn einsam blutete. Schmerzlich kehrte sich der Fadinger davon ab.

17.

Das Öllicht brannte trüb und ließ in seiner Unkraft das finstere Gebälk der Bauernstube im Schatten. Hin und wieder floss ein flüchtiger Schein durch die bleigefassten Gläser des Fensters, wenn ein Bote mit der Fackel vorüberhuschte.

Kasparus wachte an dem Lager der siechen Feldobristen. In all den stöhnenden Schmerzensnächten war er nicht von ihm gewichen.

Der Feldscher flüsterte ihm zu: »Jetzt schläft er. Vor lauter Müdheit schläft er.«

»Ist keine Hilf mehr?«, fragte der Student.

»Die Kugel hat das Bein völlig zersplittert«, erwiderte der Arzt. »Die Wunde ist brandig. Der Tod steht an seinem Bettfuß. Ich geb keinen

Judenheller für sein Leben. Ihr aber, Kasparus, solltet ein paar Tropfen *oleum lunae* nehmen. Das hilft gegen die Melancholei.« Und ehe er ging, deutete er auf den Kranken zurück. »Er stirbt nit leicht. Weil er nur eine Herzkammer hat. Das heißt man ein ganzes Herz. Und ein solches bricht schwer.«

Kasparus war allein. Er beugte sich über den Schlafenden. Eine borstige, gräuliche Raupe kroch über dessen Stirn. Der Student fasste sie, seinen Ekel beherrschend, und schleuderte sie weg. Ihm war, er habe damit einen qualvollen Traum von der Seele des Fadinger genommen.

Nun lag die mächtige Stirn frei. Edler und geistiger war sie als früher, da Schmerz und höchste Verantwortung noch nicht darunter gewohnt hatten. Tief waren ihr die Furchen nächtlichen Sinnens eingepflügt. Strenge Falten strahlten von den Augenwinkeln aus und spannen bis zu den bleichen Schläfen hin. Das Haar war ganz grau geworden.

Jetzt zuckten die trockenen, fieberzerrissenen Lippen, die Augen öffneten sich unsagbar traurig und starrten den Studenten an. »Kaiser«, flüsterte der Fiebernde, »warum lässt du mich verdürsten?«

Kasparus bettete ihm das Haupt weicher und bequemer und bot ihm einen Krug Wasser, und der Kranke trank in endlosem, gierigem Zug.

Die Kühle des Trunkes klärte ihm das Auge. »Wie lind ich liege!«, lächelte er ganz schwach.

»Fadinger, hör, soll ich nit heimschicken nach Sankt Aiden?«, fragte der Student. »Dein Weib wär gern bei dir, tät dich gern pflegen und legen ...«

Der Kranke lauerte auf. »Ist es schon so weit mit mir?« Und hernach sagte er müd und langsam: »Hab nix mehr zu schaffen mit Weib und Kind – schon lang nimmer ...«

Schweigend starrte er zur Stubendecke empor.

Dann hub er eintönig an: »Wir Bauern sind ein verachtetes Volk. Und doch ist alles, was wir tun, nur Mühsal und wiederum Mühsal, und unsre Arbeit ist so redlich und so notwendig. Die Welt könnt ohne uns nit einen Tag bestehen. Warum sind wir den Grafen und Herren pflichtig mit Zins und Fron? Hat denn uns allein der Heiland nit erkauft und erlöst durch seine Marter? O die Herren! Sie täten gar verlangen, dass wir ihnen Pflug und Egge ziehen wie das Vieh!«

»Einmal wird es besser«, tröstete Kasparus. »Nur warten müssen wir.«

»Warten, warten, allweil warten!«, flüsterte der Kranke.

Kasparus strich ihm sanft über die Hände. Er hob die schwärmerischen Augen. »Fadinger, ich seh ihn gehen frei ins Feld, deinen Urenkel. Wie steil hält er das Genick! Lachend wirft er die Saat aus! Keinem Herrn ist er untertan. Er dient allen Menschen!«

Da wob ein träumerisches Lächeln um den Mund Fadingers und machte ihn kinderzart. Und der Mann nickte sanft, nickte dem fernen, befreiten Enkel zu. »Ich hab auch eine Handvoll Saat ausgestreut«, murmelte er.

Aber plötzlich riss es ihn wild auf, als hätte ein Unhold seine Seele inne. »Kasparus«, schrie er schmerzlich, »eine Frag! Wozu ist der Mensch da?!«

Fiebernd sank er zurück, stammelnd: »Hol den Schuster! Schnell, schnell! Die Schuh soll er mir flicken! Ich – hab – einen weiten Weg.« Er röchelte.

Der Student jagte hinaus, rüttelte den jungen Egger wach. »Schütz, hol die Hauptleut! Es geht mit ihm dahin.«

Als der Fadinger aus tiefer Ohnmacht noch einmal zu sich fand, standen die Männer an seinem Lager. Vor lauter Traurigkeit konnten sie nicht reden.

Der Sterbende erkannte sie. »Leut, ihr müsst euch jetzt einen andern suchen, einen bessern!«, sagte er. »Ich bin zu langsam gewesen, hab manches versäumt. Bin halt kein kriegsverständiger Mann, bin ein geringer Mensch. Ich hab es halt auf mich genommen. Und jetzt, in der Sterbstund, fürcht ich, die armen Leut zahlen drauf.«

Da trat der Madlseder vor, der Stadtrichter zu Steyr. »Freund«, sagte er fest, »wir können uns gewisser Hilf getrösten. Unsre Bauern haben Freistadt erobert, das Machlandviertel ist unser. Der Bassa von Bosna ist auf der Streife, der Mannsfelder soll durchgebrochen sein. Unser Krieg ist weltkundig worden. Die luthrischen Brüder helfen.«

Der Kristof Zeller eiferte: »Mit eisernem Faustring schlagen wir ans Linzer Tor! Der Graf wird gekrochen kommen wie der Wurm aus dem Ohrloch.«

»Es wäre schon recht!«, flüsterte der Obristhauptmann. »Männer, bleibt nur beieinand wie Stahl und Eisen! Und schaut darauf, dass die Unsern nix Unrechtes tun in der wilden Zeit! Was bis jetzt Schlimmes getan worden ist von dem bäurischen Heer, es soll auf meine Rechnung geschrieben sein. Ich trag es.«

»Der Herrgott wird uns verstehen«, sagte der Berndl.

Der Fadinger schloss die Augen. Ein jähes, kindlich schönes Wahnbild umfing ihn. Der Himmel wellte vor ihm wie ein endloses goldenes Kornfeld, und mittendrin stand ein strahlender Geist, den Mond wie ein Sichlein in der Hand. Auf gewölbten Wolkenalmen graste stilles Vieh mit silbernem Gehörn. Weiße Wasser klangen von rätselhaften Höhen nieder, und von ihrem Schwall getrieben, drehte sich des Herrgotts Mühle mit langsamem, feierlichem Rad.

»Und dennoch! Dennoch!«, murmelte er und ward sich wieder der Stunde bewusst. »Auf die Welt möcht ich wieder hinunter, möcht wieder der Fadinger werden, streiten – für das ewige Wort!«

Kasparus trat leise zu ihm und legt ihm eine Ähre in die Hand.

Er sah sie liebreich an. Und er sprach: »Alles hat sein Stund, wo es blüht und wo es dahin fällt. Nix geschieht vor der Zeit.«

»Schwager«, redete er plötzlich laut den Kristof Zeller an, »wie steht das Korn?«

»Der Kern wird voll, Bauer«, antwortete der, »nur im Halm ist es ein bisslein kurz.«

»Fadinger, noch eins müssen wir dich fragen«, sagte der Berndl. »Wer soll uns führen, wenn du dahin bist?«

Der Kranke stierte ihn an, er formte den Mund, wollte reden und konnte nicht mehr. Sein Gesicht wurde ganz weiß und schmal.

»Jesus, sei der armen Seel gnädig!«, rief der Achaz Wiellinger.

Der Zeller lauschte an den Lippen des Feldobristen. Der Atem hob sich nimmer. »Er hat es überstanden«, sagte er. »Wir haben es noch zu gewarten.«

Kasparus nahm erschüttert die todeskühlen Hände, sah das stille Haupt ruhen in vergeistigter Würde.

Er durchschaute das Schicksal, das diesen Mann aus der Niederung seines Amtes plötzlich wie einen Speer hochwarf über sein Volk hinaus, in der Höhe aufzuglänzen und nach kurzem Flug gestillt zurückzusinken in die dunkle Heimat.

Schmerzdurchdrungen klagte Kasparus nieder zu dem edlen Leichnam: »Tot bist du, du auserwählter, unverdrossener Held! In unsrer Not ist aus deinen Händen hilfreich uns das Schwert erblüht. Du hast unser Gewissen geweckt. Treuherzig und gerad, ohne Ehrsucht, nur der Sache wegen hast du die ungeheure Pflicht auf dich geladen wie unser Heiland das Kreuz. Du bist der gute, der starke Mensch unseres Volkes gewesen.«

Dann übermannte den Studenten die Größe des Verlustes, und es war, vor seiner Ahnung reiße der Schleier, der künftiges Verhängnis bedeckte, und er schleuderte sich über die Leiche hin und heulte: »Tot! Tot! Tot!«

18.

In schwerer, wolkiger Nacht rieb sich der Wächter von Wesenurfahr die Augen. Die Donau rollte hoch.

Schon wochenlang war der Strom wie abgestorben. Kein Schiffmann wagte von Bayern her die Naufahrt. Und jetzt glitt eine finstre Flotte flussabwärts. Gespenstische Ungetüme fuhren auf dem geschwellten Wasser. War es ein Traum?

Der Wächter griff zum Rohr. Der Warnschuss krachte ungeheuer in der Stille. Die Nacht widerhallte.

Auf den geistergrauen Zillen regte sich nichts. Kein Schussfeuer glomm dort auf, kein Schrei erwiderte. Lautlos und hastig schwebte der Zauber vorbei, getragen von der jagenden Flut.

Stromabwärts scholl je und je der Schuss einer Schildwacht. Schließlich schwand alles im Dunkel.

Die bayerische Flotte schwamm vorbei an einöden Burgen, ausgebrannten Raubnestern, altem Streitgetürm. Immer wilder verengte sich das Stromtal. Schäumend brach sich das geklemmte Wasser an Klippen, an Blockwerk, das vom Steilhang niedergerollt war. Wälder stiegen düster bis zur Flut herab. Felsen bleckten aus der schwarzen Wildnis, starrten hinüber und herüber, ewig geschieden von der riesigen, schillernden Otter, die ewig mit sich allein das vorgebahnte Felsgeleise zog.

Die Flotte schwamm vorbei.

Verschlafene Bauernschützen schauten hin wie auf etwas Unglaubliches, hoben das Gewehr, senkten es wieder. Nur zu ins Verderben, ihr Schiffe! Seil und Ketten sperren die Donau, Ketten aus steirischem Eisen! Wenn ihr zerschellen wollt, ihr Zillen, nur zu!

Bei Neuhaus wacht der Bauer. Wohlbesetzt ist dort das Ufer. Grobes Geschütz wird euch dort aufwarten, ihr verwegenen Schiffe! Dem Grafen wollt ihr wohl Brot bringen? Er braucht es. Hunde und Katzen frisst er schon mit seinen Knechten. Bald ist es mit ihm Matthäi am Letzten. Fahrt zu!

Der Strom ward krumm. Immer jäher stieg die graudunkle Engschlucht an. Die Ufer strebten einander zu, als wollten sie die Donau zerquetschen.

Das mächtige Schloss Neuhaus erschien hoch am Gestade. Wie ein dreister Landsknecht auf der Schildwacht stand es.

Zu Wegenstoß bei der Mühle lauern sieben Geschütze hinter der Schanze. Aber der Bauer schnarcht sorglos: die Ketten wachen für ihn.

Singend dankt ein ferner Wächter die Nacht ab.

»Auf, auf! Es ist schon Zeit.
Die Vögel singen auf grüner Heid,
Der Fuhrmann fährt schon auf den Straßen,
Unser Herrgott wird uns nit verlassen.
Hat drei geschlagen!«

Die eisernen Zillen nahen. Vermessen saust ihnen jetzt ein Boot voraus. Am Seil hält es. Ein Soldat hebt die Axt, schlägt das Seil durch.

Das ungeschlachte Führerschiff finstert heran. Sein Schnabel ist gepanzert, sein Bauch mit Steine beschwert, die es tief ins Wasser drücken. Mit äußerster Wut arbeiten die Ruder. Die reißende Flut treibt. Jetzt gilt es!

In rasendem Prall stößt das Schiff an die miteinander verschlungenen Ketten, die sperrend den Strom überqueren. Die Welt wankt. In die Tiefe klirrt es hinab.

Der Riegel ist gesprengt. Frei treibt das Schiff weiter, ihm nach die Zillen.

Die verwegenen Schiffsleute jauchzen auf. Die Donau ist wieder offen! Die Musketiere lösen die Gewehre, die Tat mit Donner zu feiern. Das Stromtal brüllt das Getös zurück.

Am Ufer aber erhob sich blinde Verwirrung. Bauern im Hemd, nackte Menschen flohen, schossen, fluchten den Teufel in Grund und Boden.

Wiederum krümmte sich die Donau ums Gebirg. Um den Felsenbug verschwand das kühne Geschwader.

In wilder Fahrt schossen die sechs Zillen hin durch die Waldschlucht. Der Tag brach an, die Donau gleißte.

Die Berge endeten, und wie ein freundlicher Garten empfing das Aschauer Land den entfesselten Strom, der nach langem Zwang sich nun behaglich in die Breite reckte. Weiden senkten ihr Geflecht ins wandernde Wasser. Kirchtürme, Schlösser tauchten auf, fern graute der Traunstein wie ein drohendes Burgtum.

Langsam trieben die Zillen dahin, an kahlen Sandbänken und grün bewachsenen Inseln vorüber, Untiefen vermeidend, darüber es gefährlich strudelte. Immer wieder irrten von den Ufern Schüsse herüber, die nichts fruchteten, niemand heunten.

Aber zwischen dem Kürenberg und Ottensheim harrte die Gefahr. Dort an dem Bergtor gähnten die Feuerschlünde des Kristof Zeller stromhinüber die Schanze an, die der Graf den Aufständischen vor die Nase gesetzt und »Trutzbauer« getauft hatte.

Dort im Lager der Donaubauern surrte das Volk wie ein besessener Immenschwarm durcheinander, als es die feindlichen Schiffe wie einen überrumpelten Spuk dahergleiten sah.

Die Kristof Zeller wütete: »Und wenn sie die Kette zerbrochen haben, wir verriegeln den Fluss mit hundert Ketten, und wenn sie die hundert zerreißen, wir schütten die Donau zu!«

Er riss einen Spieß aus der Erde und sprang dem Strand zu, als wollte er mit der Stange Strom und Flotte aufhalten.

Auf den Schiffen glommen die Lunten. Feurig zuckte es. Der Bauernhauptmann stürzte lautlos vornüber.

Sein Leutnant Jeronymus Urnehader kniete neben ihm, den Pfiff der bayerischen Kugeln um das Ohr. Er wendete den wuchtigen Leib des Zeller um. Der war tot. Den Mund hatte er voll Erde. Das Blut schoss ihm aus dem geöffneten Herzen wie ein Strömlein aus dem Fels.

Geschrei pflanzte das Entsetzen fort und steigerte es. »Der Zeller ist tot!«

Das Geschwader glitt unbehelligt vorüber.

Die Linzer Landschaft entfaltete sich, das ragende Schloss, die bewehrte Stadt. Glocken schlugen an.

Der Herbersdorf sah vom hohen Fenster aus die Schiffe daherfunkeln. Er schrie auf wie ein heiseres Tier.

Vom Urfahr herüber knallten die Bauernflinten. Dröhnend antwortete die Feste. Nach allen Seiten hin spie sie Feuer, die Belagerer zu binden. Des Grafen Landsknechte brachen aus und vertrieben die Bauern von der Anlände.

Unter Feuer und Donner landeten die bayerischen Musketiere. Eilends wurden Geschütze von den Schiffen herab verladen, Fässer mit Mehl und Fleisch durch das Wassertor gerollt in die ausgehungerte Stadt. Heerpauken und Trompeten schallten Freude.

Achaz Wiellinger, der neue Obristhauptmann vor Linz, ritt in schwerem Unmut zum Judenbauernhof zurück, wo er mit seinem Stab untergebracht war. Zusehen hatte er müssen, wie das verwegene Wagestück der Bayern geglückt war.

Der Hauptmann Andres Hamel empfing ihn. »Wiellinger, betrübte Zeitung muss ich dir melden«, sagte er bang. »Der Kristof Zeller ist tot!«

»Eine Lüge ist das!«, brauste der Wiellinger ihn an.

Der Jeronymus Urnehader trat aus der Tür. »Wiellinger, nimm dich des Haufen jenhalb der Donau an! Sie sind ganz wirr vor Schreck, wissen nit, was sie tun sollen.«

»Der Tod ist jäh«, schauderte der Wiellinger. Ihm war, eine eisige Hand taste nach seinem Herzen. »Der Fadinger! Der Zeller! Wann ich?«

Er schaute gen Himmel. Daran hing eine Abendwolke, lang und schmal und rot wie ein blutiger Spieß.

19.

Der Andres Hamel legt ein fliegendes Blatt auf den Tisch. Der Herbersdorf hatte es aus der Stadt flattern lassen.

Auf dem Blatt war ein Rad abgedruckt, daran drei Männer in bäuerlichem Kleid hinauf gedreht wurden und am Abfall des Rades wieder herunter kollerten. Darunter war der Reim zu lesen:

»Das ist des Glücksrads Stund und Zeit,
Gott weiß wohl, wer der oberst bleibt.«

Der Achaz Wiellinger fetzte das Blatt entzwei, warf es zu Boden und trat darauf. »Mit ihrer Reimerei schlagen sie uns nit aus dem Feld!«, lachte er grimmig.

Der Hamel kratzte sich seine Hakelnase. »Aber übermorgen soll das bayerische Heer ins Land rücken!«, sagte er. »Die Zillen sind die Vorboten gewesen.«

»Wir müssen uns verstärken«, rief der Wiellinger. »Das eilend Aufgebot ist erlassen, dass alle, Mann für Mann, ob edel oder nit, was über fünfzehn Jahr alt ist, her muss. Folgt der oder jener nit, so soll ihm Schloss und Hof in Asche gelegt werden. Linz muss fallen, eh die Bayern kommen!«

Der Hamel sah ihn nach der zwerch an. »Die evangelischen Herren haben die Hosen voll«, murrte er. »Sie tun nit mit, stellen keine Reiter, leihen die Rösser nit her, reden sich aus, es sei ein Bauernkrieg und kein Edelmannskrieg. Lachend schauen sie zu und lassen nit in unsre Karten mischen. Den Vorteil hernach aber werden sie genießen wollen. Kreuzteufel, ich bin den Aufruhr satt!«

»Geduld dich!«, beschwichtigte ihn der Obristhauptmann. »Ist nur einmal Linz unser, dann treten die Herren gern zu uns.«

Der Andreas Hamel gab sich nicht zufrieden. »Und unsre Bauern verlieren die Zucht. Ja, der Fadinger, der hat sie gebändigt, der hat ein Ansehen gehabt bei ihnen. Jetzt werden sie allweil widerstrebender und gröber, wollen sich nix mehr sagen lassen.«

»Wer nit folgt, wird gestraft«, sagte der Wiellinger. »Aber heut noch nit. Ich will nit bös Blut machen, eh wir unser Glück an Linz versucht haben.«

Der Hauptmann zu Urfahr, Hans Rupprecht, steckte den Kopf zur Tür herein. »He, was tuschelt ihr zwei euch da zu?«, polterte er. »Wärmt euch wohl miteinand unter einem Mäntlein? Aber darauf besteh ich, übermorgen beim Sturm müsst ihr Landbauern zuerst anrennen! Wir Donaubauern wollen nit allweil zuerst den Grind hinrecken! Wir haben schon genug geblutet!«

Der Hamel fuhr hoch auf. »Erst musst du mit denen Haufen den Trutzbauer nehmen! Sonst rühren wir Landbauern keinen Finger. Die Zillen habt ihr durchlassen, ihr Schlafhauben!«

Der Hans Rupprecht spielte mit seinem Stichmesser. »Hamel, du hast mir nix zu schaffen! Der Zeller, der ist mein Oberhauptmann gewesen. Aber du und der Wiellinger, so viel wie ihr zwei bin ich noch allweil.«

»Streitet nit!«, lenkte der Achaz Wiellinger ein. »Wie soll sich der gemeine Mann vertragen, wenn er die Hauptleut zwieträchtig sieht? Vertragt euch! Wie oft beißt der Zahn der Zunge, und müssen halt dennoch gute Nachbarn bleiben und einander aushelfen.«

Der Hamel kehrte sich nicht an die wohlmeinende Rede. »Du dummer Fleischhacker«, fuhr er seinen Widersacher an, »willst du dich über mich erheben? Du hast dein Lebtag nit aus dem winzigen Landel hinausgeschaut, und wenn du nit hättest von den Viehmärkten deine Kälbeln holen müssen, du wärest nie hinterm Ofen herfürgekrochen. Aber ich bin ein bereister Mensch, bin schon in Venedig gewesen und kann erzählen. Mich hat die Welt zugeschliffen, du bist ein roher Holzstock geblieben!«

Als der Hans Rupprecht gebührlich erwidern wollte, meldete sich draußen eine schrille Stimme, und eine Bäuerin drang in die Stube. Sie war groß und rüstig, doch trug sie allzu frühe Runzeln auf der Stirn. Schier festlich war sie gekleidet, der hohe Gupfhut verdunkelte ihren blanken Blick, um das feste Kinn schimmerte eine schneeweiße, unzerknitterte Mühlsteinkrause, und auch die zackig gesäumte Schürze war blendend rein, als hätte sie diese gerade aus der Truhe geholt.

Der Hellebardner, der die Tür gehütet hatte, folgte ihr mit einigem Zögern. »Treinschel, wie kommst du daher?«, fragte er sie verdrießlich. »Bist du gar auf der Gabel hergeritten?«

Sie fuhr den Wiellinger an: »Bist du der Anführer?«

»Der bin ich.«

»Meinen Mann begehr ich zurück, den Sumatinger!«

»Den brauch ich, Bäuerin.«

Da zürnte sie: »Der päpstisch und luthrisch Gott sollen sich ihren Streit allein ausmachen, sollen sich meinethalben einer dem andern den Bart ausreißen! Aber der Sumatinger ist daheim nötig, nit da. Bei dir, Hauptmann, lehnt er nur am Türstock und faulenzt. Ich hab ihm heut eine hübsche Weil zugeschaut, wie er den Türstock gehalten hat, dass er nit umfallt. Mir macht keiner nix vor. Ich brauch ihn daheim. Ich kann keine Schnitter gewinnen, alle sind ausgeflogen. Und ein eisgrauer Spruch sagt: ›Am Peterstag steht der Bauer mit der Sichel da. Und zu Kilian schneid't jedermann.‹ He, Sumatinger, tu den Spieß ab! Das Korn steht daheim reif am Halm, verdirbt uns, fällt uns aus der Ähre. Und nach dem Korn wartet das Grummet. Und hernach der Haber.«

»Zuerst wird das Linzer Schloss gegen die Wolken geschickt«, sagte der Wiellinger, »hernach kriegst du deinen Bauern heim.«

Sie stemmte die Arme breit in die Hüften. »So, willst du wieder tausend Witwen machen? Ihr richtet allsamt nix aus. Der Fadinger ist hin, die Läutkuh. Der hätt den Grafen überwältigt. Ihr nit.«

Da ermannte sich der Sumatinger. Die Hellebarde stieß er hitzig nieder. »Verdammte Wettermacherin, weißt du nit, dass es um unser Gewissen geht? Da bleib ich, und wenn auch daheim alles hin wird! Da ist mein Platz, da bin ich wichtig.«

Sie musterte ihn von dem Gupf des Jodelhutes bis herunter zu den geplatzten, staubigen Schnallenschuhen. »Du kriegsüchtiger Tropf du!«, fuhr sie ihm übers Maul. »Seit Christi Auffahrt hast du dich in deinem Hof nimmer blicken lassen. Hinter der Trommel daher rennen, das gefällt dir halt besser, du Nixtuer, elendiger. Und gar das Raufen! Daheim hast du bei keiner Kirchweih gefeiert. Jetzt kannst du tagtäglich dreinstechen! O wie langmütig ist doch unser Herrgott mit dir! Überall bist du dabei, und vor dir fallen sie und hinter dir und neben dir, und nur für dich Teufel ist keine Kugel gegossen!«

Und sie blitzte den Wiellinger an: »Und du, merk dir: Der Fadinger ist dahin. Jetzt werdet ihr bald alle auseinander rennen. Bis zur Gant werdet ihr es noch bringen. Abhausen wird die ganze Bauernschaft!«

Die Tür schlug sie hinter sich zu, dass das Haus in seinen Grundmauern zitterte.

»Ich wollt, ich hätt sie los«, brummte der Sumatinger, »eine andere tät ich nit begehren.«

Dem Wiellinger glühte die Stirn vor Scham. »Andres Hamel, Hans Rupprecht, habt ihr das Weib gehört?!«, fragte er bitter.

»Das ist ja der Jammer, dass bei uns ein jeder das Wort führen will«, sagte der Sumatiner und trollte sich.

»So wollen wir halt würfeln, wer den Sturm anheben soll«, sagte der Rupprecht verdrossen.

Er zog einen Würfel aus dem Sack und schleuderte ihn auf den Tisch. Der Würfel zeigte ein Auge.

»Andres Hamel, deinen Wurf erlass ich dir«, sagte er, und dann lachte er, leicht sich tröstend: »Also gehen halt die Meinen zuerst den Tanz an. Und den Grafen fangen wir und zerhauen ihn in Viertel:

Eins kriegt der Kurfürst, eins der Kaiser, eins der Papst, und das hintere der Teufel.«

20.

Von der Trutzbauernschanze her schollen gräulicher Lärm und Schüsse: dort waren sie schon aneinander geraten.

Die Landbauern horchten hoch auf. Ihre Rotten standen bereit. Da huben sie an einen kampfbrünstigen, gläubigen Gesang, und der tönte breit und rau über das nächtliche Land.

> »Weil denn die Stund vorhanden ist,
> Allda wir müssen streiten
> Für dein Wort, du Herr Jesuchrist,
> So steh und treu zur Seiten!
> Wir suchen dein, nit unser Ehr,
> Dein Wort, Herr, sonst nix anders mehr
> Ist unsers Herzens Freude.
>
> So Haus und Hof, so Weib und Kind
> Haben wir jetzt verlassen,
> Auf dass ihr Heil die Seele find't
> Und es kann recht erfassen.
> Herrgott, dein altes, lautres Wort
> Ist unser einzger Trost und Hort,
> Tut unser Herz durchschwellen.
>
> So renne wir im Namen dein
> Gen die, so uns wolln zwingen
> Und um dein heilig Wort allein
> Mit heller Gewalt wolln bringen.
> Beweis dein Kraft, Herr Jesuchrist,
> Weil doch kein andrer Helfer ist,
> Der für uns könnte streiten!«

Mit heißer Gewalt traten sie an. Die gläubige Einfalt ihrer Seelen zerschmolz im Hass, ging unter in prasselnder Wut. Der Heilige Geist grüßte sie, doch nicht jener, der auf sanften Taubenflügeln niedersinkt, sondern der in Flammen herabzüngelt, in Schwert und Schmerz sich offenbart.

Die Sterne blickten böse. Da quollen die Haufen wüst schreiend aus der Finsternis. »Stellt uns den Grafen heraus!«, heischten sie. Der Graf war ihnen das verfluchte Wahrzeichen der quälenden, niederdrückenden Macht geworden, und all der gebäumte Grimm schien nur gen den einen Mann gerichtet.

Die Hauptmassen wälzten sich gegen das Schulertörlein. Das wollten sie aufzwingen, dort wollten sie die Mauern erklimmen. Wagen voller Leitern schoben sie mit sich her, Sandsäcke und Bündel schleppten sie, Holz und Staudenwerk drin, den Stadtgraben zu füllen. »Grausen soll ihnen vor uns!«, dräuten sie. »Der Vetter Adam muss heraus, oder wird Linz eine Einöd!«

Feuer und Donner empfingen sie. Schlünde brannten auf, leuchteten, brüllten. Ächzend wälzten sich ganze Knäuel von Bauern. Schnellten auf. Rannten wieder vor.

»Die Zähne zusammzwicken!«, schrie der Hauptmann Hans Ortner, ein Männlein, nicht hoch gewachsen, aber mit einem vollen, festen Mannesherzen im Leib. »Heut müssen wir es ermachen!«

Erzwild gingen sie an. Sie warfen die Säcke und Bündel in den Graben und sprangen nach. Die Leitern legten sie an die Mauern, kletterten wie Marder. Schüsse und Stiche zuckten herab auf den stöhnenden Menschenwirbel. Pfeifer pfiffen grelle Zeichen, Trommeln stürmten.

Die Bauern prallten zurück vor der dröhnenden Hölle, die sie grüßte. Aber gleich wieder drangen sie in schwarzen Wogen vor. »Dran! Dran!«, schrien sie. Sie füllten den Graben, schritten hinweg über tote und verzuckende Leiber, glitschten in Blut aus, richteten sich wieder auf.

Ins Tor hackten sie hinein. Der eisenköpfige Sturmbock rammte. Das Tor donnerte. Es gab nicht nach. Seine Eisenbänder waren mächtig, sein Holz gesund, und dahinter war alles verrammelt. Die Brechstangen arbeiteten vergeblich.

Finsternis und Feuerlicht rangen gegeneinander. Aus der verknäulten Qual und Wut des Grabens erhob es sich immer wieder.

Katzenhaft jagte einer die Leiter hinauf. Die Hände legte er schon auf die Mauerbrüstung. Aber ein Soldat erwartete ihn und stieß ihm eine Stange in die Brust. Eine nahe Flamme leuchtete die beiden an. Tötender und Sterbender erkannten sich. »Mein Bub!«, ächzte der Bauer, überschlug sich und stürzte in die Tiefe. »Vater!«, heulte ihm der Soldat nach.

Dampfend vor Hass strebten die Bauern empor. Man stach, warf, schlug, schoss hinein in die unheimlichen Streiter. Gefühllos gegen Leid und Tod standen hinter den Verwundeten, Gestürzten immer wieder neue auf. Von siedendem Wasser verbrüht, erblindet unter dem stürzenden Schweiß ihrer Stirnen, unter dem Blut, das ihnen die Augen überrann, Lider und Wangen verkrustete: Sprosse um Sprosse klommen sie verbissen dem zielenden Eisen des Feindes entgegen und dem nahen Schuss.

Wieder wurden sie abgetrieben, wieder liefen sie an. Wie trotzige Böcke liefen sie an und zerprallten an der eisern bemannten Mauer. »Das Nachtmahl wollen wir heut in Linz drin fressen!«, schrien sie sterbend.

Den Hans Ortner trugen sie aus dem Kampf. Das Ringelhemd war ihm zerfetzt, die Brust durchstoßen. »Lasst mich im Graben liegen!«, flehte er. »Der Graben muss ausgefüllt werden, ebenerdig müssen wir in die Stadt laufen!«

Sie legten ihn abseits unter eine Staude. Die Faust konnte er nimmer ballen, so entblutet war schon seine Kraft. Nur die Lippen regten sich noch, wild geformt vom Hass. »Am Jüngsten Tag treff ich dich, Graf. Da raufen wir es aus!« Sein Mund erstarrte.

Mit blutigem Mut warf sich Schwall um Schwall gegen die Mauer. »Den Mörder gebt uns heraus!«, brüllten sie.

Ihnen antworteten die groben Stöcke, Streukugeln schlugen ein, Schwefelbrände, züngelnde Pechreifen zischten herab. Die Reisigbündel im Graben standen lichterloh.

Getroffene ächzten den Namen Jesu, Sterbende stammelten mit verdorrten Zungen. Leitern flammten, barsten.

Aus stinkendem Rauch, aus Stank und lechzendem Rot tauchte ein brennender Mann empor, kniete droben auf der Mauer, sprang hinüber auf den Wehrgang und umschlang einen Soldaten. Brennend wälzten sich die Verkrampften. Keiner wagte sie zu trennen.

Hastiger hackten die Äxte in das Tor. Bäume rammten, Gemäuer splitterte. Ein Bauern ward irrsinnig, rannte mit der Stirn gegen das

Tor, dass sie zertrümmerte. Überall Qualm, Blitze. Der Hals der Hölle hauchte Verderben.

Rußig wie die Schürknechte der Unterwelt, voll Schmutz und Blut, eitel Feuer um sich, kämpften die Bauern. Mit einer Wut, die sich nicht geben wollte, zerfetzt den Leib, verstümmelt die Glieder, immer wieder kamen sie daher.

Erst nach fünf Stunden wildesten Gefechtes fluteten sie von dem furchtbaren Geschäft zurück. Der Sturm war verloren.

Über dem Schloss stiegen Feuerkugeln auf, Freudenschüsse krachten. Des Grafen Trompeter bliesen Sieg.

Traurig trabten die Bauernhauptleute dem Lager zu, versengt und von Brandflecken entstellt die Gesichter, die Augen entzunden, den Geruch des Rauches im Gewand, schwarz wie Pulvermacher.

Eine Tanne stand am Weg. Der Obristhauptmann riss einen Brocken Harz davon und drückte ihn auf die Wunde, die ihm in den Arm gehauen. »Das Glück schlägt um«, klagte er. »Der Graben am Schulertor ist voller Leichen. Es müssen wohl an die Tausend am Platz geblieben sein.«

Der Andres Hamel greinte: »Die Streiter werden uns bald zu wenig werden. Mit der Zeit schöpft man einen Brunn aus.«

Nur der Berndl ließ sich nicht beugen. Er wies lachend auf einen Weidenstrunk, daraus wiederum frische Ruten schossen.

Aber der Wiellinger war untröstlich. »O wankelmütiges Glück!«, seufzte er immer wieder. »O Frau Fortuna!«

Quer über den Weg lag ein Mensch in einer roten Lache und winselte: »Ich muss – von der Erden!«

»Der Krieg hat keinen Sinn mehr«, murmelte der Hamel. »Es dauert schon zu lang. Hören wir auf!«

Im Dämmer des aufsteigenden Tages erkannte der Mann, der in der Blutlache lag, die Anführer. »Erschlagen sollt man euch, ihr Hundsnasen!«, schrie er ihnen nach. »Ihr führt uns schlecht!«

Aus der Richtung von Ebelsberg her kamen zwei Leute gejagt, als sei ihnen der Tod auf den Fersen. Der eine war scheußlich verstümmelt: Anstelle der Nase hatte er ein blutiges Loch zwischen den Wangen.

Der andere keuchte: »Hauptmann, die Kaiserlichen sind ins Land gebrochen! Unser Lager vor Enns haben sie im Hui genommen!«

»Die Kaiserlichen gegen uns?!«, schrie der Wiellinger auf. »Das ist nit möglich! Gegen den Kaiser führen wir nit Krieg!«

»Wahr ist es, um Gottes willen! Der Obrist Löbel hat seine Reiter in uns hinein gesprengt, hat uns Vieh und Geschütz abgejagt. Wie die Teufel hausen sie, rot steigt es auf, wo sie reiten.«

Der andere Unheilsbote wimmerte: »Die Nase haben sie mir abgeschnitten und den Hunden zu fressen gegeben. Und ich hab sie doch so gebeten, sie sollen mir die Nase lassen und sich dafür meine zwei Ohren nehmen!«

»Da hat uns der Satan wieder ein Ei in die Wirtschaft gelegt«, grollte der Tobias Angerholzer.

Der Andres Hamel jammerte: »Mit ihren krummen Schlichen haben sie uns hingehalten, uns tölpische Bauern. Meister sind sie in jedem Betrug. Speck haben sie uns durchs Maul gezogen, allweil wieder haben sie wie Spitzbuben uns getäuscht. Und jetzt stehen sie gerüstet da!«

Der eine Bote zog einen Brief hervor, mit einer Petschaft unterfertigt, darauf ein Stierkopf war. »Der Löbel wird bald vor dem Feldlager in Ebelsberg stehen. Die Ebelsberger lassen euch um Gottes willen bitten, ihr sollt ihnen Pulver schicken und Kugeln.«

»Wir können nit«, lachte der Hamel grimmig. »In der Nacht heut haben wir uns völlig verschossen. Wir haben selber nix mehr, kein Lagel Saliter, keinen Schwefel, kein Pech, nix mehr, gar nix mehr. Nur eine eisernen Schlägel kann ich noch herleihen«, schloss er, seiner selber spottend.

»Jetzt fällt der Kaiser auch noch über uns her!«, sagte der Madelseder bedenklich, der Bauern Schriftsteller. »Das wird ein übler Handel! Ja, jetzt geht der Wind für ihn günstiger: der Mannsfelder ist geschlagen und der Däne. Jetzt redet er anders mit uns.«

»Nit glauben kann ich es!«, stammelte der Wiellinger. »Nit glauben kann ich es, dass er zu unsern Peinigern hilft!«

Der Hamel summte: »Der Überdrang wird zu groß!«

»Je mehr Feind, je mehr Glück!«, lachte der Berndl.

Der Hamel kratzte sich in seinem fahlen Haar. »Nein, nein! Mir gefällt die ganze Sach nimmer. Es wird ein schlimmes End nehmen.«

Der Wiellinger brauste auf: »He, wollt ihr alle davon und mir die Last auf dem Arm liegen lassen?«

Der Hamel luchste ihn mit schiefem Blick an und ritt davon.

»So herzlich haben wir den Kaiser gebeten, und jetzt tröstet er uns mit Pulver und Blei!«, klagte der Wiellinger.

Der Student aber schüttelte unwillig sein langes, lichtes Haar und rief grell: »Leut, nit der Bayer, nit der Graf, – der Kaiser ist unser ärgster Feind!«

Der Madelseder nickte. »Wie der Kaiser sich am Weißen Berg wieder Böhmens bemeistert hat, ist er nachher gewallfahrtet zur Muttergottes nach Mariazell, hat dort ihr gelübdet, er wolle lieber über eine tote Wildnis Herr sein als über ein luthrisch Volk.«

»Was hat ihm den der luthrische Glaube getan?«, fragte ein Mann aus dem Ring, der sich um die Hauptleute gebildet hatte.

Der Madelseder antwortete: »Der Kaiser will Ruh haben in seinen Ländern, und drum, so meint er, darf nur ein einziger Glaube drin sein, der Glaube der Jesuiter. Und drum soll die deutsche Bibel ins Feuer. Dass wir unglücklich werden und um Ehr und Heimat und um alles kommen, unser Elend tut ihm nit leid.«

»Seinem Zwang werden wir Herr!«, flammte der Student auf. »Heut hab ich gesehen, wie der Bauer seinen Leib hingeworfen hat um des Geistes willen. Das große Opfer in dem Graben vor Linz bürgt uns dafür, dass der trügerische Kaiser nit siegen wird. Er wird das Luthertum nit ausgrasen.«

Bedächtiger sagte der Madelseder: »Der Kaiser fürchtet sich nit. Er glaubt, dass er den Herrgott im Himmel stützt mit seinem Werk und dass ihm darum die Engel helfen müssen. Seine Waffen sind allweil siegreich, meint er, wenn er sich nit um irdische Gefahr bekümmert und das päpstische Wesen fördert, das er für gerecht hält.«

»Oh, es gibt keine Treu mehr!«, klagte der Wiellinger immer wieder.

»Den bösen Finten und Schelmenkniffen des Kaisers werden wir begegnen!«, sagte der Student. »Heut lacht der Teufel, morgen ist der Herrgott wieder obendran. Er lässt uns nit zunichtewerden!«

»Das verachtetste Viehlein wehrt sich, wenn es angefallen wird«, rief der Berndl. »Und so wollen wir uns auch gegen den Kaiser stemmen, wenn er es begehrt, und alles dransetzen, bis er unser altes löbliches Herkommen bestätigt. Unser Recht muss uns werden!«

»Bauern, wir sollten vom Römischen Reich einen besseren Landesherrn begehren!«, rief Kasparus kühn. »Selber sollten wir ihn uns wählen dürfen und ihm das Linzer Schloss antragen, ihn aber auch davonjagen, wenn er unsinnig und arg haust und nit einmal weiß, dass er ein guter Mensch sein soll.«

Ein alterlebtes Bäuerlein saß im Gras, kaute an einem Halm und nickte besinnlich vor sich hin: »Ja, ja, nur aushalten! Nur geduldig sein! Geduld ist stärker als Kraft.«

21.

Der Ruf des Kuckucks war verschwunden.

Kasparus ritt, dem streifenden Feind auszuweichen, auf umbuschten Steigen, durch Wälder und über sommerlich durchgrillte Wiesen, die in ihrer Entlegenheit unbestürmt geblieben vom Krieg.

Wenn er zuweilen über eine Höhe musste, sah er die verblauende Welt weit hinaus prangen und auf dem welligen Gelände den matten Glanz gemähter Kornbreiten, doch auch viel Getreide bleich und überreif des säumigen Schnitters harren.

Oft ließ er das Ross halten und staunte beglückten Auges das heimatliche Land an, das offen und lieblich war wie das Antlitz der Geliebten. Sah er aber über einer der zahllosen Höhen schweren, trägen Rauch steigen, dann scheuchte er sein Tier auf und lenkte es abseits, den Anblick des verwüsteten Landes zu meiden.

Dann sucht er wieder eine struppige Wildnis auf, wo er mit dem Schwert das hemmende Astwerk aus dem Weg hauen musste, und wenn die Vögel, die der wachsende Sommer schweigsam gemacht hatte, ihre kleinen Rufe aus dem gottesfriedsamen Laub hallen ließen, da verwob ein wohltätiges Dunkel sein Herz, und er lächelte und stieg wohl aus dem Sattel, kostete eine Beere oder redete mit einer dreisten Staude.

In durchströmter Waldschlucht traf er eine Mühle an. Das Rad rauschte. Der Müller mochte wohl im Krieg weilen, denn eine junge Magd schleppte einen Kornsack ins Haus. Als sie den Hufschlag vernahm, begann sie zu eilen und verriegelte sich in der Mühle.

Kasparus ritt vorüber. An der Mauer war, aus alten Zeiten rührend, ein verwittertes Bild der heiligen Kümmernis gemalt, der gläubigen Jungfrau, die ob ihres Standmutes von den Henkern ans Kreuz geschlagen worden wie einst der Heiland.

Die weitläufige, grün verwilderte Schlucht öffnete sich endlich zu gepflegtem, waldumbrämtem Land, in dessen Mitte auf geringem Hügel breit und einsam wie eine Burg ein Gehöft lag. Hier war alles in schöner, bäuerlicher Ordnung bestellt: Die blanken Stoppeln schimmerten, üppig grünte in berieselten Wiesen das werdende Grummet.

Ganz nahe am Waldsaum an einer Föhre lehnte einschichtig ein kleines Glöcklein am Dach, eine Kapelle, und daraus trat eben ein Mädchen und lugte mit beschattetem Blick aus. Als sie den Reiter erkannte, war ihr, sie müsste in die Knie brechen vor Schrecken und Freude.

Er schwang sich vom Ross und nahm ihre Hände. Seine Seele leuchtete auf. Die Welt begann sich ihm in sanftem Goldglanz zu wiegen.

Denn sie war geseligt mit aller Schönheit der Jugend. Ihre weiße Haut, unverdunkelt auch unter der schweren Bauernsonne, leuchtete schier von der Wanderung ihres Blutes. Etwas schmäler und zarter war sie worden, seit er sie nimmer geschaut, und in ihren Augen wohnte etwas Fremdes, etwas jenseitig Fernes und Geklärtes. Darum und in der Scheu seines Herzens, das die Berührung mied, wagte er nicht, sie zu küssen.

»Lebst du noch, Kasparus?«, fragte sie leise. »Ich träume oft, du seiest auf grünem Anger gestorben.«

Ganz lind, als fürchte er, ein schwankes, holdes Traumgespinst zu zerstören, antwortete er: »Einmal hab ich dich noch sehen müssen, Regina.«

An der Brust trug sie einen Karneol, darein eine jägerlich edle Frau mit Bogen und Pfeil geschnitten war. Kasparus hatte einst das Kleinod im Römerschutt vor Enns gefunden und es der Geliebten geschenkt.

Traurig betrachtete sie es. »Deinetwillen trag ich noch den heidnischen Schmuck«, sagte sie, »und sollt doch das Bild des gemarterten Herrgotts tragen, seitdem meine Brüder erschlagen liegen bei Linz!«

»Sie sind geborgen«, flüsterte er. »Gott hält sie selig.«

In leidvollem Zweifel sah sie ihn an. »Ob Gott sie noch mag?! Es ist eine wilde Stund gewesen, wie sich die zwei mit dem Vater zerworfen haben und in den Krieg sind zu dem grausamen Fadinger. Für den Fadinger laufen sie barfuß in die Höll, haben sie geschworen, und sind doch katholisch gewesen und ergeben Unserer Lieben Frau.«

Sie faltete die Hände in das Kirchlein hinein, drin die Muttergottes trauerte in ihren sieben Betrübnissen, siebenfach das Schwert im Busen.

»Nit für die Brüder bitt ich, für den Kaparus bitt ich«, redete sie. »Und wenn seine Seel ein wüster Garten worden ist, drin nur das Kraut Gottvergessen wächst, o mach ihn wieder gut! Und verzeih ihm, dass er dich verachtet, die du den Heiland geherzt hast, die du Königin bist und Magd, Mutter und Jungfrau zugleich!«

»Wer sagt dir, dass ich sie verachte?«, fragte der Student.

»O ihr Lutherischen werft die Muttergottes vor die Hunde, ihr schimpft sie ein unnützes Grasdirnlein. Der Vater hat es mir erzählt.«

Sie schwieg und versank in ein schmerzlich hoffendes Gebet.

Er aber pflückte ein paar schöne Blumen, bog sie zum Kränzlein und setzte es auf das bange Haupt des Bildes. »Meine Mutter hat auch Maria geheißen«, sagte er.

Und jäh mit stürzenden Zähren flehte das Mädchen ihn an und warf ihre Arme um seinen Nacken: »Geh nimmer zurück in den Krieg! Der ist für euch verloren. Bleib bei mir! Im Krieg ist der Herrgott nit!«

Sie nahm ihm das Schwert aus dem Gurt und legte es ins Gras.

Schwermütig sagte er: »Es darf nit sein!«

»Wer zwingt dich, Kasparus?«

Er sah an ihr vorüber mit vergessenem Blick. »Mich ruft ein anderes, nit das Glück«, sagte er. »Aus Opfer und Verzicht wird das Große in der Welt. Im Uranfang, eh noch die Schöpfung geflossen aus den Händen Gottes, da haben seine Engel einmal auf etwas Großes, Wunderbares verzichtet, und aus diesem Opfer ist das strahlende Licht geworden.«

Stumm bückte er sich nach dem Schwert.

Sie stand betroffen, in ihrem wehmutsvollen Liebreiz dem Marienbild einer schönen, bangen Legende gleichend. Dann strich sie leise über seinen Arm, als wolle sie alles gutmachen, was die Welt ihm getan hatte, und tröstete: »Lass es dir nit gar zuleid sein!«

Wortlos, mit hängenden Armen schritten sie nebeneinander dem Schachenreuterhof zu. Das Ross trottete hinter ihnen her. Weißdorn und Nussstauden streiften an ihren Gewändern, Ulmen schatteten breit auf sie herab, Birkengehänge rührte an ihre Scheitel.

Ein Blumengärtlein, daraus die Bienen Botschaft trugen zur Wiese, leuchtete vor dem Haus. Auf mächtigem Gerüst trug ein Birnbaum sein volles, stilles Laub. Ein Mooshut deckte das Dach.

In der Vierung des Hofes schoss ein strammer Wasserstrahl in den Eichbaum, und Kasparus halftete das Ross an den Brunnenstock und ließ es zechen.

Der alte Schachenreuter saß mürrisch in der Stube. Sein Gesicht verfinsterte sich in böser, dunkler Röte, als der Gast eintrat.

»Kasparus«, höhnte er, »du bist wie mein Gänser, der ist mit den Wildgänsen davongeflogen und nach einem Jahr halb verhungert wieder heimkommen.«

»Ich begehr nix von dir«, sagte der Student. »Ich bin kommen, Abschied zu nehmen.«

»Ich hab gehört, du gehörst zu den Köpfen der Rebellen«, polterte der Bauer. »Ihr brennt die Suppe an! Merk dir, Aufruhr ziemt sich nit für den, der Gottes Weg und Steg gehen will. Gott hat uns die Obrigkeit verordnet.«

Kasparus hob die kühnen Augen. »Meine Obrigkeit ist das Gewissen.«

»Nimm das Maul nicht so voll!«, grollte der Schachenreuter. »Mit allen vieren widerstreitest du dem Herrgott. Empörung geht übel aus. Mit gähem Tod hat der Himmel meine Buben gestraft, weil sie sich haben von euch blenden lassen. Weil sie sich empört haben gegen die gute Ordnung.«

Die Regina legte einen Laib Brot auf den Tisch. »Setz dich nieder, Kasparus! Es soll dir behagen!«

Der Alte aber, grimmig sich verbohrend in das Unheil seines Hauses, stierte den Gast feindlich an. »Meine armen Buben! He, bringst du sie zurück?! Nit? Was suchst du nachher bei mir? Holst du dir heut mein letztes Kind? Geh, bring uns nit noch tiefer ins Elend! Lass uns in Frieden sterben!«

Da tat der Student den Bissen, den er zum Mund führen wollte, auf den Tisch zurück und erhob sich.

»Vater!«, bettelte das Mädchen.

»Er soll nur gehen!«, zeterte der Alte. »Der Erzrebeller gehört nit an meinen ehrlichen Tisch. An den Galgen gehört er! Mir graust vor ihm!«

Kasparus verließ die Stube.

An der Haustür holt ihn die Regina ein, Tränen an den Wimpern. »Verzeih ihm!«, bat sie. »Er lebt sich jetzt so hart. Das Unglück kann er halt nimmer verwinden.«

Er erwiderte: »Keinen Augenblick mehr kann ich unter euerm Dach bleiben!«

Sie hörte sein Wort nicht, mit weiten Augen sah sie hinab zum Wald. »Reiter!«, bebte sie.

»Wahrhaftig! Kaiserliche Reiter!«, murmelte er. »Lebendig fangen sie mich nit!«

Ihrer zwölf mochten es sein, streifendes, reisiges Zeug.

»Sie dürfen dich nit finden!«, sagte sie. Sie drängte ihn ins Haus zurück, in die Küche.

»Kasparus, sie werden den Hof durchstöbern! Am sichersten bis du im Rauchfang.«

»Und du, Regina?«

Sie lächelte bleich. »Oh, mich finden sie nit. Und sie tun uns nix. Weit und breit weiß man es, dass der Schachenreuter gut päpstlich ist.«

Er zögerte. »Ungern lass ich dich allein!«

»Soll ich dich auch noch verlieren?!«, klagte sie. »Schnell, versteck dich! Und sorg dich nit um mich! Wir sind nit luthrisch, nit rebellisch.«

Er drückte sie wild an seine Brust.

Sie befreite sich. Drei Kreuze zeichnete sie ihm auf Stirn, Mund und Brust. »Unsre Liebe Frau behüt dich!«

Mit überirdischen Augen sah sie ihn an.

Er kletterte die rußige Leiter in den finstern Schacht hinauf. Droben hielt er sich an dem Gestänge, wo das Rauchfleisch hing, fest und fasste auf einem vorkragenden Mauerstein Fuß.

Die Leiter wurde unter ihm weggezogen. Er hörte die Küchentür zuschlagen.

Der Lärm der quer über die Wiesen sprengenden Reiter lockte den Bauern und den Knecht Bartel hinaus.

»Scharfenbergische Reiter sind wir«, riefen sie über die Zäune herüber. »Die Frösche schreien in unserm Magen. Aber Speck und Rüben mögen wir nit. Und Sterz auch nit. Aber eine Schüssel gesulzte Sauschwänz und Pafösen!«

Sie sprangen aus den Sätteln, trampelten durch das schöne Gras und stießen die Zäune um.

»Ich bin gut päpstisch!«, rief ihnen der Bauer entgegen. »Bei mir nistet sich die Lutherei nit ein. Ich bitt euch, reitet vorüber da!«

Aber sie sperrten die Rösser in das Gärtlein, schlüpften an ihm vorbei ins Haus und spürten durch Stuben, Kammern und Stall. In den ruhelosen Augen schillerte die Gier nach Beute, nach den Weibern und Mädchen des überfallenen Landes, nach allem, was einen Wert führte.

Einer riss den Säbel heraus und packte den Bauern am Hals. »Herr Bundschuh, gib Geld her! Geld zwingt die Welt.«

Der Alte staunte ihn an. Dann holte er aus einem Wandschränklein einen vollen Beutel. Sein zahnloser Kiefer zitterte. »Nimm!«, sagte er. »Aber verschont mein Haus! Ich bin ja gut kaiserlich, gut päpstisch!« Und dem zur Urkunde hob er überlaut den englischen Gruß zu beten an.

Der Reiter kümmerte sich nicht um sein Gebet, er nahm den Mostkrug aus der Nische und trank ihn aus.

Derweilen rissen die andern die Truhen auf, warfen alles Gewand heraus und tasteten nach Geld. Die spiegelnd zinnernen und die blumig töpfernen Schüsseln nahmen sie aus dem Geschirrkorb, schlugen sie klein und zertraten sie. Besessen von wilder Zerstörungslust stießen sie auf der Kellerstiege die hohen, mit Brettlein zugedeckten Milchhäfen um und zerhackten jedes Hausfahrnis, das ihnen in den Weg kam.

Der Bauer rang die verknorrten Hände. »Seid ihr christliche Reiter? O ihr ruchlosen Buben!«

»He, du alter Geldgeier, du Bärenhäuter, willst du uns anbellen?«, wetterte ein stangenlanger Kerl. »Wir sind jetzt die Herren. Der Himmel hat dem Kaiser das Schwert anvertraut, und wir Soldaten schwingen es für ihn.«

Im Hof draußen rissen sie der Magd mit grobem Griff das Fürtuch weg. Sie wehrte sich, biss, schlug, gurgelte erbärmlich und entrang sich ihnen. Sie rannte, bis sie nimmer konnte. Hinter einer Staude holten sie die Kerle ein.

Der Bartel war in den Hof hinausgeschossen, ihr zu helfen. Drei Reiter empfingen ihn. »Wo hat dein Bauer das Geld vergraben?«

»Kommt!«, sagte der Knecht heiser.

Er führte sie in den Stadel, der finster von der Ernte war. Als sie drinnen waren, schmetterte er das Tor zu und verriegelte es.

»Was soll das?«, riefen die Reiter. »In der Finsternis finden wir nix.«

Er tappte nach einem Dreschflegel. Mit rasenden Hieben schlug er auf die drei los. Sie wehrten sich und stachen im Dunkeln um sich.

Sie schrien. Die andern hörten sie nicht. Als sie still geworden waren, kroch der Knecht blutend ins Heu, um zu verenden.

Die Plünderer banden im Stall die Melkkühe los und zogen sie ins Freie. Einer verfolgte die schreienden Hühner und Gänse auf den Misthaufen hinauf und säbelten sie nieder.

»Lasst ab!«, bettelte der Schachenreuter. »Nehmt, was ihr braucht! Aber mördert nit ohne Not!«

Sie drohten ihm: »Plärr nit, oder wir schmeißen dich in den Backofen!«

»Ihr verderbt mir alles, Haus und Stall! Nutzt euch das?!«

»Der Krieg ist süß«, lachte ein Krauskopf und leckte sich die wulstigen Lefzen.

Der feuerhaarige, feueräugige, vernarbte Bursch, der das Geflügel gespießt hatte, herrschte den Alten an: »Ihr untreuen Bauern, wir werden euch verbieten, dass ihr dem Kaiser so stolze Briefe schreibt. Den Kitzel vertreiben wir euch. Die Türken haben euch angestiftet zur Rebellerei!«

»Habt ihr noch nit genug Mord und Raub verbracht?«, ächzte der Bauer. »Wann werdet ihr uns auslassen?«

»Bis es nix mehr zu nehmen und zu zünden gibt. Bis das Land bis auf den Grund ausgebrannt ist und die Donau grau rinnt vor Asche.«

»Gehorsam hab ich mein Lebtag den Kaiser und die Obrigkeit gefürchtet!«, rief der Bauer verzweifelt. »Lasst mein Haus stehen! Ist euch das eure nit lieb?«

Und in jäher Wut stieß er den Narbigen über den Haufen, der ihm ein braunes Ross aus dem Stall trieb. »Du Rabenbraten! Du Räubershund!«, krächzte er. Feuer stieg ihm ins Hirn.

»Schlagt ihn tot, den tobsinnigen Hund!«, brüllten die Reiter.

Sie rissen ihn zu Boden, traten ihn, hielten ihn nieder. Einer griff hinab und barzte ihm den Augapfel aus der Höhle.

»Was treibt ihr mit mir?«, winselte der Alte. »So gräulich hat noch niemand gehaust auf Erden!«

»So sind halt wir die ersten!«, lachten sie.

»Seid ihr Werwölfe? Lasst mich aus! Ich bin ein Mensch, bin Gottes Bild!«

»Holt einen Bohrer!«, knirschte einer der Peiniger. »Wir wollen ihm das Knie anbohren!«

Der Schachenreuter wehrt sich wie ein Wahnsinniger mit den ausgeplagten Händen, die schier nur noch Krallen waren. Und als lebe auf einmal in ihm die volle Erdkraft seiner Manneszeit wieder auf, so stark stieß er die Reiter von sich und stand frei.

Er packte die Heugabel. Mit furchtbar entstelltem Gesicht jagte er die Weichenden um den Misthaufen herum. Einen stach er nieder.

Erst als sie sich gesammelt und Beistand von den im Gehöft zerstreuten Kameraden erhalten hatten, hielten sie ihn im Schach.

Mit dem Rücken an die hölzerne Scheuer gelehnt, verteidigte er sich. Sie warfen ihm die Faustbüchsen an den Kopf. Ihr Pulver hatten sie in den Scharmützeln der letzten Tage verschossen. Sie fielen mit den Eisen über ihn her. Sie konnten ihm nicht an. Wie Hunde standen sie um ihn, die einen Hirsch gestellt haben und ihn ob seines dräuenden Geweihes nicht zu packen wagen.

Auf einmal knackte und knisterte es unheimlich. Rauch schlug aus dem Geblock der Scheuer. Hinter dem Bauern brannte es. Jäh fuhr das Feuer auf.

»Verflucht, ihr Schelme!«, schrie der Bauer. »Verflucht der Kaiser, der euch auf uns gehetzt hat!«

Der Atem fuhr ihm kalt aus der Nase. Er wehrte sich nimmer.

Das feurige Übel leckte hinüber auf Stall und Haus. Rauch sank stickend.

Die Regina kam aus ihrem Versteck gelaufen. Den Vater fand sie erschlagen liegen auf der Gred. Die abziehenden Räuber trieben das Vieh davon.

Hinter wallendem Qualm geisterte es feuerbraun in fürchterlicher Bewegung. Und plötzlich war das Dach wie ein wilder, flackernder Strauß. Das Feuer schwelgte.

Der Schreck schlug in das Blut des Mädchens. Sie lehnte sich an die Wand, ihre Glieder versagten.

Ein barhäuptiger Kerl sprang aus dem Dampf zu ihr. Steifes, pechschwarzes Haar wuchs ihm tief und spitz in die Stirn herab. Sein entzündetes, mit Geschwürbeulen behaftetes Gesicht, sein vom Abfall des Fraßes unflätig verklebter Bart näherte sich ihr. Ein schartiges Gebiss fletschte, zwei hässliche Augen begehrten sie. Er tappte sie an wie ein Scharfrichter.

Sie sank zurück. In Angst und Ekel zersprang ihr das Herz.

»Potz Wunder!«, grinste der Reiter. »Bist du ohnmächtig worden, du wehleidiges Mätzlein?« In entmenschter Gier bückte er sich zu ihr nieder.

Da tauchte ein rußiger Mann irgendwo aus Feuer und Rauch, aus Gesprüh und Geprassel und fiel unwiderstehlich wild den Reiter an.

Der floh und schrie: »Der Teufel ist los!«

Kasparus trug den Leib der Geliebten von der Brandstatt weg weit in den Wald hinein, drin der schöne Sommer dämmerte. An einem Quellbrunn wusch er ihr die Stirn und rief sie mit holden Namen, mit Namen von Blumen und lieblichen Tieren. Aber sie erwiderte nimmer darauf.

Da warf er sich hin und biss in maßlosem Leid in die Erde.

Regungslos saß er dann die ganze Nacht im Moos. Sie lag starr und kühl in seinem Arm. In den nächtlichen Wolken spiegelte sich ein ferner Brand. Die Leuchte dieser bangen Brautnacht.

Am Anblick der Sterne ward Kasparus wieder ruhiger. Sie blinkten unerreichbar einsam in ihrer silbernen und bunten Glut. Tau der Ewigkeit.

Atemleise ging der Wind. Der klingende Brunn war nun die einzige Stimme dieser Stille.

Droben in den Sternen reiste die Seele, die im irdischen Tal an Kasparus vorübergegangen.

Der Tag erhob sich sanft und heimste jene Sterne ein. Eine zarte Tierspur, leicht in den glimmenden Tau gehaucht, zog hin, als wäre eine Seele dahingehuscht auf weißen, leichten Füßlein.

Kasparus tiefte in einen Geröllhaufen ein Nest, und das kleidete er mit grünem, weichem Moos aus und bettete die Geliebte auf das Lager und legte auf sie hundert und hundert Blumen, die er aus naher Wiese holte und aus dem sanften Schatten des Waldes.

Hier in der süßen, unberührten Einöde voll schwermütiger Bäume und versonnener Stauden und trauernden Laubes, hier in dem zarten Dämmer, darin alles so fein und friedsam umschlossen lag wie auf den Triften eines seligen, weltjenseitigen Traumes, hier sollte die Geliebte bestattet sein.

Er legte starke Äste über das Getrümmer, das die Gruft umrandete, deckte schwere Steine darüber und verhüllte sie mit Moos.

Lange träumte er dort in seiner Trauer.

Als Kasparus zum Schachenreuterhof zurückkehrte, fand er nur qualmenden Schutt, verkohlte Balken, tote Asche. Zerrissene Zäune, die Blumen im Gärtlein zertreten, die Fruchtbäume umgehauen, im Rauch erstickt die Immenstöcke.

Sein Ross war verschwunden.

Er wanderte durch die Mühlenschlucht zurück. Verdrossen sauste der Bach neben ihm. Brandgeruch wehte im Wind.

Hinter einem Strauch hörte er es wimmern. Er wühlte sich durch das Gedörn. Ein Weib traf er, das hatte auf dem Schoß ein nacktes Kind. Sie saß todblass auf dem Rasen. Neben ihr richtete sich ein Mann auf, bäumte eine Axt gegen den Studenten und legt sie dann wieder gleichgültig hin. »Es ist alles eins, ob du uns umbringst oder nit«, murmelte er.

»Seid unbekümmert!«, beruhigte Kasparus die beiden. »Seid ihr vor den Reitern geflohen?«

Da klagte der Mann: »Herr, die Hütte haben sie uns niedergebrannt bis auf die letzte Schindel. Ich trag nix davon als den Bettelstecken. Aller Jammer ist bei uns zur Herberg. Die Kuh haben sie uns erstochen. Zum Spott haben sie das Vieh im Freithof begraben, haben das Kirchglöckel dazu geläutet.«

»In den Tod jag ich mich!«, schluchzte das Weib. »Unser Menschlein, sie ist noch unzeitig, das haben sie auf den Hengst gebunden und sind davon mit ihr!«

Der Mann erzählte: »Ein Böswicht ist in unsere Stube kommen, hat die Augen rechts und links geworfen, und wie er mein Weib gesehen hat, das schweren Leibes gewesen ist, da schreit der Kosak, was für eine Beule sie da habe, und ob sie auch ein hoffärtig Bäuerlein werfen wolle. Die Lanze hat er ihr in den gesegneten Leib hinein stechen wollen. Da sind wir zwei in die Knie gefallen vor ihm, um aller Marter Christi haben wir um Gnade gebeten. Da hat er sich erbarmt. Aber mein Weib hat das Kind nimmer austragen können, die Reiter haben es vorzeitig aus dem Mutterleib gejagt in die bittere Welt.«

Sie schluchzte herzdurchdringlich: »O dies unselige Jahr! O weh um mein Menschlein!«

Kasparus ertrug den Jammer nicht. Ohne Gruß ging er. Wie Trügerei wäre es ihm erschienen, dieses Elendspaar zu trösten.

Bei einem verwachsenen Felsen verlegte ihm ein starker Mann den Weg. Der Student schirmte sich hastig hinter seinem Schwert. »Riedlerbauer«, schrie er, »kennst du mich nimmer? Oder bis du unsinig worden?«

Der Bauer senkte den Spieß. »Kasparus, jetzt hab ich dich für einen Soldaten gehalten.«

»Bist du ein Straßenräuber worden, Riedler? Im Heerlager vor Linz hab ich dich gekannt als einen stillen, treuen Mann.«

»O Student, es geht schrecklich zu!«, hub der Riedler an. »Der Teufel ist in die Welt eingebrochen! Über alle Heiden und Straßen kommen sie geritten, brennen, rauben, fangen, binden, schätzen, würgen, einen Wolf könnt es erbarmen! Sie treiben es so blutig wild, dass wir Bauern die Waffen ablegen und um Gnad schreien sollen und des Krieges nimmer begehren. Und unser Ackergerät verderben sie. Dem Bernhard Wolfsgruber haben sie den Pflug in den Fluss geworfen. Mir haben sie die Tenne aufgeackert und Distelsamen darein gesät!«

»Wie kommst du daher, Riedler? Hast du die bäurische Sach im Stich gelassen?«

»Wie ich vernommen hab, dass die Kaiserlichen einreiten, hab ich Urlaub genommen, bin heim, hab retten wollen, was mir gehört. Und wie Feuer und Flammen immer näher kommen sind, bin ich mit meinen Leuten davon, dass uns die wilden Teufel nit Fetzen aus dem Leib schneiden. Das Vieh haben wir mit uns in den Wald getrieben, auf den Hörnern hat es unser Bettzeug getragen. Unser Bub hat den großen, schneeweißen Hahn mitgenommen, hat ihn mir hinten lassen wollen, weil er gar so schön gewesen ist. Der Hahn hätt uns hernach in unserm Schlupf bald verraten, hat gar so hell gekräht, dass ich ihm hab den Kragen umdrehen müssen. Und heut hab ich mit heimgeschlichen, hab nachschauen wollen. Mein Gott im Himmel!«

Er deckte die Augen mit den rauen Händen. »Alles ist hin!«, sagte er trostlos. »Was meine Ähneln, was mein Vater und ich erworben und erarbeitet haben, alles ist hin! Zerschlagen und zerrissen haben sie, was sie nit haben mitnehmen können. Und mein schönes Rossgeschirr! Aus Dachshaut ist es gewesen! Dahin ist es. Und das Wurzgärtlein zerstampft, das Korn zerritten, das ganze Haus ausgeräumt, verödigt. Nit ein Stecken, nit ein Nagel ist ganz geblieben!«

Der Riedler atmete hart. »Und da hab ich geschworen bei Himmel und Höll, treff ich wo einen Soldaten, der muss hin sein!«

Kasparus ging weiter, den Bach entlang.

Als es zu der verwüsteten Mühle kam, fröstelte ihn bis ins Hirn: Neben dem Bild der gepeinigten Kümmernis hing, den nackten Leib halb gebraten, von Blut und Blasen grauenhaft entstellt, die junge Magd, mit Händen und Füßen an die rauchgeschwärzte Tür genagelt. In einer Roheit, die die schrecklichste Marterwollust der Hölle überstieg, hatten die Unholde, ihren grausigen Entschluss aus dem Bilde schöpfend, einen Menschen hier gekreuzigt.

Kasparus knirschte auf. Auf sein Leid türmte sich der Zorn und darüber rasender Hass. Die Fäuste presste er wider die Schläfen, als wolle er die Gedanken dahinter erdrücken.

Und wieder stieß er an ein zerstörtes Gehöft. Ein geborstenes Aas lag im Schutt und stank auf. Kein lebendes Wesen war zu schauen, nur ein hagerer Hund, der zum Himmel aufheulte.

An ausgestorbenen Hütten, an bis an die Tennen niedergebrannten Scheuern, an zertrampelten Feldern kam Kasparus vorbei. Den zügellosen Soldaten war das Korn nicht heilig. Wie ungehaltenes Hochwasser verheerend waren sie über die Fluren gerauscht.

Oh, mit grässlichem Griff packte der Feind das Land! Rotten ohne Zucht und Erbarmen ließen ihr Gelüst los gegen alles, was Bauer hieß. Die stillen Gehöfte feuerten sie an, die Mühlen, die Ernte in den Scheuern; das Vieh hieben sie nieder und ließen es am Weg faulen; das gottesholde Korn zertraten sie auf dem Acker: Den Hunger wollten sie rufen in das gequälte Land! Die Dörfer schändeten sie aus, mit unerwachten Dirnlein trieben sie entsetzlichen Unfug, sie mordeten und verstümmelten die Männer, sie töteten die Mutter samt dem schuldlosen Zecherlein an ihrer Brust. Sie verdarben Leute und Land.

Kasparus wusste, dass es im tiefsten Kerne gut war, sein Volk, und wert, dass man Welt und Seligkeit für es einsetze. Und er sah es im Kampf stehen gegenüber den mächtigen Herren: die gläubigen, armen Bauersleute, unerfahren in der Kunst des Krieges, mit lächerlichen Waffen unzulänglich bewehrt, ohne soldatische Ordnung, ohne Feldherrn nur zufälligen Führern gehorchend, ohne einen Mann mit weitem, staatsklugen Blick, getäuscht, betrogen, gelähmt in ihrer Tat durch die abgefeimten Räte der Fürsten, alleinig gerüstet mit dem frommen Eifer für den ererbten, geliebten Glauben. Es war ein ungleiches Ringen zwischen weltferner Einfalt und einer Weltkunst, die mit gewaltigen Machtmitteln ausgestattet war.

»Gott, tu ein Wunder!«, betete Kasparus.

Raben flatterten krächzend vor ihm auf, wie ein dunkler Schwarm von Sorgen schwebten sie über ihm.

Wieder kam er zu einer Brandstatt. Hinter einem Gebüsch stehend, belauschte er ein Kind. Es saß mitten in der Verwüstung und weinte müde in sich hinein. Dann und wann hielt es inne, seiner Verlassenheit vergessend, spielte mit einem gläsernen Krüglein, füllte es mit Asche und goss es wieder aus.

Da preschte aus einem Hohlweg ein Reiter herfür. Als er das spielende Kind gewahrte, stieg er vom Ross und schreckte es: »Hallo, ich bin der Teufel Klaubauf!« Und er riss das Spielzeug aus den erstarrten Händlein, beschnüffelte es und zerschellte es am Gemäuer.

Das Kind tat einen Wehschrei, sein letztes Freudlein war ihm zerbrochen worden.

Seiner nimmer mächtig, stürzte Kasparus aus dem Gebüsch. Seinem Zorn konnte der Reiter nicht widerstehen, er erlag.

Ein Tränenkrüglein war es gewesen, wie man es auf den Stätten findet, wo einst die Römer gesiedelt hatten.

Und Kasparus erfasste dieses schmerzliche Sinnbild: Nicht einmal ein Krüglein gönnte man dem Hiobsvolk, seine Zähren drin aufzufangen und zu fassen.

Sie kreuzigen ein schuldloses Weib, sie kreuzigen ein ganzes Volk. O du gemartertes Volk, du heilige Kümmernis, du leidest wilder als der geschundene Heiland am Kreuz!

Im Überschwall des sich selbst erkennenden Leides weinte Kasparus fassungslos auf, und seine Zähren sickerten in den verwüsteten Boden.

Dann ermannte er sich. Er beschwichtigte das Kind, das vor Ängsten schrie, weil es sah, wie ein Mann den andern tötete. Und er nahm es zu sich auf das Ross des Erschlagenen, um es zu Menschen zu bringen.

22.

Der Sommer ging zu Gnaden. Der Schlehdorn wurde blau, und in den Hecken lauschte schon der frühe Herbst.

Auf einem Berg bei dem Dorf Kornöd mitten im Pramwald lauerte das bäuerische Heer.

Die Sonne stach schwül. Gewittrig dunkles Gewölk lastete ohne Bewegung am Himmel. Es war fast hochsommerlich heiß.

Kasparus lag abseits der sich vorbereitenden Haufen. Altsommergespinst umgraute sein Haar und vergreiste es.

Trübe, entmutigende Wochen waren verflossen. Der Däne von Tilly zermalmt, der Mannsfelder von Wallenstein verscheucht: Von außen war keine Hilfe mehr zu erwarten. Und des Kaisers Unterhändler hatten ihre süßen Versprechungen abgebrochen und schroff die bedingungslose Unterwerfung unter den Willen ihres Herrn gefordert. Kniefällig, im Bußkittel und den Strick um den Hals hatte hernach zu Enns die Bauernschaft um Verzeihung betteln müssen. Und der Wiellinger und der Madelseder gefangen, der Hamel geflohen und manch anderer in der Feigheit seines Herzens übergegangen! Viele herzhafte Leute waren mit Ketten an die Flöße gebunden und nach Wien geschafft worden, um dort ihr Lebtag im Stadtgraben zu fronen. Kasparus selber, verfolgt und gesucht von den Häschern, hatte sich unstet in den Wäldern des Hausrucks umhergetrieben.

Und für alle die schimpflich demütige Unterwerfung, für das Gelöbnis des Gehorsams wurde dem Volke nichts geboten als ein paar hohle Versprechungen, kein offenes Wort des Kaisers, dass er das Gewissen ehren wolle, um dessen Freiheit sie so wacker und treuherzig gestritten und so schmerzlich gelitten hatten. Und zu all dem gesellte sich der unerhörte Treubruch, dass jetzt nach dem harten Opfer der Unterwerfung plötzlich die Horden des Herzogs von Holstein in das entwaffnete Land geschickt wurden, die mit maßlosen Gräueln die Untaten der Kaiserlichen noch überboten.

Kasparus schaute in die breiten, rauen Wälder hinein und dachte dem Lauf der Welt und der Untreue der Menschen nach. Aber sein Herz verzagte nicht.

Der Berndl, der mannliche Held, rammte neben ihm eine Fahne in den Grund, deren schwarzes Tuch mit Sternen bestickt war und mit einem Spruch, der da lautete: »Das wollt Gott Vater, Sohn und Heiliger Geist, der uns den Weg in den Himmel bereit.«

Der Berndl lachte: »Gelt, Student, da schaust du, dass der Bauer wieder aufs Ross kommt? Wie ein Feuer ist unser Aufgebot durch den Hausruck gelaufen. Und kommt uns heut der Lindlo in den Fang, ihm geht es wie dem Holsteiner, dem Raubvogel.«

Da erzählte der Hans Vischer von Egg, der die Holsteiner in Neukirchen geschlagen hatte: »Im Hemd ist der liederliche Herzog davon. Sein silbernes Geschirr, seine Schiffe, seine Fahnen, seine Ehr, alles hat er hinter sich müssen lassen. Wir haben weit über tausend von seinen Leuten bezahlt für ihr überschändliches Treiben. Ganze Gruben haben wir mit ihren Leichen ausgefüllt.«

»Ein Glück kommt selten allein«, sagte der Berndl, und seine borstigen Brauen zuckten. »Lindlo, heut biegen wir dich! Dein Gelüst soll dir vergehen!«

»Jetzt ist in Bayern das Bier selten worden«, meinte der Jäger Kietopler, »ein neues Gesetz ist, man darf im Tag nur eine Stund saufen. Drum kommen sie herüber zu uns.«

Dunkler brämte es sich in dem Wetterloch an. In die Bauern kam Bewegung, sie griffen nach den Prügeln und Äxten, womit sie sich in Eile bewehrt hatten. Bessere Waffen führten sie nicht.

Aus den Wäldern des Tales quoll mit Tross und Plunder das feindliche Volk.

Der Hans Vischer trat unter die Bauern und rief: »Schaut hinunter, wie sie drunten wimmeln! Schinden, spießen, braten wollen sie uns bei lebendigem Leib, wie es die Holsteiner gemacht haben. Stricke führen sie mit, unser letztes Vieh wollen sie wegtreiben. Drüben das Land am Inn haben sie schon sauber ausgefressen, jetzt steigen sie uns in die Schüssel hinein.«

»Ärger sind sie als dem Wolf sein Schlung!«, schrie der Ecklehner. »Sie dürfen nit herein. Die Straße müssen wir ihnen verlegen!«

»Die Holsteiner haben die kleinen Kinder auf den Spieß gesteckt«, fuhr der Hans Vischer fort, »den tragenden Weibern haben sie die Bäuche aufgeschnitten. Aber dem Lindlo sein Haufen ist noch verschriener, der wird noch hundertmal ärger wüsten!«

Da brüllten die Männer auf: »Nit herein lassen ins Land!« Die Tremmel bäumten sie, die Stichmesser zückten sie gegen die Tiefe.

Dort entfaltete sich der Feind breit in geübter Ordnung, den Berg mit stürmender Hand zu nehmen. Die Donnerschlünde wurden gerichtet, Haubitzen, Falkonen und Feldschlangen, und hinter dem Heer zeigte sich, weit zahlreicher noch als die Schar der Kämpfer, mit Zugtier und Wagen der Tross, Abhub aus aller Herren Landen.

Die Bauern droben ahnten die verwilderten Augen der Soldatenweiber und des ganzen heimatlosen Gesindels, gierig nach den Dingen des Landes und gewärtig, sich darüber zu ergießen und wie Heuschrecken es auszugrasen.

»Nachbarn, lasst die Soldaten heraufrücken!«, befahl der Berndl. »Wenn sie schießen, duckt euch! Und hernach: Hui auf, Bauer! Ein zweites Mals dürfen sie nimmer auf uns schießen!«

Kasparus erhob seine starke Stimme. Wie ein brennender Baum ragte er, von Gottes Feuer entzündet, und hingerissen von dem Geist des kämpferischen Psalmes, den er betete, war ihm, er sei nicht Menschenleib mehr, sondern nur Atem und rufende Bitte, und er fühlte den Erdboden nimmer unter sich, und ihn deuchte, er schwebe.

»Gelobt sei der Herr, mein Hort, der meine Hände lehret streiten und meine Fäuste kriegen! Meine Güte und mein Bergschloss, mein Schirm und mein Helfer, mein Schild, darauf ich traue, der mein Volk unter mich zwingt!

Herr, was ist der Mensch, dass du dich sein annimmst? Und des Menschen Kind, dass du ihn so achtest? Ist doch der Mensch gleich wie nichts; seine Zeit fahret dahin wie ein Schatten.

Herr, neige den Himmel und fahre herab! Rühre die Berge an, dass sie rauchen! Lass blitzen und zerstreue sie! Schieße die Strahlen und schreckt sie! Strecke die Hand aus von der Höhe und erlöse und errette uns von den großen Wassern, von der Hand der Söhne der Fremde!«

Eine wunderbare Kraft wuchs aus dem Psalm hinein in die Seelen der Streiter. Sie wussten, Gott war ergriffen worden von dem demütig starken Anruf, und er neigte gewährend das gewaltige, uralte Haupt.

Und atemlos wartete der schwarze, große Haufe, glühte verderblichen Auges der feindlichen Schar entgegen, die hastig den Berg heranklomm, näher und näher. So still war es, dass man das Gras wehen hörte.

Der Schauervogel schrie. »Hageln wird es«, lispelte ein wettergerechtes, alterfahrenes Bauernknechtlein.

Droben am Himmel bewegte sich die finstere, wild erhabene Wolke.

Drunten im bayerischen Heer schollen Befehle, erregte Rufe, die Trommeln murrten. Die Musketiere stießen die Gabeln in die Kuhtrift, darauf sie haltmachten.

Jäh warf sich der Bauernhaufe zu Boden. Feuer blitzte herauf, Dampf wob. Donner schütterte durch den wallenden Rauch. Die Wälder gaben verworrenen Hall.

Denn aber schnellte es empor wie ein riesiges Kornfeld, wenn der Druck der Sturmwelle nachgelassen hat. In brausendem Getümmel flutete es hinab in die Feinde, rachelechzend, verzerrt die Mäuler, hassspeiend die aufgerissenen Augen, nichts Menschliches mehr in ihrem Anblick.

In dieser Schlacht fiel kein Schuss mehr.

Die Bauern schloffen den Musketieren unter die aufgelegten Büchsen. Gewaltig schlugen sie mit Kolben und Hacken drein. Keiner stach, alle holten nur aus und tremmelten. Ehe die Bayern zersprengen oder deren Ordnung mit den Donnerschlünden zertrennen konnten, waren sie überrumpelt und in wirbelndem Wirrwarr mit dem Angreifer kämpfend und gebunden.

Die gewitterreife Wolke droben hub nun zu dröhnen an, als feire Gott die Schlacht mit festlichem Donner.

»Schau, schau, jetzt rumpelt es!«, brummte das wettergerechte Knechtlein. »Und heißt es doch, dass zu Barthelmä die Wetter heimgehen!«

Die Wolken krachten, der Donner tümmelte, ein scharfer Hagelschauer rieselte in den Kampf und geißelte die Streiter. Es hatte aber keiner Zeit zu lauschen, wie sich aus der Zornesschale droben Blitz und Donner niedergoss.

Mitten im Wirbel der Bauernschlacht riefen sie sich ein Wunder zu: Der feurige Donnerstrahl habe niedergeschlagen in das erhobene Schwert des Studenten, das Eisen sei ihm in der Faust geschmolzen, und er sei heil geblieben.

Die Landsknechte wehrten sich mit den Kolben ihrer Büchsen gegen die besessene Stoßkraft der schwarzen Bauern. Doch vor den ungestümen Schlägen wichen sie zurück. Ihre Offiziere warfen sich mit den Rössern ihnen entgegen. »Ihr Huren, ihr Memmen, wollt ihr davonrennen?!« Sie ritten die Bauern an, aber die Gäule wurden ihnen niedergebengelt, und ihre Rippen knirschten unter der Wucht der stürzenden Tiere.

Der Generalwachtmeister Timon von Lindlo rasselte seine Reiter an. »Buben! Hinein in die Bauern! Reitet sie über den Haufen! Noch ist es nit zu spät!«

Das Spätgewitter vergrollte sich, sanftere Tropfen fielen, und über das Mordgewimmel wölbte sich in unsäglicher Schönheit, von keinem beachtet, der Regenbogen.

Der Lindlo krächzte wie ein wilder Vogel. »Reitet sie nieder!«

Aber ein Reiter erwiderte: »Es nutzt nix mehr. Die Teufel sind gefroren. Es geht kein Stich durch.«

»Du Katzenkopf, du Esel! Du lügst!«, krächzte der Lindlo. »Reitersleut, schau her!« Und er stieß sein Schwert so fest in einen Bauern, dass er es nimmer herausbrachte und es stecken lassen musste in dem Geripp.

Aber die Reiter hatten ihre Tiere schon herumgeworfen. In kopfloser Flucht verschwand das Geschwader im Wald.

»O Spott, o Schand!«, tobte der Lindlo. »Ich überleb das nit!«

Der Obrist Gottfried Hübner trieb seinen gereizten, zornig tänzelnden Feuerfuchs seinen weichenden Truppen entgegen. »Steht!«, kreischte er. »Bringt mich um! Ich lass euch nit vorüber!« Wutberauscht spornte er das Tier. Es bäumte sich steil, und dann jagte es in wahnwitzigen Sprüngen davon und entführte seinen Herrn in die Mitte der Bauern. Dort erschlug ihn der Thomas Ecklehner mit der Hacke.

Der Berndl stieß auf den Obristen Kurtembach, den verwegensten Mann im bayerischen Heer. Der Obrist, in Hieb und Stich gewandt wie kein zweiter, kam nicht auf gegen die ungeschlachten, blinden Schläge des Riesen. Sein dampfendes Blut spritzte dem Berndl in die Hände. »Wie eine Sau blut ich!«, lachte er. Schließlich rettete ihn sein Ross aus dem Gefecht.

Der Sieg der Bauern war so weit gediehen, dass die Soldaten ihre Waffen wegschleuderten, auf die Knie fielen und um Gnade baten. Sie fanden nicht Gehör.

Irrlings durch Wald und Tal floh das Heer des Lindlo. Es rannte, als wolle es unter dem bunten Joch des Regenbogens durchlaufen. Waffen, Sterbende und Tote bezeichneten seinen Weg.

Die Bauern folgten ihnen bis an die Grenze des Landes.

Dort rief einer dem Hauptmann Hans Vischer zu: »He, Vischer, jetzt rucken wir unserm Anrainer ins Land! Niederhauen müssen wir die Soldaten bis auf den letzten Mann! Und drüben treiben wir die bayerischen Bauern auf! Sie stehen zu uns. Sie sind viel gemartert worden von dem Lindlo seinem Volk.«

»Die Grenzen sind uns heilig«, lehnte der Hans Vischer ab. »Wir haben drüben nix zu schaffen. Wir wollen uns nur wehren.«

23.

In einer Waldschlucht mitten im hohen Farn stellte ein Bauer einen flüchtigen Soldaten. Beide waren junge Gesellen, die Leiber risch und rank, die Knochen fest.

»Lass mich laufen!«, bettelte der Soldat. »Was nutzt es dir, wenn du mich erschlägst?!«

»Es darf nit sein!«, keuchte der Bauer. »Lass ich dich leben, so kommst du wieder.«

Da klangen Schwert und Hacke gegeneinander. Sie rauften durch den Wald, wortlos und Todeshass im Auge.

Auf einem Anger brach der Bauern nieder. »O Jesus, ich bin gestochen!«

Der Soldat stolperte einige Schritte weiter und stürzte. »Der Fuß fällt mir ab«, stöhnte er. »Ich kann nimmer laufen!«

Er kroch zu einer Tanne, kratzte mit den Nägeln das fließende Pech herunter, die beinschrötige Wunde an seinem Knie zu verkleben. Doch vollbrachte er es nicht. Seine Hand sank ihm matt. Ihm wurde übel.

»O weh!«, jammerte er. »Kein Beichtstuhl ist da! Soll ich in meinen Sünden hinfahren?!«

»Still mir das Blut!«, wimmerte der andere. »Die Seel – rinnt mir aus.«

Der Soldat ergrimmte. »Der Geier soll dir die Gurgel abfressen! Ich soll dir helfen, wo du mich so grob getroffen hast? Schau her, drei Finger kann ich in die Wunde legen, so breit hast du mir sie gehackt! Ich kann mir selber nit helfen.«

»Du hast recht!«, ächzte der Bauer. »Aber weh, weh! Der Tod fällt mir außer.«

Mit irrem Auge sah der Bauer um sich. Ein weiß getünchter Rainstein erhob sich hinter ihm, dem kehrte er sich zu und umschlang ihn mit den Armen, seines sickernden Blutes nicht achtend. »Weißer Stein, dir beicht ich! Dir beicht ich, dass ich nit in die ewige Verdammnis fall. Alle Sünd der Welt hab ich begangen, Würgen, Rauben, Morden ist mein täglich Handwerk gewesen. Ich hab es so gelernt von den andern, hab es für Soldatenrecht gehalten. Der Krieg hat mich verdorben. Das Gewissen hab ich erstickt in mir. Jetzt aber lebt es wieder, jetzt brennt es in die Höh! Ich bereu! Ich bereu! Herrgott, verzeih mir! Wenn du noch kannst ...«

»Durst! Durst!«, winselte der Bauer.

Der Beichtende richtete sich auf. Drüben am Rasen wand sich ein Schmerzensmensch, sein junges, unbärtiges Gesicht trug schon das herbe Zeichen des nahen Todes.

Ein dünnes Rinnsal gluckste durch das Gestein.

»Der Mensch ist härter als Stahl und weicher als Wachs«, sagte der Bayer. Und er kroch in namenloser Müdheit, das gelähmte Bein nachziehend und allen Schmerz in sich hineinfressend, zu dem Brunnen und schöpfte daraus in seinen Hut.

Hernach schleppte er sich zu dem Durstenden. »Da trink!«

Der Bauer staunte ihn an. Er öffnete die entfärbten Lippen und trank.

»Der Welt letzte Labung!«, flüsterte er. »Oh, wie gut das ist! Gelt dir's Gott, du lieber Feind! He, eine Frag: Wie heißt du?«

»Wann ich in den Himmel komm, und ich komm hin«, sagte der Bauer stark, »weil ich für das rechte, lautere Wort Gottes sterb, – drüben will ich dem Herrgott deinen Namen sagen, er soll sich deiner erbarmen, wie du dich meiner erbarmst. Die ewige Straf soll er dir nachlassen! Weil du gut bist.«

»Wenn du mir ein Fürbitter sein willst«, seufzte der Bayer, »Wolf Brandstetter heiß ich.«

»O Herrgott, schließ mich ein in deine tiefen fünf Wunden!«, entsetzte sich der Bauer. »Wolf Brandstetter, das ist ja mein eigener Name!«

»Gesell«, stammelte der Soldat, »so führen wir denselben Namen und haben einander so wehtun müssen!«

Sie starrten einander in die Gesichter, lasen in ihren Augen, in der Formung ihrer Züge rätselhaft Verwandtes, wundersam Ähnliches.

»Auf unserm Hof geht die Red vom Vater zum Sohn, dass der Ururähnel vor vielen Hundert Jahren herüber geheiratet hat aus dem Rottal im Bayerischen«, sagte bang forschend der Bauer.

Und hernach klagte der Bauer: »Auf einer Schmiede hab ich den Spruch gelesen:

Einen Jammer
Hebt das Eisen zum Hammer:

›Was schlagst du mich so hart?
Sind wir nit zugleich von einer Art?‹

Und ich hab den Streit angefangen da im Wald! Und ich hab dich verwundet, dass du hilflos sterben musst in der Einöd!«

»Das tut nix!«, lächelte der Soldat müd. »Sterben – ist ein alter Brauch.«

»Vom Grund meines Herzens ist mir leid!«, sprach der Bauer.

»O du verfluchter Krieg!«, bäumte es den Soldaten empor. »Wie die wilden Tiger fallen wir übereinander her, Volk über Volk, und sind doch ein einziges Blut!«

Sie streckten sich erschöpft nebeneinander hin und schwiegen.

Der Brunn rieselte, ein Vogel lockte. Unendlich leidvoll rauschte das Laub.

Der Bauer flüsterte: »Das schöne Gras da haben wir zertreten. Es sind lauter süße Geißkräuter.«

Der Soldat hub an zu fiebern. »Speisen sollt mich der Pfarrer noch mit der letzten Wegspeis«, lechzte er. Blumen und Halme presste er sich an den Mund.

Hernach tat er die Augen unirdisch groß auf. »Die Muttergottes reckt mir die zarte Hand entgegen. Liebe Frau, wenn du neben deinem gemarterten Sohn noch Platz hast auf deinem Schoß, so nimm mich ...«

Er brach ab, er zog noch einmal tief und durstig den Atem der Erde in sich. Aus hauchte er ihn in der Ewigkeit.

Mit der letzten, erlöschenden Kraft langte der Bauern hinüber nach der kühlen Hand des Soldaten.

24.

Leiser Neben schwebte über der Donau. Waldumrisse geisterten, unter seinen Schwaden verwittert. Die Bäume an der Straße ragten trübsinnig, erlegen dem unwirschen Herbst, kahl. Stille lastete. Kaum dass ein verschüchtertes Spätjahrvöglein sich meldete.

Rossgetrapp und der harte, knirschende Schritt reisender Truppen störten den grauen Frieden. Auf der Ochsenstraße durch den gärenden Nebel heran schob sich das Heer des Freiherrn Gottfried von Pappenheim von Linz gegen Eferding vor, gefolgt von den Fähnlein des Obristen Löbel und den Knechten des Statthalters.

Lässig schleiften die Pikeniere ihre enzlangen, geschwärzten Stangen hinter sich her. Hinter ihnen trollte das Holsteinische Fußvolk, die Schrecken der blutigen Schlappe bei Neukirchen noch im Mark. Neidisch schielten sie nach den Fauststangen der Pikeniere. »Je länger der Spieß, je gesünder der Krieg!«, spöttelten sie. Aber einer unter ihnen begann ein feiges Lied von den Bauern zu singen, und die andern rissen die rauen Mäuler auf und murrten mit.

»Schwarze Fahnen tun sie führen,
Das ist ihre Liverei,
Einen Totenkopf darinnen,
Der gibt zu verstehen frei:
Sie sind unterworfen
Dem Tod, geht's, wie es wöll.
Tut ihnen gar zulaufen
Viel Volk in hellen Haufen.
O lieber Gott, steh bei!«

»Sie sollen schleunig das Maul halten!«, gebot unwillig der Pappenheim. »Die Bauernarmada spreng ich! Mit meinem Atem blas ich den tölpischen Haufen weg! In einem Tag – geliebt es Gott – still ich das Wespennest!«

Siegreich von Welschlands Feldern kommend, mit Ruhm bedeckt, seit ihm am Weißen Berg die Göttin Viktoria viel stolze Wunden geküsst, war er sich gewiss, die Unruhe rasch zu dämpfen, die elend bewaffneten Bauern flugs zu überwinden mit seinem geübten Volk, das an die Hand der ritterlichen Helden den Sieg vermählt glaubte.

Seine Lanzenleute wandten sich grinsend um nach den trübselig verstummenden Hosteinern. »Habt ihr heut schon eure Passauer Zettel geschluckt?«, höhnten sie. »Ihr fresset ihrer so viel, dass eine Papiermühl nimmer klecken könnt.«

Und ein alter Schnauzhahn warnte: »Das es euch nit wie dem Fadinger geht! Der hat sieben Tag nit sterben können. Hat allweil auf seine Brust gedeutet, bis ihm der Bader die Haut auf der Brust aufgeschnitten hat. Da hat eine geweißte Hostie fürgeschaut. Jetzt erst hat sich der Tod seiner erbarmt.«

»He, ihr Holsteiner«, spottete ein anderer, »hat euer Herzog noch allweil das Hemd an, darin er aus dem Bett gejagt worden ist, wie er bei der luthrischen Gretel gelegen ist?«

»Ihr habt die eiserne Drischel noch nit gespürt«, erwiderten die Holsteiner zornig. »Die Bauern sind wie das wütig Heer. Wir kennen sie.«

»Es mag nit so beschaffen sein, wie die gemeine Red geht«, lachten die mit den Piken. »Wenn wir den luthrischen Herrgott erwischen, durch unsre Spieß' muss er laufen.«

Vor dem Emlinger Hilz riss sich eine goldene Schlucht in den Nebel. Die schöne, kühle Sonne lag wie ein totes Lächeln auf der Erde.

In dem sich aus den Dünsten lösenden Land tauchten die Bauernreiter auf ihren schweren Gäulen auf. Der Obrist Kurtembach sprengte sie mit seinen flinken Reitern an, plänkelte mit ihnen, jagte sie und zog sich hurtig wieder zurück. Wie ein heiteres Spiel war es zu schauen.

»Der Bauernesel ist geil worden«, lachte der Pappenheim, »jetzt tanzt er auf dem Eis. Ich geig ihm ein Totentänzlein dazu.«

Im Gehölz verbollwerkt hinter uralter, längst abgekommener Landwehr, hinter Graben und Schanzen, die mit dichtem Gesträuß verwuchert waren, sangen die Bauern einen rauen Psalm. Der Gesang heulte auf, als wollten sie Gott droben aus seinem seligen Behagen stören. Auf das jähe Sterben bereiteten sie sich vor, und sie schienen sich nicht um das feindliche Heer zu kümmern, das sich in stummer Ordnung entwickelte, den Wald zu umzangen.

»Wie gewaltig sie schreien in ihrer Not!«, sann der Pappenheim. »Schier tun sie mit leid. Viele Pflüge werden herrenlos werden, viele Hände nimmer säen. Doch was schiert es mich? Mein Amt ist der Krieg. Sonst nichts.«

Prüfend flog sein Sperberblick über sein schwer gewappnetes Fußvolk. Sie lauschten dem brünstigen, urwilden Schreigesang, ihre Augen suchten zweifelnd den Führer.

Er wusste ihren Geist wildem Aberglauben verhaftet, und um ihr ungewisses Blut zu beherzen, redete er sie an: »Heut raufen wir mit dem Pöfel. Die Mistgabel ist sein Wappen. Rossmücken müssen wir heut verscheuchen. Packt sie grob an! Und wenn sie gefroren sind gegen Schwert und Kugel, klopft sie weich mit den Gewehrkolben und den Spießen!«

Klirrend reckte sich der Feldherr im Sattel. »He, die Büchsenmeister mögen das Geschütz kleschen lassen und die Grillen aus dem Loch kitzeln!«

Mit feurigem Gruß klopften die Kartaunen an den Busch. Durch die Schwaden des Pulvergewölkes flog mit entsetzten Flügeln eine schneeweiße Taube.

Ehe sich Knall und Widerhall verdonnert hatten, flutete es in leidenschaftlichem Gewimmel lautlos fast und schattenhaft und dennoch heiß von der Glut des Streitpsalmes aus dem Wald. Auf einem weiten Brachfeld begegneten sie dem bayerischen Heer. Ihre Schützen schossen nur einmal. Sie hatten kein Pulver mehr.

Krobaten jagten ihnen entgegen. Ihre Lanzen zerknickten in den Rippen der sinkenden Bauern.

Der Lindlo warf nun sein Fußvolk drein, die Schmach von Kornöd zu tilgen. Vor seinem Stoß schwankte die Kampfzeile der Bauern zurück, wurzelte sich aber augenblicklich wieder fest und verharrte auch, als dunkel funkelnd die Eisenreiter sie ansprengten. Mit ihren armseligen Wehren behaupteten sie sich gegen die wütenden Nüstern der Rösser, gegen die glänzenden Waffen und die Kugeln, in deren Blei die Soldaten Kreuze geschnitten hatten, die höllengefeite Haut der Gefrorenen zu durchbohren. Wie eine Steinmauer standen die Bauern, sie ließen in sich hineinschießen, hineinstechen, hineinreiten, sie wichen keine Handbreit zurück.

Das Gerücht flackerte durch die Reihen, an der Brust des Schmiedes Michel Eschelbacher sei eine Stückkugel abgeprallt, die der »Toll«, das größte Geschütz der Bayern, abgeschossen habe. Und zu gleicher Zeit sei der Toll zersprungen.

Vom andern Flügel scholl ein heißes Fechten herüber, dass das Emlinger Gehölz gellte. Dort kreuzten sich Schwert und Knüttel. Die Kartaunen spielten darein. Einschlagend warfen die Geschosse Moos und Erde auf, brachen prasselnd in die Äste, splitterten Stamm und Strunk. Es donnerte, als ob Holz in den Riesen herabgetriftet würde.

Vordringend und wieder geworfen und wieder vorlechzend, schwirrende Kugeln um die Schläfen, jeder einzelne wie eine höllische Fackel lodernd und sich verzehrend, erschöpften sich die Bauern an der geschlossenen Übermacht. »Viel Händ im Bart raufen hart!«, stöhnte der Jäger Kietopler.

Die Kaiserlichen warfen den Gegner weit in den Wald zurück und drängten nach. Zwischen den Bäumen hub ein hitziges Metzgern an, ein Morden und Wehren von Stamm zu Stamm. Jeder Baum warf zur Feste, jeder Busch zum Hinterhalt.

Aber draußen auf dem Brachfeld begann die Reiterei Pappenheims zu weichen. In schäumender Wildheit, mit Augen, deren Anblick so Menschen wie Tieren unerträglich war, wie eine blutige Pflugschar grub sich der Bauer ins feindliche Heer. Ein lähmender Schreck ging von ihm aus. Die Knüttel wüteten. Gestochene Rosse überschlugen sich. Bis zu den Geschützen wurden die Reiter zurückgedrängt.

Wieder wuchs der Berndl vor dem Obristen Kurtembach empor. Atem brauste gegen Atem. Der Bauer hob die Keule. »Willst du denn gar nit hinwerden, du Ungewitter?!«

Der Pappenheim hatte die Gefahr des Augenblicks erkannt. Er sprang von seinem Hengst. »Will beten«, hastete er. »Sankt Michel, Feldmarschall Gottes, der himmlischen Heerschar Rädelsführer, hilf! Kyrie eleison!« Mit dem Degen zeichnete er ein Kreuz in die Luft.

Er stellte sich an die Spitze seiner Lanzenleute. Die Trommel ließ er riegeln. Sein Schrei schnitt sich scharf in den Lärm: »Fällt die Spieße!«

Im schweren, geschlossenen Harnisch prunkte er voraus, das graue Eisen des spanischen Raufdegens gezückt, die Feder wehend am Eisenhut, freudig und glänzend wie ein Bräutigam auf der Brautfahrt, ein stolzer Soldat, der Sieg begehrt, Wunden und Tod.

Hinter ihm hingerissen von dem Heldenbild, seine Langspießer. Wie ein Igel standen sie plötzlich mitten im Bauernheer, grauenhaft gedornt, nach allen Seiten starrend, unangreifbar. Ein tobender Riese, ein Mann mit ungeheuern Rippen, suchte mit dem Beidenhander einzubrechen in das eschene Stachelwerk. Er versank.

Wieder stießen sie vor. Ihre Spieße wateten durch gestürzte Leiber.

Der Pappenheim prunkte voran. Die Trommeln schinderten. Das Rottenfeuer nachrückender Musketiere zuckte. In ganzen Schwaden wie unter der Schärfe einer Sichel sanken die Männer des Ackers hin. Ohne Wehruf, der Klage sich schämend, mit verbissenen Zähnen endeten sie.

Weiter drang der Pappenheim vor, das Schnauben des Feindes an der Wange. Die Schlacht war ihm Lust und Fest. Ehrsüchtig trat ihm der Tod aus dem Weg.

Der Held zertrennte Knäuel und Gewirr. Den Kurtembach entriss er dem Verderben. Der Berndl hatt ihn schon am Boden.

Der Pappenheim schwang sich wieder aufs Ross. Die herrenlose Reiterei brachte er zum Stehen. »Sie sollen nit mit dem Bauernspieß ihr Unrecht ertrotzen!«, rief er herrisch. »Treibt sie zurück, die verzweifelten Buben!«

Einen wilden Fähnrich bedrohte er: »Du Hund, bist du ein Bayer? Steh oder ich knall dich nieder!« Mit dem Fuß stieß er nach ihm.

»Auf! Auf!«, entflammte er die Seinen. »Wir wollen ihnen männlich unter die Augen treten. Ehr müssen wir einlegen. Bayerisch Schwert beißt am schärfsten, sagt ein alter Spruch. Er darf nit zuschanden werden!«

Da fassten die Kürisser das Schwert fester, härten blitzten die Augen aus den Sehschlitzen der geschlossenen Sturmhelme. Sie setzten wieder darein in die Bauern. Ihre schwarzen Harnische wurden rot.

Der Michel Eschelbacher packte des Pappenheim Ross bei der Mähne. »Schütz dich, Schelm!«, brüllte er. Ein Hieb krachte auf die Eisenhaube des Feldherrn, Funken flimmerten ihm vor den Augen.

Das Faustrohr brannte er dem Schmied ins Gesicht. Unter versengtem Bart lachte der Eschelbacher auf.

»Bist du ein Felsen? Bist du gefroren?«, schrie der Pappenheim, warf ihm die Pistole an den Kopf und ritt ihn nieder.

Die Pikeniere stachen drein, dass die Spieße krachten. Die spitzen Herzeisen an ihren Stangen troffen. Die Bauern aber hielten stand auf dem Rasen zu Emling. Wie die Stöcke standen sie. Keiner gewährte, keiner begehrte Gnade. Keiner ließ die Waffe aus den Händen, in den steinernen Krampf des Todes nahmen sie sie mit. Schreilos starben sie.

Erst als nach langem Kampf die Kaiserlichen den Wald beherrschten und ihnen in den Rücken fielen, zogen sie sich in ungeordneter Flucht zurück.

Viele rannten gegen die Donau. Doch dort wartete kein Bauernferg, keine Plätte, kein Kristofer, der sie an das nordseitige Gestade gebracht hätte. Sie liefen in den Strom und ertranken.

Bis gegen Eferding hin lag es schwarz von toten Bauern.

Der Pappenheim kehrte von der Verfolgung zurück. Die dornigen Hochzäune, die Stieglein und Gatter hatten seine streifenden Reiter gehemmt. »Ein unbequemes Land!«, schalt er. »Lauter Dornstauden!

Da sollten die Rösser Flügel und Federn haben! Aber die Bauern, bei Gott, ihr Rabenhaupt haben sie teuer verkauft! Man kann sie nit verderben, und wenn man ihnen auch Händ und Füß abhaut!«

25.

Die Schnepper rosteten im Land ob der Enns. Niemand legte sich auf die Schröpfbank, und die Bader konnten die Hände müßig in den Schoß tun. Der Krieg war der große Aderlasser, der zapfte des Blutes übergenug.

Geschlagen, flüchtend, gehetzt, rotwund, in todüberwindendem Trotz fügten sich die Bauern immer wieder zur Kampfgemeinde zusammen.

In einem Wald vor Gmunden hielten sie sich verschanzt. Indes die Kaiserlichen und die Bayern mit fein ausgeklügelten Schwenkungen und Märschen sie in eine verderbliche Stellung zu bringe suchten, verschmähten es die Bauern, Gottes Verhängnis durch die Finten des Krieges abzuwenden. Sie bauten nur noch auf ihren feurigen Zorn und auf die Wucht ihrer Glieder.

Im Wald besprachen sie sich mit ihrem Gott. Kasparus stand mitten unter ihnen auf einem Stein, und weithin drang seine Rede durch die lautere, stahlkalte Luft.

Der Freiherr von Pappenheim hielt ganz nahe dem bäuerischen Haufen und hörte dann und wann ein wildes Wort des Predigers herüberwehen.

»Wie ihm der Mund überschießt, dem Aufhetzer!«, murmelte er. »Aber ich werd es zwingen, das hornstößige Volk! Schaden macht sie nit witzig. So will ich mit eisernem Schuh auf das Tollwutland treten!«

Im Gestrüpp pirschten sich die Vorposten an die Schildwacht der Bauern heran. »Sankt Lutherus hilft euch nit!«, spotteten sie. »Und mag euer Narr noch einmal so prahlerisch predigen, er überredet den Herrgott nit. Hunds Bitt und Bellen tut nit in den Himmel schellen.«

Sie lockten: »Ihr verstockten Bauern, ihr Satansleut, macht euch die Galgenfrist zunutz! Wer laufen kann, der soll laufen! Ihr kartet ein verlorenes Spiel.«

Sie drohten: »Um Leib und Gut kommt ihr! Eure Weiber werden unter uns verteilt! Richtet euch danach und rennt! Noch ist ein Ausweg offen. Seid ihr denn allweil noch nit des Aufruhrs überdrüssig? Es ist ja alles umsonst. Gebt euch! Zwischen dem Kaiser und dem Bayer werdet ihr zerrieben wie zwischen zwei Mühlsteinen.«

Die Bauernwachen falteten die Hände hoch um ihre Spieße und lauschten der weit tragenden Stimme ihres Predigers.

Wie ein rasender Adler stand Kasparus auf dem Felsblock.

»Sie zielen auf unsern Untergang hin. Das Vaterland sollen wir verlassen, das wir seit undenklicher Zeit gebaut! Und das Höchste, was der Mensch hat, die Stimme seines Herrgotts, die in seinem Blut lebendig ist: Das Gewissen wollen sie uns erwürgen!«

Es war, dem Prediger schlüge die Seele aus dem schmerzverzerrten Mund und fahre zündend nieder in die Menge und treibe sie auf aus der Dumpfheit des Lebens zu heiligem Wagnis.

»Der Kaiser hat uns verraten, der blinde Narr!«, grollte Kasparus. »Verraten hat uns der Ritter auf der Felsenburg. O die hochmögenden Herren, sie wollen nur ihr stolzes Leben, Schloss, Wald, Ross, Habe sichern! Und die Bürger in den Städten, fürsichtig halten sie sich daheim hinterm Ofen und warten ab! O niemand reicht die Hand uns elendem Volk! Niemand hört, wie wir seufzen, wie wir aufschreien. Allein stehen wir! Allein! Und wenn Gott nit zu uns hält, wer hilft uns?!«

Seine Augen verließen die Welt. Über die bereiften Wipfel des Waldes wandte er sich empor, mit dem Allmächtigen zu verhandeln.

»Du getreuer Gott, schau her auf dein arm, unschuldig, zerfleischt und gemartert Häuflein! Herr, vergib, dass wir töten mit dem Schwert! Wir wissen nit andre Mittel und Weg. Verboten, verspottet haben sie unsre demütige Bitt. Und wenn unser irdisch Waffen zerbirst, wenn wir versinken, Herrgott, wer wird die Sach dann führen auf der Welt? Wer wird dein Schildhalter sein und des Bösen Heermacht brechen?«

Seine fiebernde Stirn glühte auf die Streiter nieder. »O Welt, nur eins begehren wir! Unsern Glauben sollst du uns lassen! Weh, dass du uns nit hören willst! Unser Blut komme auf dich! Und für uns gilt es jetzt: Heil oder Tod! Reckt die Finger auf, Bauern! Schwört! Eher lassen wir uns niederstechen, eh wir verzichten auf das Wort, das lauter ist und ohne Zusatz und Menschenwerk! Im reinen, freien Herrgottswort wollen wir atmen oder sterben!«

»Sterben!«, heulten sie, ein erhaben wilder Widerhall.

Ein Wald von groben Armen wuchs auf, schrundige Finger zückten schroff gen Himmel. Es war, diese Menschen hier wollten etwas tun, was über die Erde hinausging. Emporgerissen war ihr Leben bis zur Selbstaufhebung um eines Gedankens willen. Durch all die schollenträge Dumpfheit ihres Bauerntums strömte der Strahl des Heiligen Geistes.

Kasparus betete, und sein Gebet war hart und fordernd, als wolle er dem Himmel das Glück der Schlacht mit dem Messer abzwingen. »Wir beten mit gekrampfter Faust! Gewaltiger Gott, lass deinen Zorn brausen wider das Gesäm des Teufels! Gib uns die Kraft deines Grolles, dass wir den Widerchrist zerschmeißen! Herr, hilf uns!«

»Herr, hilf uns!«, toste das Heer.

Die Weihe des nahen Todes verklärte es. In rauer Demut, in gläubiger, vertrauender Liebe, in unzerstörbarer Heilsgewissheit sangen sie ihr ungestümes Fehdelied, dass die lauschenden Feinde erschauerten.

»Nehmen sie den Leib,
Gut, Ehr, Kind und Weib,
Lass fahren dahin,
Sie haben's kein Gewinn,
Das Reich muss uns doch bleiben!«

Ein wilder Orgelton begleitete das letzte Gesätz des Liedes: die Geschütze des Feindes spielten darein. Es sauste, krachte, zerriss den Wald. Die Bauern ließen sich in ihrer Feier nicht irren.

Erst als der harte Sang beendet war, brach einer ihrer Gewalthaufen aus den Bäumen hervor. Als hätten sie Wutschierling gefressen, mit einer Weltsgewalt rannten sie des Kaisers Scharen an und zersprengten sie.

In toller Auflösung flohen diese gegen Gmunden. Die Bauern ihnen nach, johlend, tötend. Weh dem, dem der Fuß, der Atem versagte! Weh dem, dessen Ross strauchelte! Es gab keine Gnade.

Die bayerischen Rotten aber jenseits des Waldes hielten wie eine eherne Kette zusammen. Wie ungeheuer auch der Stoß der Bauern sie traf, sie ließen sich nicht zersprengen. Und der Pappenheim riss seine vor der zermalmenden Wucht des Anpralls wankenden Reihen immer wieder mit sich vorwärts.

Bald standen die beiden Gegner mit den Spießen ineinander verrannt, ein gräuliches Wirrwarr. Keulen pochten an Rüstzeug, Blei brach in die Leiber, Eisen zuckte. Bald wieder versagten in dem Wirbel die Waffen: Mensch rang gegen Menschen, bäuerische Arme und Soldatenarme stießen durcheinander. Zerfetzte Fäuste, zerrissene Gesichter, Staub des aufgewühlten Feldes, Ächzen, Fluch, weiße Wut im Blick, Schaum und keuchender Sturm aus verzerrten Munden, gefletschte Zähne: nimmer Menschen!

Kasparus stand wie der heilige Jörg mitten im ringelnden Gewürm. Die Feder am Hut versengt, verbrannt das Gewand, schritt er den Schneiden und Spitzen der Waffen entgegen, den sprühenden Mündungen der Musketen wie dem zarten Windhauch des Lansings.

Der Pappenheim zerriss mit seinem kühnen Ross das Gewühl, sein Schwert hackte ihm einen Steig zu Kasparus.

»Du liederlicher Student, ergib dich!«, zürnte er ihn an.

Der Student stand gerade wie eine eiserne Stange, sein Atem flog so heiß, dass ihm war, die Zähne müssten ihm davon glühen. »Ich streit gen den Teufel!«, rief er.

»Willst du mit dem Teufel fressen, so brauchst du einen langen Löffel«, spottete der Pappenheim. »He, was richtest du an? Du hetzest und verbitterst die Gemüter. Deinetwegen raucht das Bauernblut heut, und tausend arme Weiber und Kinder schreien über dich Rache. Schuldiger Mann, graust dir nit?!«

»Wahr deine Schanz!«, antwortete Kasparus.

Um die beiden stockte der Kampf. Sie staunten die raufenden Führer an. Dem einen galt es um den Strahlennamen des unbesiegten Helden, den andern trieb die Not des lechzenden Gewissens.

Feuer flog aus dem Helm des Pappenheim. Auf seiner Stirn brannte ein rotes Mal, wie zwei Schwerter zu schauen, die gegeneinander fallen.

Da netzte Blut die Brauen des Studenten.

Keulen und Spieße trennten den Zweikampf. Der Berndl zog den taumelnden Freund aus dem Getümmel.

Sie schritten über zwei am Erdboden ringende Männer hinweg: Der Unterliegende hatte sich in den Hals des Siegers verbissen.

Sie schritten über einen sterbenden Söldner. Der rief den rechten Schächer um Beistand an, denn dieser war der erste mit seinem Erlöser im Paradeis gewesen.

Sie schritten über einen hinweg, der leckte sich die Wunden wie ein Tier.

Ein junger Mensch bäumte sich noch einmal auf gegen den Tod. »Schaut, wie wild ich schweiß!«, stöhnte er. »O dass ich gar so viel Blut hab! Aber ich will nit hinwerden! Leben will ich, leben, leben, bis der Herrgott im Himmel stirbt!«

Drei Stunden brauste der Kampf hin und zurück. Da verzagten die Bauern.

Die Musketiere frohlockten: »Der Stier brunzt Blut!« Sie drangen in den Wald ein. Wie Raben schossen sie die Flüchtenden von den Bäumen.

Und der Pappenheim zog dem Bauernhaufen entgegen, der führerlos, ungeordnet und trunken von der Verfolgung der Kaiserlichen von Gmunden zurückkam.

26.

Kasparus lag im Fieber und träumte.

Ein freies, herbstlich ödes Feld dehnte sich unabsehbar hinaus, von wolkenden Nebeln überflogen. Und aus einer Scholle dieses Feldes wuchs ein dunkles Schwert. Ein Bauer trat aus dem Nebel. Er trug die bittern Züge des Fadinger. Bald aber ähnelte er dem rauen Kristof Zeller, bald wieder schillerte an dem Traunmann das Angesicht eines jeden Kämpfers, der aufrichtig sich erhoben in diesem Land. Und der Mensch ergriff das Schwert und zog es aus der Scholle. Da hub es an zu wachsen, und es wuchs über ihn hinaus, die Querstange des Griffes ward zu breiten Balken, und ein hohes Golgathakreuz neigte sich und legte sich dem Bauern auf die Schulter. Und der Träumer fühlte den schweren, kantigen Schmerzdruck an sich selber und sah sich plötzlich eingereiht einer dunklen Tausendschar von Menschen, sah sein Volk sich dahinschleppen wie den Menschensohn zum Marterfels, blutend, beschimpft, stürzend und mit letzter Kraft sich wieder aufraffend.

Der Berndl saß schlaflos und hörte den Landsmann im Traum stöhnen. Er zog einen Kienbrand aus dem Herd und leuchtete. Da lag der Student, die verwundete Stirn verbunden, und schlief unruhig, und eine Träne rann ihm aus dem Auge.

Der Berndl rüttelte ihn. »Wach auf! Du träumst arg.«

»Wo bin ich?«, seufzte Kasparus.

»Vor Vöcklabruck«, erwiderte der treue Mann. »Bei mir.«

Der Geist des Kasparus sammelte sich. »Die Brunnen stoßen Blut«, flüsterte er. »Blut speien die Berge, blutig kommen die Wasser geronnen aus den Schluchten! Blut, überall Blut! Die Geier halten Kirchweih auf den Feldern unsers Landes. Sag, Bruder, warum hängt der Zorn Gottes über uns?«

»Es ist uns halt so aufgesetzt«, sagte der Berndl in bitterem Gleichmut.

»Wir stehen für sein verfolgtes Wort«, fuhr der Student fort. »Und kein Gottesengel stößt nieder, uns zu helfen! Unser Vertrauen wird zuschanden. Wir sind geschlagen! Das Land steht erzangelweit offen dem Feind! O das Mark im Schädel tut mir weh! Sag, Berndl, haben wie denn den rechten Gott?!«

Der Mond blickte hart und kalt. Im Winkel dämmerte ein finsteres Herrgottskreuz. Kasparus ballte die Faust danach. Weiß war er wie ein Geist. »He, du Angenagelter«, schrie er, »bist du taub?«

Mit fiebernden Adern, blass wie der leidige Tod, sank er zurück auf das Pfühl.

O könnte er den Vorhang wegreißen vor Gottes streng verhülltem Antlitz! Was mochte dahinter sein? Ein Auge, träumerisch vorüberschauend an die Welt? Eine Stirn, starr und achtlos der Verzweiflung des Geschöpfes? Ein Mund, lachend über das wüste Spiel des Lebens, das er entfacht? Ein Scheusal, grässlich fletschend gegen die Welt?

Oh, dass Gott mit seiner Schöpfung auch die Qual erschaffen hatte!

Den Studenten packte ein maßloser Zorn gegen den großen Schuldigen im Himmel. Ihn drängte es, nach ihm zu stoßen, ihn zu schlagen, ihn zu fassen an dem grauen Bart. Aber wie sehr er auch rang, die Arme zu heben, sie lagen bleiern und gelähmt. Da spie er in seiner Ohnmacht empor gegen Gott.

Der Speichel fiel zurück in sein Gesicht.

Mit übermenschlichem Willen sprengte er den Bann, der über seinen Gliedern lag, er riss sich das Tuch von der Stirn, er riss es herunter samt dem schwarzen Schorf, hielt die blutige Stirn empor und schrie: »Mein Gott, warum hast du mich verlassen?«

Dann verstürzte sein Geist in Finsternis.

Als er sich wieder fand, war es Tag in der Stube.

Ein verhärmtes Weib stand an der Schwelle, hungerfahl, frierend vom rauen Herbst. Drei blasse, weinende Kinder hielten sich an ihrem Kittel und lugten scheu hin nach dem Mann mit der blutigen Stirn.

Sie streckte den dürren Finger nach ihm. »Du! Du! Witwen und Waisen verfluchen dich! Du hast uns unselig Bauernvolk aufgehetzt! Du bist an unserm Elend schuld! Ausliefern sollten wir dich!«

»Hinaus!«, brüllte der Berndl sie an.

»He, du gescheiter Student«, redete das Weib weiter, »sag, ist das wahr, dass uns der Heiland erlöst hat? Wovon hat er uns denn erlöst? Hängt nit über uns allweil noch Krieg, Hunger, Schuld, Sünd und Verzweiflung?!«

Sie wartete nicht auf Antwort und ging.

»Berndl«, flüsterte der Student, »es ist Zeit, dass ich – heimgeh. Das – nimmt mir die Kraft.«

Trotzig lachte der Berndl. »Begreifst du unser Werk? Soll ich dir meine hirschlederne Seel leihen? Oder willst du zu dem Kaiser Ferdinand hinrutschen und zu seinen Jesuitern?«

Kasparus betrachtete schweigend sein Schwert.

An jenem Morgen dache er lange und einsam über Gott und Verhängnis nach. Und er ward still, und der Zweifel, der sich wie ein Geier in ihn verkrallt hatte, löste sich von seiner Brust.

Der Dornkranz schloss sich um die Stirn seines Volkes. Gott hatte es hinaus gehängt in Donner, Nacht und Tod. Gott wollte es so haben. Sein Wille war die schwere Notwendigkeit.

Nicht dem Glück eines mühsalvollen Bauernvolkes galt der Kampf, nicht den zufälligen Dingen der Welt, und der Sinn des Krieges war nicht, dass des Papstes Macht, dass Luthers Meinung herrsche auf Erden, sondern um Ewiges ging es, um das ewige Recht des freien Gewissens. Für die ganze Menschheit schlug der Bauer diese Schlachten. Er stritt, dass die Gottheit erhöht werde in der Menschenseele. Vorfechter einer lichteren Welt, sank der Bauern und starb und siegte.

Als gegen Mittag der Berndl wiederkam, begrüßte ihn Kasparus: »Bruder, Gott ist uns hold. Wir dürfen leiden! Größe wird nur um Größe eingetauscht. In seinem leidenden Kind hat Gott die Welt betreten. Der Herrgott ist ein armer Mensch worden und hat uns gezeigt, dass die gewaltigste aller Taten das Opfer ist.«

Der Berndl schaute ihn unsicher an. Hernach meinte er: »Ich spür, du willst unsrer Sach den Dienst nit aufkündigen. Ja, Kasparus, ist es, wie der will: Wann am Jüngsten Tag der Alte droben ins Heerhorn bläst, wir treten auf seine Seit und raufen mit dem Teufel. Aber jetzt auf! Der Pappenheim ist uns auf dem Hals!«

Wildes, gelbliches Gewölk vom Höllengebirg her.

Der zersprengte Bauernhaufe stand wieder gesammelt. In zähem Willen erwartete er den neuen Prall des Feindes.

Auf freiem Feld vor dem Buchschachen rief Kasparus die Schar noch einmal auf. Er redete nimmer die entlegene Gottheit an. Er wusste, dass der Rätselhafte nicht die Ringe seiner Himmel durchbrechen, zur Erde niederfahren und ein siegreich Wunder tun werde.

Doch war seine Stimme heute von einer stillen, großen Kraft.

»Wir sterben«, rief er. »Unsere Seele bleibt: Ihr tut sich das ewige Reich auf. Der Leib bleibt: denn daraus wächst das Gras und die Ähre des neuen Kornes. Unser Fleisch wird künftig rauschen in der Saat, im grünen Laub. Wer fürchtet den Tod, wenn er sich ewig weiß?!«

Die Sonne brach durch die Wolken, strahlte und verging.

Kasparus endigte: »Wir wollen streiten, wie einst Sankt Michael gestritten gegen den Abgrund! Wir sterben. Am Jüngsten Tag blüht unser Staub wieder. Dann treten wir zur Rechten des Richters. Denn wir sind treu geblieben. Und alle Ehr fließt aus der Treu!«

Die Vortraber des feindlichen Heeres zeigten sich. Der Pappenheimer ritt daher, die Mähne seines Hengstes war bereit.

Da rief Kasparus ihnen leidenschaftlich entgegen: »Erschlagt die Wahrheit! Verscharrt sie tausend Ellen unters Gras! Am dritten Tag steht sie wieder auf.«

Er sah empor. Er schaute Gottes weises, regungsloses Antlitz über sich. Er fühlte die Weisheit des Weges, der ihn führte, und er vertraute.

Der Wolken Schatten ging gewaltig übers Feld. Auf den Höhen sannen die Wälder an finsteren Anschlägen, als wollten sie niederschreiten und Tal und Menschen zerstampfen.

Ein Falkonenschuss ward gelöst.

Ratlos floh ein Reh aus dem Dickicht.

Der Kampf begann. Die Mörser spritzten Feuer.

Fahle Raserei im Gesicht, wehrte sich der Bauer.

Ein wilder Kampf sprang droben von Wolke zu Wolke. Posaunen funkelten droben und dröhnten.

Der Bauer unterlag.

Kasparus war tief getroffen worden. Sein Ross riss ihn aus dem Gemetzel.

Bei dem Steg, der über den Hundsbach leitete, sank er vor Schwäche aus dem Sattel. Das herzrote Blut rann von ihm. Die Weiden am Ufer taumelten.

Im welken Gras hub das Ross zu äsen an.

Verfolger klirrten näher.

Kasparus schleppte sich über das Brücklein. Ihn deuchte, drüben müsse er geborgen sein.

Mitten auf dem Steg blieb er liegen. Alle Kraft hatte ihn verlassen. Aber auch alle Schwere. Ihm war, jetzt könne er sich von dem Boden erheben in die Lüfte.

So also war das Sterben.

Der Tag des Zornes war gewichen. Stille Abendherrlichkeit war droben eingekehrt, ein selig beruhigter Goldhimmel.

Die Augen des wunden Mannes wurden fern und seherisch. Er schaute einen schönen Traum. Darin ging der Bauer friedlich und gesichert hinter dem Pflug, der Müller beschüttete lachend sein Werk mit gelbem Korn, fröhlich läutete des Schmiedes Hammer durchs Dorf, der Rauch des Meilers glomm in blauer Ruhe über den Wald. Mütter sangen, Kinder spielten.

Der Träumer lächelte. Stern des Friedens!

Und erwachend schaute er die unzerstörbaren Berge gebreitet und das Land voll unerschöpflicher Kraft, das sein Volk an der nährenden Brust hielt. Eine sorglose Ruhe überkam ihn. Er wusste sein kämpfend Volk geborgen.

Zwei Krobaten eräugten den Studenten, dem das Blut vom Steg hinab in das eilende Wasser tropfte.

»Bist du der Hahn im Korb?«, rief der eine. »Bist du der luthrische Kaplan?«

Er stieg vom Gaul und trat auf den Steg. Der Student hatte das Hemd über der Brust offen: Eine Wunde trug er so tief, dass man dadurch das Herz schlagen sah.

»Gib ihm den Fang!«, rief der Krobat. »Der Kaiser bezahlt dir seinen Kopf mit einer goldenen Kette, vom Hals bis zum Schuh so lang.«

In letzter Gebärde hob Kasparus die Hand, als wolle er den Himmel stützen. »Gott«, flüsterte er, »lass mich wiederkehren! In tausend Menschenformen lass mich wiederkehren auf die kämpfende Erde!«

Dann aber strahlte vor seinen sinkenden Augen die Geliebte auf im goldenen Gewölk. Und von den seligen Höhen fuhr ein Schifflein nieder mit schneeweißen Segeln, und drin saß der gekrönte Fährmann Herr Jesuchrist und rührte die gläsernen Ruder.

Orgeln und Glocken vereinigten sich, klangen feierlich aus den Abgründen der Ewigkeit.

Kasparus seufzte: »Kraft! Held! Friedfürst! Jesus! Jesus! Jesus!«

Die Lanze des Krobaten fühlte er nimmer.

27.

Die Sterne gingen auf, gingen unter.

Silbernen Reif im Bart, müde vom Schleppen der plumpen Waffen, taumelnd vor Schlaf, mit vereiterten, schmutzigen Wunden, fiebernd, hungernd und verlaust trottete die geschlagene Schar dahin.

Krähen und Elstern flogen zu Dorfe: Der Winter war nah.

Schon war ein dünner Schnee gefallen. Zart behaucht waren die Bäume. Und auf der weißen Erde war die Fähre abgeprägt, und der Pappenheim verfolgte sie.

Zu Wolfsegg läutete der Berndl die Glocke, seine Leute zu sammeln. Der Klöppel war abhandengekommen in den verworrenen Zeitläuften, drum schlug er mit dem Schwert aus Erz und schlug so grimmig, dass es schartig wurde.

Wohl wispelte ein verzagter Mann, die Pappenheimer seien Teufel, hätten Feuer im Leib, und man habe wahrhaftig gesehen, wie ihnen der Rauch aus dem Maul getreten sei. Wohl lockte hin und wieder einer: »Rennen wir davon! Alles ist aus! Jeder soll sich helfen, wie er kann!« Und ein müdes Althirtlein meinte: »Die Kälte wird uns nimmer lang im Feld lassen. Treiben wir heim!«

Doch fanden solche Stimmen keinen Widerhall.

»Jede Mahd hab ich mitgemäht«, sagte ein uralter Ausgedingler, »jeden Beifang hab ich mitgeschnitten, jeden Schlag mitgedroschen! Soll ich jetzt mitten in der harten Arbeit auslassen?!« Rüstig stand der Alte noch und rau wie ein Baum im wilden Hausruckwald. Und er fletschte die vergilbten Zähne und schaute auf seine mit Schwielen gepanzerten Hände nieder.

»Wir renne nit davon!«, scholl es in unüberwindlichem Trotz. »Wir lassen uns nit fangen! Wir wollen nit übrig bleiben!«

Aber Gott riefen sie nimmer an.

Der Berndl rastete auf einer großen Bauerntrommel und starrte gegen das ergrimmte Gebirg, in das grelle, schmerzende Weiß der schneeverhangene Zinnen. »Genesen können wir nit miteinander, so wollen wir sterben!«, sagte er.

Der Pappenheim kam und ließ das Schloss zu Wolfsegg stürmen. Die Bauern standen drin in dicken Haufen. Kein Tor blieb ihnen zum Entrinnen. Da warf ihnen ein kaiserlicher Fähnrich den Rat hinein: »Wer den andern umbringt, kommt zu Gnaden.« – »Judas! Judas!«, stöhnten sie. Keiner entkam.

Auf verschneiten Äckern entfaltete sich die Fahne der Raserei. Mit blutunterlaufenen Augen, mit grausam entstellten Gesichtern wehrte sich das Volk. Wem die Waffe barst, der riss den Stein aus der gefrorenen Erde und schlug zu. Weiber wurden getötet, die in trunkener Wut die Soldaten anfielen.

Der Berndl war von einer Hellebarde in den Fuß gestochen worden. Auf den Knien im Schnee kämpfte er, weil er nimmer stehen konnte. Er verteidige sich mit einem Zaunstecken, und niemand konnte an ihn heran.

Schließlich rannte der Obrist Kurtembach dem alten Widersacher das Schwert in die Brust. »Spornstreichs in die Höll!«, schrie er.

Dem Bauernhauptmann vergingen die Augen, er scharrte mit den Zähnen, legte sich auf den Bauch und starb.

Der Kurtembacher horchte zu ihm nieder. »Hin ist er wie dem Juden sein Seel«, sagte er. Das Schwert ließ er in dem Leichnam stecken.

Der Berndl, der unverzagte, der felsenfeste Mann, war nimmer. Da wurden die Bauern kleinmütig, da zerrann ihre Kraft. Ihre letzte Fahne sank. Erritten wurden sie, ergurgelt, erstochen, erschossen.

Nur wenige flohen. Ein Sterbender richtete sich noch einmal auf, raffte den letzten Atem zusammen und schrie ihnen nach: »Vor seiner Haustür soll sich jeder erschlagen lassen!«

Ein Landsknecht trug den Kopf des erlegten Berndl auf dem Spieß. »Feierabend, Bauern!«, frohlockte er.

Der Pappenheim übersah das Feld. »Das Grobzeug hat uns hart zu schaffen gemacht«, sagte er. »Bei Gott, sie haben sich ehrlich gehalten!«

Lange sann er in den Schnee.

Auf dem Mordfeld stand ein vergrautes Erbärmbild, der gepeinigte Herrgott, gedornt, gebunden, ein wilder Vorwurf aller Welt.

Der Pappenheim kehrte sich ab, er vertrug den Blick des Bildes nicht. »Bin ich der siegreich Mann?«, flüsterte er.

28.

Der Thomas Ecklehner schlich durch die Wälder, unstet das Auge, geduckt den Rücken, unsicher wie ein Fuchs, der die Bracken auf seiner Fährte weiß. Er erschrak vor dem schwarzen Blick der Vögel, und zirpte wo ein Stimmlein oder schwankte ein Busch, so hielt er misstrauisch an und horchte. Lagen Soldaten im Hinterhalt, ihn aufzugreifen? Lauerten Verräter? Es war auf niemand mehr Verlass. Und kein Ort ohne Ohr.

Die Stauden, die ihm den Weg verdornten, waren wieder grün. Irgendwo fern im Himmel hing eine Lerche. Das Frühjahr war gekommen.

Den Fuß in Fetzen gebunden, hinkte er auf dünnem Geißsteig zu einem Gehöft. Es war zum Teil abgebrannt. Das Haus war ohne Tor, der Garten ohne Zaun, der Stube fehlte der Tisch und dem Stall das Vieh. Überall klaffte die Verwüstung. Schuttkräuter wucherten innerhalb verfallenden Gemäuers. Kein Mensch regte sich. Die Bauern waren entlaufen.

Der Ecklehner spürte umher, ob nicht irgendwo ein Restlein vergessenen Brotes liege. Seit er die Genossenschaft der Menschen meiden musste, hungerte ihn viel.

Vor wenigen Tagen hatte er ein Rind aus der Donau geholt, das mochte an einer Seuche gefallen und drum ins Wasser geworfen worden sein. In die reißende Strömung war er hineingestiegen, ohne seines Lebens zu achten, und hatte das Aas geborgen. Doch als er sich, allen Ekel überwindend, daran hatte sättigen wollen, waren verwilderte Leute gekommen, die Glut des Hungers im Auge, und hatten ihn mit Steinwürfen von dem fürchterlichen Mittagstisch vertrieben.

Als er jetzt in den Stall des öden Gehöftes lugte, erhob sich drin von feuchter Streu ein zerlumpter Mann mit staubigem Haar, fiel ihm in den Bart und fiebert ihn an: »Gib mir zu fressen, sonst ...!«

Der Überfallene bäumte verstört den Knüttel, sich zu verteidigen bis aufs Letzte.

Dann aber staunte er: »Eschelbacher!«

»Wenn dir Leib und Leben lieb ist, gib mir zu fressen!«, keuchte der Schmied.

Der Ecklehner reicht ihm einen Brocken ranzigen, verschimmelten Speck. »Es ist alles, was ich hab. Für die äußerste Not hab ich es aufgehoben.«

Der Schmied schlang den Speck in irrer Gier hinab. »Gelt's Gott!«, raunte er. »Gestern hab ich zwei wegen einer Schnecke einander umbringen sehen. Jeder hat sie begehrt. Zuletzt hab ich sie gefressen. Und sie hat geschmeckt wie eine Leberwurst!«

Dann senkten sie auf einmal voreinander die Köpfe, verlegen und beschämt. Und der Eschelbacher knurrte: »Ja, ja, schlecht ist es gewesen, das verstrichene Jahr. Lauter wurmige Nüss ...!«

»Schmied, ich hab geglaubt, du liegst gefangen im Wasserturm zu Linz!«

Der Eschelbacher trat ans Licht, ein kerkerblasser Mann. »Der Folter bin ich entsprungen!«, erwiderte er und wies die Daumen her, die schwarz waren vom Zwang der Schrauben. »Ich wünsch niemand in der Welt, das er in die Schuh tritt, drin ich gegangen. O wie ein Felsgebirg sind die Leut, nix als Stein und wieder Stein! Kein Herz!«

»Was gibt es Neues im Land?«, forschte der Ecklehner bang. »In den Wäldern und abgelegenen Haarstuben kann man nix erfahren.«

»Über die Linzer Brücke bin ich gegangen«, erzählte der Schmied. »Dort liegt dem Berndl sein Schädel. Er lässt dir seinen Gruß vermelden.«

Der Ecklehner schauderte zurück. »Und was ist es mit den andern? Mit denen, die noch leben?«

»Lebt noch einer außer uns zweien?«, rief der Schmied bitter. »Ein Beispiel für alle: Der Madelseder ist gereckt und gestreckt worden und mit heißen Zangen gegriffen; den Leib haben sie ihn geviertailt und geköpft und seinen Schädel ausgesteckt am Turm zu Steyr.«

»Aber der Wiellinger? Und der Vischer?«, stammelte der andere.

»In Eisen geschlossen! An die Marter gestellt! Geköpft! Geköpft! Und alle die andern geköpft und gehenkt! Und die sie in Türmen und Kellern haben verrecken lassen, die hat hernach der Freimann in die Donau geworfen. Und mitten unter der Marter haben sie dem Hans Vischer zugeredet, er soll katholisch werden, sie wollen ihm die Pein ersparen. Aber der Vischer ist fest geblieben, hat gesagt, er verratet seinen Herrgott nit.«

Der Ecklehner rang die dürren Hände ineinander. »Ach mein, die Welt nimmt einen übeln Gang!«

»Die Häuser in den Örtern, die Höfe, wohin ich jetzt kommen bin, zerfallen sind sie und Brandstätten«, fuhr der Schmied fort. »Die Leut entweder erschlagen oder gottverzagt davongelaufen. Abgedankte Soldaten lauern an den Wegen. Wie ich! Durch ein Dorf bin ich gegangen, drin hat nit ein einziger Mensch gehaust. Nur einen verhungerten Hund an einer Kette hab ich gefunden.«

»Was sollt auch der Bauer heutzutag noch anfangen?!«, klagte der Ecklehner. »Das Vieh haben die Soldaten weggetrieben, Gerste und Haber haben die Reiter verbraucht für ihre Rösser, und kein Korn ist da für die Aussaat. Es ist am besten, wir lassen das Land liegen und rennen davon.«

»Ist das dein Ernst?«, entgegnete der Schmied. »Was schleichst du hernach noch allweil durch das ausgeödete Land? Was bist du hernach nit längst schon durch den Haselgraben davon in eine Gegend, wo du nit hungern musst und nit fürchten um dein armes, nacktes Leben?«

»Es ist wahr«, murmelte der Ecklehner. »Ich kann nit weg von der Erd da, bin angebunden für allweil, für ewig.«

»Wir müssen aushalten!«, sagte der Schmied. »Das Land verlangt nach uns. Mitten unter den Feinden müssen wir schaffen und stehen, als wenn nix geschehen wär. Und warten! Einem rechten Bauern darf nix zu arg sein: Er muss in einen Holzapfel beißen können, ohne dass er das Maul verzieht.«

»Wir müssen bleiben«, sagte der Ecklehner. »Wir können ja nit anders.«

Sie beschlossen, um Nahrung zu streiten, und rafften sich auf.

Sie kamen zu einem verwahrlosten Gehöft. Müd und morsch hing die Tür in den Angeln, sie konnte nimmer geschlossen werden, und es regnete in den Flur hinein. Auf dem verfallenden Zaun hockte ein Geier.

Halb nackt, die Stirn voller krauser Runzeln und blöde lächelnd, lungerte ein Mensch an einem kleinen Weiher und schien eine Gans zu hüten.

»Gib uns die Gans!«, fuhr der Ecklehner ihn an.

Der Mann schien ihn nicht zu verstehen. Er zählte an den krätzigen Fingern und raunelte geheimnisvoll: »Welches sind die vier letzten

Dinge des Menschen? Diese vier: der Tod, das Gericht, die Höll, – die Höll.«

Er riss ein Büschel Gras aus dem Boden und verzehrte es.

»O weh«, meinte der Schmied, »der hat ein Rädlein verloren!«

Der Narr sagte: »Ich heiß Gotterbarm.«

Der Ecklehner deutete auf den Hof. »Ist niemand drin?«

Da krümmte sich der arme Fex in sich hinein, als fürchtete er Schläge, und plärrte: »Ach nein, das Gewand haben mir die Reiter genommen und das Bett und das hölzerne geblümte Rössel!«

Im Haus drin war alles geplündert und leer. Nur der Herd war noch erhalten, und die Bäuerin schaffte dran.

Mit müdem Blick sah sie die Männer kommen. »Was wollt ihr noch von uns? Der Bauer ist närrisch worden vor Hunger. Niemand ist da, der arbeiten tät auf dem Feld. Und das einzige Vieh im ganzen Hof ist die Gans draußen. Nehmt uns die auch noch! O wir sind so arm, dass uns nit einmal das dürre Holz im Ofen brennt!« Eine trostlose Gebärde haftete an ihrer Hand.

»Was kochst du da?«, fragte der Schmied heiser.

»Ein bisslein Baumrinde hab ich zermahlen, ein bisslein Stroh drunter gerieben und ein bisslein Moos.« Und plötzlich rief sie mit einem grenzenlos verzweifelten Blick nach oben: »Gib uns unser täglich Brot!«

Dem Michel Eschelbacher verging der Heißhunger. Ihm war, eine Axt hacke auf Späne von seinem Herzen.

Er ging auf den Acker hinaus.

Auf ungepflegter, versäumter Scholle stand trostlos und verlassen ein Pflug. Er mochte wohl hier über den Winter in Schnee und Unwetter vergessen gestanden sein. Die Schar war rot vor Rost.

»Ecklehner!«, schrie der Schmied, jäh von einer stiergewaltigen Kraft gepackt. »Dauch an! Plüg! Ich spann mich ins Geschirr!«

29.

Verstört glommen die Sterne durch den Dunst, der über das unwohnsame, wilde Moor bei Seebach schwelte.

Der Linzer Freimann trieb hier sein schauerlich Amt. In das verrufene Moos, drin neben verendetem Vieh die Toten versenkt lagen, die

die Donau ausgespien oder die sich selber gerichtet hatten, darein verscharrte der Henker die Leichen des Stefan Fadinger und des Kristof Zeller, die aus dem Freithof zu Eferding gerissen worden waren.

Bis ins Grab hatte der Hass des Grafen nachgegriffen.

In den dunklen, feuchten Wiesen knarrte ein Vogel. Die Nacht lauschte.

Eine trübrote Fackel leuchtete das fahle, wie erstorbene Gesicht des Herbersdorf an, die zerschnittene Stirn, die gedunsenen, schlaffen Wangen. Er hüstelte matt. Er schaute starr den dunklen Totengräbern zu.

»Habt ihr schon frohlockt, ihr verwegenen Buben, dass ihr der irdischen Gewalt entfallen?«, stieß er heraus. »Nein, ihr dürft nit schlafen im geweihten Garten, kein ehrlich Erdreich gönn ich euch! Ohne Licht und Leuchte, in die Schindergrube mit euch!«

Rasselnder Husten unterbrach ihn.

»Gräfliche Gnaden«, rief der Hauptmann Tannazel, »der feuchte Dunst tut Euch nit gut. Wollen wir fortreiten!«

Mit müder Hand lehnte der Graf ab. »Warum? Ich werde ja nit grau.«

Dann rief er über das Moor dem Freimann zu: »Morgen noch soll man über diese Stätte einen Galgen zimmern, den Ursachern des Krieges zu ewig schändlichem Nachgedenken, denen, die bösen Willens sind, ein Spiegel, und ehrsamen Leuten zur Abscheu!«

Der Himmel rötete sich düster. Wilde Nachtlampen hatte der Graf anzünden lassen.

Der Tannazel wies in die glosende Nacht. »Jetzt brennt der Fadingerhof, jetzt brennt dem Zeller seine Tafern!«

»Bis auf den Grund soll Feuer brennen!«, keuchte der Statthalter. »Die verfluchten Mauern sollen niedergerissen werden! Salz soll auf die Aschenstätte gestreut werden! Nimmer sollen dort Menschen wohnen!«

Wieder wehrte der unbarmherzige Husten seinen Worten.

»Wie müd ist meine Brust!«, sagte er erschöpft. »Ich leb nimmer lang. Aber, du wahrer, einziger Gott, ich weiß mich in dir geborgen. Aus der luthrischen Finsternis hat mich deine gnädige Vorsicht gerettet. Dein Reich kommt zu mir. Denn für deine Ehr hab ich mein Schwert gezückt, und unverdrossen hab ich deinem Feind gewehrt, der meineidigen, aftergläubigen Bauernschaft. Die in blindem Nebel nit wissen wohin, mit eiserner Hand führ ich sie zu deiner Kirche.«

Sein Ross setzte sich in Trab, ohne dass er es gewollt hatte. Er wehrte ihm nicht. Lass hielt die kalte Hand die Zügel.

Auf der Straße begegnete ihm ein dunkler Zug, vermummt vor dem Frost der Frühlingsnacht.

»Wohin?«, fragte er.

»Vertrieben sind wir. Dürres Bettelbrot müssen wie essen. Der Herbersdorf verjagt uns aus dem Land!«

»Wer bist du?«

»Ich bin dem Fadinger sein Weib!«

»Das gerechte Verhängnis hat dich getroffen. Ich bin der Graf.«

Kinder huben an zu schreien und zu weinen. Das Weib aber sah ihn an im Fackellicht, wie ein gefangener Falke verächtlich den Gaffer vor seinem Käfig anblickt. »Bist du der steinharte Mann, der den Toten die letzte Herberg nit gönnt?«, schrie sie. »Merk dir: Gewalt wird nit alt. Der Fadinger schaut vom Himmel herunter auf deinen Hass und lacht. Aber du, wenn nach deinem Tod deine Seel sich ihrer Sünden erinnert, dann wird sie anheben sich zu fürchten. Graf, du erbarmst mir!«

Sie schritt mit ihren Kindern vorüber, und eins, das sie am Arm trug, wimmerte: »Heim möchte ich!«

Der Herbersdorf setzte die Zähne in die Lippen. »Ich hab recht! Ich hab recht!«, trotzte er. Sein Kinn begann vor Kälte zu schlottern.

Ferne weinte ein Kind. »Mutter, ich will heim!«

30.

Der Aspalter rief seine Leute um sich, sein Weib und vier Buben. Drei waren nimmer aus dem Krieg heimgekehrt.

Mitten im Feld standen sie um ihn her. Er saß auf der Schar seines gestürzten Pfluges.

Die Sonne zog Wasser, mächtige Dunstbalken schrägten vom Himmel nieder. Die jung erwachten Bäume trugen seidene Kronen, Lerchen brachen klingende Breschen ins Gewölk. Es war ein schöner Maientag voll Hoffnung und Verheißung.

Der Bauer sagte traurig und fest: »Gott sucht uns heim. Weib, Buben, morgen verlassen wir das liebe Land. Die Verfolgung wird zu groß. Es geht nit anders, wenn wir uns Gottes reines Wort bewahren wollen.«

Die starke Sippe wankte. Es war, als ob der Erdgrund unter ihren Fersen versänke. Und sie hatten es doch längst so kommen sehen.

Das herzhafte, fast mannliche Weib stand gebrochen. Sie klagte auf: »So werden wir im fremden Land leben müssen, ohne Wurzel. Und sterben zu Sankt Gottverlassen!«

»Buben, beschlagt euch den Reisestecken mit Eisen!«, redete der Bauer. »In der Fremd ist der Weg hart.«

Sie hörten nimmer die Auferstehung der Lerche, die Heimat verdüsterte sich ihnen wie unter dem Schatten einer kalten, schwarzen Wolke.

»O meine Zung kann nit sagen, was mein Herz leidet«, weinte die Bäuerin. »O wie leid ist mir um meine drei Buben! Ihr Blut ist umsonst vergossen worden und für nix!«

»Nit umsonst!«, sagte der Aspalter. »Wir haben der Welt ein Beispiel gegeben.«

An diesem Tag feierten sie.

Sie schritten durch die wehenden Wiesen, durch die braunen, schlafenden Brachen, sie sahen, wie das heranwachsende Korn sich bog und glänzte und schattete, in ruhlosen Wellen bewegt, als wallten geheimnisvolle Geschöpfe durch die Halme.

Wie durch einen holden, schmerzlich zerfließenden Traum wandelten sie.

Die rauen Hagzäune, die da grünten, hatten sie gepflanzt, diese Raine hatten sie besetzt mit Stauden, darin die frohen Vögel zur Herberg saßen, diese Felder hatten sie aus der steinigen Wildnis gerungen, aus dem geschwendeten Tann. Hier hatten sie die Donner singen hören und den Wind im Birnbaum sausen und hatten die vertrauten Umrissen der Hügel und Waldfirste in unbewusstem Glück um sich gefühlt.

Und sie grüßten noch einmal den Hollerbaum, darunter sie wie oft die Sichel gedengelt, und sie spiegelten sich im Hausbrunn, dem labseligen, ewig spendenden, der, seit die Aspalter auf dem Hof saßen, niemals versiegt war und niemals gefroren, und mochte der Sommer noch so dürr, der Frost noch so tödlich sein.

Und sie umgingen noch einmal das Gehöft und sahen sie ragen, die uralte, feste, stolze Bauernburg, darin die Aspalter seit hundert und hundert Jahren Glück und Mühsal dieses Lebens genossen, darin sie gewiegt und eingeschreint worden, die kernigen Geschlechter.

Da wurde den Nachfahren tief leid.

Nachts, als die Sterne immer zahlloser wurden, lagen sie draußen unter dem silbernen Himmel im Gras und hörten, wie es um sie knisterte, wie es wachsend, werdend sich aus dem Boden drängte. Und im Dunkel schritten sie noch einmal über die Flur, schaudernd angeweht von den Geistern der Vorvordern, die um die Werkstatt ihres rauen Lebens woben.

Bei Gott, es ward ihnen, zu scheiden von diesem Land, das ein frommer, starker Teil ihrer Seele worden war.

Morgens in der äußersten Frühe weckte der Aspalter den ältesten Sohn und nahm ihn mit auf den Acker.

»Bub«, sagte er, »wir gehen jetzt. Aber wir dürfen unser Land nit sich selber überlassen. Einer von uns muss dableiben, muss das Anwesen halten. Ich könnt keinen Tag mehr Ruh haben in der weiten Welt, wenn ich die Erde da, darin unser Haus gegründet, und die Äcker, die uns genährt und die wir bestellt haben seit Urgedenken, wenn ich sie in fremder Hand wüsst.«

Der Sohn erstarrte. Die Wucht seiner mächtigen Fäuste schien die Arme niederzuziehen und zu spannen. »Vater«, stammelte er hart betroffen, »Vater, und du meinst ...? Und warum gerad ich ...?«

»Es hilft nix«, sagte der Bauer, »du musst bleiben, musst deinen Glauben vergessen und katholisch werden.«

»Eher fällt der Himmel ein«, rief der Sohn.

»Du musst, Bub!«

»Vater, am Jüngsten Tag steh ich hernach wie ein Dieb vor unserm Herrgott und weiß nit, was ich sagen soll!« Und heiß schrie er auf: »Ich kann nit!«

»Ich glaub, der Herrgott wird dich verstehen, wenn du auch nix sagst, Bub.«

Aber der verbarg sein Gesicht unter dem Arm und schwieg.

Der Tag drang auf. Die Erde lag noch ernst im Schatten, doch an den hohen Wipfeln haftete schon das Licht.

Mit starkem Blick traf der Bauer seinen Sohn. Er bückte sich zu dem braunen Grund, hob eine der rauen, rätselhaften Schollen auf und reichte sie ihm.

Bebend empfing sie der junge Mensch. Er fühlte die urtreue Erde mit seinen Adern.

Da wurden die Welten seiner Ahnen in seinem Blute wach, Urfernen wurden ihm gegenwärtig. Ihm war auf einmal, er halte das ganze Land und die Gebirge samt Grund und Grat und alles Leben der Heimat in seiner Hand, seinem Schutz überantwortet von Gott.

Die Scholle siegte. In Schmerz und Lust, in harter, ringender Liebe sprach er: »Vater, ich bleib!«

31.

Im Hausruckwald stand halb verfallen eine Schmiede. Drin hämmerte ein fremder Riese eine volle Frühlingsnacht. Sein Schlag klang wie schweres, langsames Aderpochen. Sein Bart glühte im weißen Mondlicht, das durch das Dach floss.

Er schmiedete ein Schwert.

Als es vollendet war, glomm sein weises, göttliches Auge und las, was tief eingerissen in der Blutrinne strahlte.

Das Wort: Geduld!

Printed in Poland
by Amazon Fulfillment
Poland Sp. z o.o., Wrocław